I0148999

Puhdista sydämemme

Kokoelma Sri Mata Amritanandamayin opetuksia

Mata Amritanandamayi Center, San Ramon
Kalifornia, Yhdysvallat

Puhdista sydämemme

Kokoelma Sri Mata Amritanandamayin opetuksia
Koonnut Swami Jnanamritananda

Julkaisija:
Mata Amritanandamayi Center
P.O. Box 613
San Ramon, CA 94583
Yhdysvallat

——————— *Lead us to Purity (Finnish)* ———————

Copyright 2014 Mata Amritanandamayi Mission Trust, Amritapuri, Kerala, 690 546, Intia
Kaikki oikeudet pidätetään. Osaakaan tästä painotuotteesta ei saa tallentaa millään tunnetulla tai myöhemmin keksittävällä menetelmällä, tuottaa uudelleen, siirtää toiselle välineelle, kääntää jollekin kielelle tai julkaista missään muodossa ilman julkaisijan kirjallista lupaa.

Ensimmäinen painos MA Centerin: huhtikuussa 2016

Saatavissa myös: www.amma.fi

Intiassa:
www.amritapuri.org
inform@amritapuri.org

Oi Korkein Olevainen,
Johda meidät epätotuudesta totuuteen,
Pimeydestä valoon,
Ja kuolemasta kuolemattomuuteen.
Om rauhaa, rauhaa, rauhaa.

– Brihadaranyaka Upanishad 1,3,28

Sisältö

Esipuhe

Tämä kirja sisältää kokoelman Amman Intiassa vuosina 1990-1999 pitämiä puheita. Amman paljastaessa elämän totuudet henkisessä valossa ja tavalla, jota vastaan logiikka ei voi hyökätä, lukijalle ei anneta ainoastaan tuoretta elämäkatsomusta, vaan häntä myös inspiroidaan elämään Amman kristallinkirkkaasti selittämien universaalien periaatteiden mukaisesti. Aivan kuten äiti selittää lapselle, Amma valottaa syvällisiä periaatteita kaikkein yksinkertaisimmilla termeillä. Tämän kirjan kautta saamme kiehtovat vastaukset niihin lukemattomiin kysymyksiin, joita useimmat meistä ovat elämänsä aikana kysyneet tai halunneet kysyä.

Lukijalle käy selväksi, että samat esimerkit tai tarinat toistuvat joissakin puheissa. Nämä harvinaiset toistot on jätetty alkuperäiseen muotoonsa, sillä esimerkit ovat niin kauniita ja sopivat uskomattoman hienosti tekstin sisältöön, ja koska toimittaja ei ole halunnut kajota Amman puheisiin millään tavoin.

Jokainen Amman puhuma lause auttaa meitä ymmärtämään elämän perimmäisen tavoitteen ja paljastaa tuon päämäärän toteutumiseen johtavat polut. Amman sanat ohjaavat ja rohkaisevat meitä kohti todella täyttä ja merkityksellistä elämää.

Osa 1

Kuolemattomuuden lapset

Amman syntymäpäiväpuheita

Edetköön säkeeni kuin aurinko radallaan,
Kuunnelkoon kaikki kuolemattomuuden lapset,
Jopa he, jotka ovat nousseet taivaisiin.

– Shvetashvatara Upanishad 2,5

Amma katselee lapsiaan syntymäpäiväjuhlillaan.

Dharman harjoittaminen on sitä ylläpitävä voima

Amman syntymäpäiväpuhe vuodelta 1990

Vuonna 1990 Amman syntymäpäiväjuhliin osallistui noin 20 000 ihmistä kaikilta elämänalueilta ja joka puolelta Intiaa. Myös satoja länsimaalaisia oli paikalla. 90-luvun loppuun mennessä väkimäärä oli paisunut yli 50 000 henkilön suuruiseksi.

Rakkaat lapseni,

Ammaa ilahduttaa se, että olette niin onnellisia ja että palvelette epäitsekkäästi hänen syntymäpäivillään[1]. Tämän lisäksi Amma ei koe mitään erityistä iloa näissä näistä juhlista. Amma on suostunut kaikkeen tähän vain nähdäkseen lastensa olevan onnellisia. Rakkaat lapseni, Amma on todella iloinen nähdessään teidän osoittavan rakkautta ja myötätuntoa toisianne kohtaan. Ammaa myös miellyttää paljon enemmän se, kun puhdistatte vapaaehtoisesti lähellä olevan likaisen viemärin kuin se, että pesette ja palvotte hänen jalkojaan. Olkaa halukkaita palvelemaan maailmaa samalla antaumuksella ja intohimolla kuin palvelette Ammaa. Todellista Amman jalkojen palvomista on epäitsekäs ponnistelu maailman kärsimyksen poistamiseksi. Amman tekisi todella onnelliseksi se, jos hänen lapsensa pitäisivät hänen syntymäpäiväänsä päivänä, jolloin pyyhitään kärsivien kyyneleitä.

Kehitä luopuvaa asennetta

Jos rakastat Ammaa ja haluat tehdä hänet onnelliseksi, niin vanno luopuvasi vähintään yhdestä huonosta tavasta hänen jokaisena syntymäpäivänään. Tämä osoittaisi todellisen rakkautesi Ammaa

---

[1] Amma tarkoittaa äitiä malayalamiksi. Amma puhuu usein itsestään kolmannessa persoonassa, nimellä Amma.

kohtaan. Jos onni todella on esimerkiksi tupakassa, niin eivätkö silloin kaikki kokisi onnea tupakoidessaan? Mutta näin ei ole. Jotkut ihmiset eivät voi sietää tupakanhajua; he hermostuvat siitä. Onni ei ole ulkopuolisissa kohteissa; onni on mielessä. Miksi siis tuhlaisit rahaa ja vaarantaisit terveytesi? Ne teistä, jotka polttavat, vannokaa tästä päivästä lähtien lopettavanne. Tällä tavoin säästetyt rahat voidaan käyttää köyhän lapsen koulutukseen. Te, jotka käytätte alkoholia, vannokaa että lopetatte juomisen. Sen lisäksi, yksi vaatekappale maksaa sadasta viiteensataan rupiaa. Jotkut teistä ostavat vähintään kymmenen saria vuodessa. Ostakaa tänä vuonna yhdeksän ja käyttäkää ylimääräinen raha köyhän ja sairaan ihmisen lääkkeisiin. Lapset, jos rakastatte Ammaa, jos rakastatte Korkeinta, teidän pitäisi olla halukkaita omaksumaan tällainen luopumisen asenne.

Lapseni, emme voi oivaltaa Jumalaa ilman luopumista. *Tyagenaike amritatvamanashuh* – "Vain luopumalla voi saavuttaa kuolemattomuuden." Minkä tahansa päämäärän saavuttamiseksi on luovuttava jostakin. Läpäistäkseen kokeen on opiskeltava ahkerasti, pitäen samalla päämäärä mielessä. Jos haluaa rakentaa sillan, on työskenneltävä erittäin huolellisesti ja kärsivällisesti. Minkä tahansa onnistuneen hankkeen perusta on luopumisen henki. Emme voi ylittää *samsaran*[2] valtamerta ilman luopumisen henkeä. Ilman luopumista, mantrojen lausuminen ei hyödytä mitään. Vaikka toistaisimme mantraa kuinka monta kertaa tahansa, emme voi oivaltaa rakastettua jumaluuttamme[3] ilman luopumisen henkeä. Riippumatta siitä, miten monta kertaa lausumme mantran, emme voi oivaltaa meille rakasta Jumalan muotoa (*ishta devata*) ilman luopumisen henkeä. Jumala voi ilmestyä henkilölle, jolla on tällainen henki, vaikka hän ei toistaisikaan

---

[2] Moninaisuuden maailma: elämän, kuoleman ja jälleensyntymisen kiertokulku.

[3] Jumalan muoto tai symboli, jonka henkilö on oman luonteensa perusteella valinnut palvottavakseen, hänen päämääränsä ja suurin toiveensa.

mantraa. Kaikki jumalalliset olennot tulevat auttamaan tällaista henkilöä hänen työssään. Tämä ei tarkoita sitä, etteikö meidän pitäisi toistaa mantraa, ainoastaan sitä, että meidän tulee myös elää kyseisten periaatteiden mukaisesti. Pelkkä siemenen kylväminen ei riitä. Täydellisyys saavutetaan tekemällä hyviä tekoja luopumisen asenteella. Hyvät teot osoittavat sen, miten paljon olemme kehittyneet.

Myötätunto vähäosaisia kohtaan on velvollisuutemme Jumalaa kohtaan

Palvomme Jumalaa kiertämällä temppelin ympäri ja kutsuen: "Krishna! Krishna!" Mutta kun lähdemme temppelistä ja sen ovella olevat kerjäläiset anovat: "Auta minua! Kuolen nälkään!" emme edes vilkaise heitä. Huudamme: "Mene pois!" ja kävelemme tiehemme antamatta heille edes lempeää katsetta.

Oli kerran opetuslapsi, joka ei halunnut antaa almuja. Hänen mestarinsa tiesi tämän, pukeutui kerjäläiseksi ja meni vierailulle hänen taloonsa. Hän saapui paikalle juuri kun opetuslapsi oli uhraamassa maitoa ja hedelmiä mestarin kuvan edessä. Mestari kerjäsi ruokaa, mutta opetuslapsi ajoi hänet pois huutaen: "Täällä ei ole sinulle mitään!" Mestari riisui valepukunsa. Kauhistuneena oppilas kumarsi mestarin jalkoja.

Me olemme kaikki tämän oppilaan kaltaisia. Rakastamme toisissa vain ulkokuorta. Emme rakasta kenenkään sisäistä olemusta. Annamme maitoa ja *payasamia* (makeaa riisivanukasta) kuvalle, mutta emme penniäkään kerjäläiselle! Amma ei tarkoita, että meidän pitäisi syytää rahaa kerjäläisille. Meidän on oltava varovaisia antaessamme rahaa, sillä monet voivat käyttää sen alkoholiin ja huumeisiin. Voimme sen sijaan antaa ruokaa, vaatteita ja joitakin ystävällisiä sanoja. Se on velvollisuutemme Jumalaa kohtaan. Joten lapset, ruokkikaa nälkäisiä ja auttakaa kärsiviä.

Jumala on kaikkialla läsnä oleva ja kaiken läpäisevä. Mitä voimme antaa Jumalalle? Todellinen rakkaus ja antaumus Jumalaa kohtaan ei ole mitään muuta kuin myötätuntoa köyhiä ja vähäosaisia kohtaan.

Lapseni, tämä on Amman viesti: lohduttakaa surevia ja auttakaa köyhiä. Köyhien pois ajaminen ja heille sähiseminen ei ole antaumuksen merkki. Mikään määrä rukouksia ei tuota hedelmää, jos samalla loukataan muita ja puhutaan heistä pahaa. Sanokaamme joitakin lohdutuksen sanoja niille, jotka tulevat luoksemme. Ottakaamme heidät vastaan hymyillen. Luopukaa ylimielisyydestä ja olkaa nöyriä. Vaikka toiset omalta puoleltaan tekisivätkin virheitä, olkaa äärimmäisen anteeksiantavaisia. Nämä ovat rukouksen eri muotoja. Jumala hyväksyy tällaisetkin rukoukset.

Vaikka toistaisimme mantraamme miljoona kertaa ja tekisimme lukemattomia pyhiinvaellusmatkoja, emme saavuta Jumalaa, jos ajattelemme toisista pahaa tai tallomme heidät jalkoihimme. Ainoa tulos, joka seuraa maidon kaatamista likaiseen astiaan, on se että maito pilaantuu. Hyvät teot puhdistavat mielen.

Lapseni, Amma pyytää teitä – ei käske, sillä Ammalla ei ole valtaa käskeä ketään - vannomaan, että luovutte jostakin huonosta tavasta tai ylellisyydestä. Ei ole muuta tapaa saada rukouksia tuottamaan hedelmää.

Jokaisen ponnistelun tulisi tähdätä muovaamaan sydäntä sellaiseksi, että olisimme valmiit auttamaan hädänalaisia ja lohduttamaan kärsiviä. Jotta mielemme avartuisi, sanotaan että nälkäiselle pitäisi antaa ruokaa, ei haukkumista. Emme koskaan unohda sen ihmisen kasvoja, joka on auttanut meitä ollessamme vaikeuksissa.

Jos oma sormi pistää vahingossa silmään, emmehän leikkaa sormeamme irti! Annamme sormelle anteeksi ja silitämme lohduttavasti silmää, sillä sekä silmä että käsi kuuluvat meille. Lapseni, samaan tapaan meidän tulisi rakastaa muita mitä suurimmassa määrin ja antaa anteeksi heidän virheensä. Tämä on todellista rakkautta Jumalaa kohtaan. Ne, joilla on tällaista rakkautta sydämessään, saavat Jumalan armon.

Jotkut ihmiset tulevat Amman luo sanoen: "Amma, minulla on paljon ongelmia. Tekisitkö *sankalpan* (jumalallinen päätös) minulle!" Kuitenkin heti kun he ovat astuneet maalle ashramin veneestä, näemme samojen henkilöiden suuntaavan suoraan viinakauppaan. Jotkut ovat jopa humalassa tänne tullessaan. Amma ei ole heille vihainen, eikä hän kyseenalaista heidän oikeuksiaan. Heidän mielensä on kuin kallio. Heidän elämänsä ovat täynnä itsekkyyttä.

Rukous

Saatat vierailla *ashramissa* useiden vuosien ajan, saada Amman darshanin ja rukoilla lukemattomia kertoja, mutta saadaksesi tästä mitään todellista hyötyä, on sinun tehtävä hyviä tekoja. Tänne tullessasi voit luopua mielesi taakoista. Kuitenkin osa tänne tulevista ihmisistä on kiinnostunut vain siitä, että pääsevät takaisin kotiin mahdollisimman pian. Millaista luopumista tämä oikein on? Tämä on syy siihen, miksi jotkut ihmiset eivät saa toivomaansa. Kuinka Amma voisi jakaa myötätuntoaan sellaisille, jotka elävät täysin itsekästä elämää?

Amma on yleensä pahoillaan nähdessään lastensa surun. Joidenkin ihmisten kohdalla hänen sydämensä ei silti sula, koska hänen mielensä sanoo: "Tuo henkilö on itsekäs. Kuinka paljon rahaa ja voimia hän käyttääkään asioihin, jotka ovat harhaa. Miksi Amman pitäisi tehdä päätös niiden puolesta, jotka eivät ole valmiita luopumaan edes yhdestä itsekkäästä asiasta?" Tämä on syy siihen, miksi jotkut ihmiset eivät saa haluamaansa. Kuinka Amma voisi vuodattaa myötätuntoaan niihin, jotka elävät täysin itsekästä elämää?

Amman lasten rukoukset ja hyvät teot saavat hänen sankalpansa tuottamaan hedelmää. Ilman näitä hänen lapsensa eivät hyödy Amman heidän puolestaan tekemästä päätöksestä.

Televisioasema lähettää ohjelmia, mutta voimme katsoa niitä vain, jos säädämme television oikealle taajuudelle. Samaan tapaan teidänkin täytyy säätää mielenne Jumalan maailman taajuudelle saadaksenne edes jotakin hyötyä. Yritä ottaa vähintään yksi askel kohti Korkeinta. Silloin tulet näkemään, kuinka monta askelta Jumala ottaa sinua vastaan! Heidän, jotka luopuvat itsekkyydestä, tekevät hyviä tekoja ja rukoilevat oikealla tavalla, ei tarvitse kohdata surua. Ettekö ole kuulleet tarinaa Kuchelasta? [4] Nämä eivät ole vain tarinoita; ne ovat ihmisten todellisia kokemuksia. Ja kuinka monia tällaisia kokemuksia onkaan olemassa!

Lapseni, teidän tulisi rukoilla rakkaudella ja antaumuksella. Teidän sydäntenne tulisi sulaa rukoillessanne. Kyyneleitä pidetään joskus heikkouden merkkinä. Mutta kyynelten vuodattaminen Jumalan näkemiseksi ei ole heikkoutta lainkaan. Kynttilän valon kirkkaus lisääntyy sen sulaessa. Itkeminen on helppo tapa avartaa mieltä. Kyyneleet huuhtelevat pois mielen epäpuhtaudet ja antavat meille voimaa.

Toisaalta itkeminen on heikkoutta silloin, kun itkemme epätodellisten asioiden tähden; silloin se vain vie meiltä voimaa. Itkeminen huomispäivän saavutusten eteen on heikkoutta. Kun sitten koittaa aika, jolloin voisit saavuttaa jotakin, olet menettänyt kaiken voimasi itkemällä ja tulet sairaaksi.

Jos olet loukannut itsesi, ota siihen oikeaa lääkettä. On hyödytöntä vain itkeä. Jotkut vanhemmat ahdistuvat ylen määrin lastensa avioliittojen järjestämisestä. Kykenemättä nukkumaan he päätyvät ottamaan unilääkkeitä ja hääpäivänä sitten isä tai äiti on sairaalassa. Amma näkee lukemattomia tällaisia mieleltään heikkoja ihmisiä. Jotkut ovat huolissaan talon rakentamisesta. Kun talo on viimein rakennettu, omistaja ei kykene edes kävelemään talossaan, koska hän on saanut sydänkohtauksen. Nykyisin

---

[4] Katso sanasto

suurin osa ihmisistä menettää intonsa, energiansa ja terveytensä siksi, että ahdistuvat lukuisista tämänkaltaisista asioista. Tämä on heikkoutta. Toisaalta, itkemällä Jumalaa, saamme intoa, energiaa ja rauhaa. Jumalaan uskomisen ja rukoilun tarkoitus ei ole taivaaseen pääseminen kuoleman jälkeen. Jotkut ihmiset sanovat, että henkiset mestarit ja ashramit pitävät yllä taikauskoa ja että ne on tarkoitettu vain harhaan johdetuille ihmisille. Mutta ne, jotka väittävät tällaista, eivät ymmärrä totuutta; heillä ei ole älyä eikä heidän mielensä ole kunnossa. Henkiset mestarit opettavat meille, kuinka voimme päästä eroon mielen heikkouksista ja varmistaa, ettei elämän tasapaino järky. Ashramit ovat keskuksia, jotka välittävät näitä opetuksia.

Metalliraudoituksia käytetään rakennuksessa betonin vahvistamiseen. Ilman niitä rakennukset sortuisivat. Uskoa Jumalaan voitaisiin verrata tukirautoihin. Usko vahvistaa haurasta mieltämme. Jos meillä on uskoa, emme itke tai tule hulluiksi epätodellisten asioiden takia.

Lehdistä voidaan lukea, että joka päivä monet ihmiset tekevät itsemurhan. Suurimmalla osalla näistä kuolemista ei ole mitään tekemistä terveyden tai vaurauden kanssa, vaan kyseessä on mielen voiman puuttuminen. Tällainen mielen heikkous katoaa, jos kehitämme todellista uskoa Jumalaan. Usko hiljentää mielen. Näin voimme voittaa pienet ongelmamme lannistumatta.

Lapseni, turvatkaa siis täysin Korkeimpaan, Jumalaan. Omatkaa hyvä mieli, silloin teidän ei tarvitse murehtia, kaikki mitä tarvitsette tulee luoksenne. Jos näin ei käy, kertokaa siitä Ammalle! Ette tule epäonnistumaan. Amma puhuu oman pitkän kokemuksensa pohjalta.

Kohtuus kaikessa

Useimmat Amman tänne tulevista lapsista ajattelevat heti tänne päästyään kotiinpaluuta. He ovat huolissaan bussistaan. Heti

Amman tavattuaan he kumartavat hätäisesti ja kiiruhtavat takaisin. Monilla heistä on vain yksi asia sanottavanaan: "Amma, kotona ei ole ketään, joten meidän täytyy lähteä heti. Bussi lähtee kohta." Antautuminen ei ilmene puheessa, se ilmenee teoissamme. Nämä lapset eivät kykene antautumaan Korkeimmalle edes yhdeksi päiväksi, jonka ovat täällä. Vaikka monet tapaavatkin Amman, ne yksilöt ovat harvassa, jotka etsivät tietä Jumalan luo huolimatta kaikista valituksista ja pyynnöistä, jotka he esittävät Ammalle. Tämä ei tarkoita sitä, että meidän pitäisi välttää maallisia asioita, mutta meidän täytyy tunnustaa niiden väliaikaisuus. Lapseni, vaikka olisimmekin juosseet kaiken aikamme, syömättä ja nukkumatta, maallisten asioiden perässä, ne tuottavat vain surua. Älkää unohtako tätä. Niinpä tästä lähtien, kun käytte temppelissä tai ashramissa, antakaa vähän aikaa yksin Jumalalle. Laita syrjään kiintymyksesi ainakin siksi ajaksi.

Oli kerran kuningas, joka päätti jättää valtaistuimensa ja siirtyä vanaprasthan[5] elämänvaiheeseen. Hän aikoi antaa kaiken omaisuutensa alamaisilleen. Hän antoi jokaiselle, joka pyysi. Eräs nuori mies tuli kuninkaan luo ja kertoi hänelle vaikeuksistaan. Kuningas antoi hänelle suuren määrän rahaa, mutta nuori mies ei ollut tyytyväinen. Hänen vaimonsa oli sanonut hänelle hänen lähtiessään palatsiin: "Tule takaisin vasta kun kuningas on antanut sinulle mahdollisimman paljon!" Nähdessään miehen ahneuden, kuningas sanoi: "Täällä on joki, missä kasvaa arvokkaita koralleja, voit saada sen omaksesi." Nuori mies oli innoissaan. Kuningas jatkoi: "Mutta siihen liittyy yksi ehto: "Sinulla aikaa on täsmälleen 12 tuntia. Ota vene ja souda niin pitkälle kuin pääset ja palaa tuon ajan sisällä. Saat omaksesi sen osan jokea, jonka olet matkannut ja kaikki sieltä löydetyt korallit ovat sinun.

---

[5] Perinteisesti Intiassa on neljä elämänvaihetta. Vanaprastha on kolmas elämänvaihe. Kun pariskunnan lapset ovat tarpeeksi vanhoja pitämään huolta itsestään, vanhemmat vetäytyvät erakoiksi tai ashramiin elämään henkistä elämää ja tekemään henkisiä harjoituksia.

Mutta jos myöhästyt edes sekunnin verran, et saa mitään." Nuori mies suostui tähän. Paljon väkeä kerääntyi sovittuna päivänä joen molemmille rannoille katsomaan hänen soutuaan. Hänen vaimonsa ja ystävänsä yllyttivät häntä ottamaan haltuunsa koko joen, vaikka se olisi kuinka vaikeaa. He muistuttivat häntä siitä, miten suuri saavutus olisikaan omistaa niin paljon rikkauksia. Mies alkoi soutaa hyvin innokkaasti. Hän souti kuuden tunnin ajan; ja sitten ahneutensa tähden, päätti jatkaa eteenpäin. Kului kaksi tuntia lisää. Nyt oli jäljellä vain neljä tuntia aloituspaikalle palaamiseen. Puolessa ajassa hänen täytyi kulkea matka, johon hän oli käyttänyt kahdeksan tuntia. Hän alkoi soutaa hyvin nopeasti. Hänen vaimonsa ja ystävänsä kannustivat häntä eteenpäin. He huusivat: "Ponnistelusi menevät täysin hukkaan, jos olet myöhässä edes sekunnin verran! Kiirehdi! Souda nopeasti!" Aika oli melkein lopussa. Mutta aloituspaikkaan oli pitkä matka. Hän souti kaikin voimin. Hänen rintaansa alkoi koskea. Silti hän ei lopettanut soutamista. Hän piti toista kättä rinnallaan ja jatkoi soutamista toisella. Hän väsyi yhä enemmän. Hän oksensi verta, mutta ei vieläkään lopettanut soutamista, koska oli niin ahne rikkauksille. Lopulta hän onnistui pääsemään takaisin aloituspaikalle sekuntia ennen määräaikaa. Hänen vaimonsa ja ystävänsä tanssivat ilosta, mutta nuori mies kaatui ja veti viimeisen hengenvetonsa siinä paikassa.

Nyt vaimolla oli ongelma, miten viedä ruumis takaisin kotiin. He asuivat kaukana. Tarvittiin jonkinlaista kuljetusvälinettä. Vaimo sanoi: "Joka tapauksessa, hän on kuollut. Minun pitäisi vuokrata ajoneuvo ruumiin kuljettamiseen. Minun on kasvatettava lapsemme; minulla ei ole tarpeeksi rahaa vuokrata kuljetusta, joten haudatkaamme hänet tänne! Se riittää." Niinpä nuoren miehen matka päättyi kaksi metriä mullan alle. Kukaan ei mennyt hänen mukaansa. Hänen vaimonsa ja ystävänsä, jotka olivat yllyttäneet häntä tavoittelemaan ansaitsemattomia rikkauksia, tai hänen lapsensa- kukaan heistä ei mennyt hänen mukaansa. Eivät myöskään rikkaudet. Lapseni, tämä on elämää! Ihmiset elävät elämänsä antamatta mielelleen edes hetken rauhaa. He huolehtivat jatkuvasti perheestään ja omaisuudestaan ja päätyvät usein arveluttaviin keinoihin saadakseen maallista mammonaa. Mutta tuleeko lopussa mitään tästä heidän mukaansa? Ei. Kärsimys alkaa siitä hetkestä, kun halu maallisiin asioihin herää. Vaikka halut tyydyttyisivätkin, kärsimys vain odottaa vuoroaan, sillä ne asiat mitä haluamme, eivät ole pysyviä. Ne katoavat huomenna, jos eivät jo tänään. Jumala on ainoa pysyvän rauhan lähde. Voitte välttää kärsimyksen ymmärtämällä sen, että maalliset nautinnot eivät kestä ja alkamalla elää sen mukaisesti.

Amma ei sano, että ette tarvitse varallisuutta tai maallisia asioita. Olkoon niitä tarpeeksi elämänne tarpeisiin, mutta ei enempää. Olkaa tietoisia siitä, mikä on ikuista ja mikä antaa teille rauhaa ja yrittäkää tavoitella sitä. Taivas ja helvetti ovat maan päällä. Vain mieli luo taivaan tai helvetin. Niinpä mieltä pitää hallita. Silloin meidän ei tarvitse kokea surua. Silloin on vain autuutta, autuutta ja autuutta.

Todellinen palvonta on antaumusta jumalalliselle ihanteelle

Amman syntymäpäiväpuhe vuodelta 1991

Lapseni, sulkekaa silmänne ja rauhoittakaa mielenne. Päästäkää irti kaikista ajatuksistanne ja keskittykää rakastamaanne Jumalan muotoon. Älkää ajatelko kotianne tai työtänne tai bussia kotimatkalle. Ajatelkaa vain rakastettua jumaluuttanne. Lakatkaa puhumasta ja toistakaa Jumalan nimeä. Puuta ei hyödytä, vaikka sen oksille kaadettaisiin paljonkin vettä. Mutta jos juuria kastellaan, vesi tavoittaa kaikki puun osat. Joten keskittykää vain Jumalan jalkoihin, sillä kaiken muun ajattelu on yhtä hyödytöntä kuin puun oksien kastelu.

Jos veneesi on sidottu kiinni joen rantaan, et pääse joen yli vaikka soutaisit miten paljon. Samoin, et saa rukouksistasi todellista hyötyä, jos mielesi on kiinni perheessäsi ja varallisuudessasi, vaikka kuinka paljon rukoilisit. Niinpä kun rukoilet, anna mielesi antautua täysin Jumalalle. Lapseni, vain tämä tuottaa hedelmää.

Henkisyyden maailmassa ei ole syntymää eikä kuolemaa. Sinä päivänä kun ajatus syntymisestä katoaa olemme päässeet Jumalan ovelle. Kaikkein Korkeimman valtakunta on elämän ja kuoleman tuolla puolen.

Amma on suostunut näihin juhlallisuuksiin pelkästään lastensa onnellisuus mielessään. Tämä on aika, jolloin ilmenee luopumisenne, rakkautenne ja tasa-arvoisuuden tunteenne. Sen lisäksi Ammalla on tilaisuus nähdä teidät kaikki yhdessä.

Niiden, jotka ovat tulleet tänne, ei pitäisi mennä takaisin tekemättä mitään. Menkää kotiin vasta toistettuanne mantraa ja meditoituanne jonkin aikaa. Henkiset harjoitukset ovat ainoa todellinen varallisuutenne ja siksi Amma pyytää teitä tekemään archanan[6]

Koska Amma pitää rukoilua hyvin tärkeänä, on sellaisia, jotka väheksyvät antaumuksen tietämme (bhakti). He pitävät sitä alempiarvoisena. Jotkut ihmiset kieltävät Jumalan olemassaolon. Toisille Jumala on muodoton ja vailla ominaisuuksia. Sellaiset ihmiset yleensä pitävät antaumuksellisuutta heikkoutena. On totta, että useiden eri jumalien tai pahojen henkien palvonta ei ole mitään muuta kuin sokeaa antaumusta. Todellinen antaumus opettaa meitä näkemään yhden, kaiken läpäisevän korkeimman tietoisuuden itsessämme ja kaikessa.

Oli kerran mies, jota kaikki pitivät erittäin antaumuksellisena. Varhain eräänä aamuna yksi hänen ystävistään tuli tapaamaan häntä. Vierailijalle kuitenkin sanottiin, että mies oli palvomassa Ganesha-jumalaa. Jonkin ajan kuluttua vierailija tiedusteli jälleen ja sai nyt tietää, että hänen ystävänsä oli tekemässä pujaa (pyhää rituaalia) Shivalle. Vierailija meni ja kaivoi kuopan pihalle. Jonkin ajan kuluttua hän tiedusteli jälleen. Hänen ystävänsä oli nyt palvomassa Jumalallista Äitiä. Vierailija kaivoi toisen kuopan. Kun talon isäntä vihdoin ilmestyi suoritettuaan kaikki eri pujat, hän huomasi että piha oli täynnä kuoppia. Hän kysyi ystävältään, mitä oli tapahtunut. Ystävä vastasi: "Halusin vähän vettä. Jos sen sijaan, että käytin aikani kaikkien näiden eri kuoppien kaivamiseen, olisin kaivanut vain yhdestä paikasta, olisin jo kauan sitten löytänyt paljon vettä. Nyt minulla on jäljellä näiden eri kuoppien kaivamisesta ajan ja energian hukka!" Mies ymmärsi, mitä hänen ystävänsä tarkoitti. Jos hän olisi monen eri jumaluuden palvonnan sijasta keskittänyt mielensä vain yhteen jumaluuteen, olisi hän päässyt päämääräänsä jo kauan sitten. Kaikki eri jumaluudet ovat meissä kaikissa oleva yksi Jumala. Mies luopui epäkypsästä,

---

[6] Palvonnan muoto, jossa tietyn jumaluuden 108, 300 tai 1000 nimeä toistetaan yhdeltä istumalta

alkeellisesta palvonnastaan ja hänestä tuli todellinen Jumalan palvoja.

Rukouksella on oma, ainutlaatuinen paikkansa henkisten harjoitusten joukossa. Rukoilu ei ole heikkoutta. Sitä voidaan verrata kalan pyydystämiseen vettä valaisemalla.

Antaumus on tosiasiassa ikuisen ja väliaikaisen välisen eron pohtimista (viveka) ja niitä tekoja, joita teemme tietoisina siitä, mikä on ikuista ja mikä katoavaista.

Antaumuksellisuus on tärkeää myös toisesta syystä. Voimme kehittyä nopeasti henkisissä harjoituksissamme toistamalla kaavaa, jota olemme tehneet elämässämme tähän saakka. Lapsena koemme onnea istuessamme äitimme sylissä. Vähän myöhemmin löydämme onnen jakamalla ilomme ja surumme ystäviemme kanssa. Ollessamme aikuisia, aviomies tai vaimo on jakamassa murheemme. Tähän tapaan, siirtyessämme elämän eri vaiheesta toiseen, meillä on taipumus keskittää mielemme yhteen tai toiseen henkilöön. Näin ihmiset yleensä löytävät onnea. Tällainen mieli ei ehkä kykene yhtäkkiä palvomaan muodotonta, puhdasta tietoisuutta, joten on käytännöllisempää palvoa tietyn muodon omaavaa Jumalaa.

Vaikka olisimmekin älyllisesti vakuuttuneita siitä, että Jumalalla ei ole muotoa tai ominaisuuksia, unohdamme sen, kun eteemme tulee erilaisia tilanteita. Eräs mies tapasi kirjoittaessaan pitää mustepulloa pöytänsä vasemmalla puolella ja kastaa kynäänsä musteeseen. Eräänä päivänä hän siirsi mustepullon pöydän oikealle puolelle. Vaikka hän tiesikin, että pullo oli hänen oikealla puolellaan, hänen kätensä meni automaattisesti vasemmalle puolelle, sillä tuosta pitkään jatkuneesta tavasta oli tullut hänen luontonsa. Samaan tapaan kaikki tapamme ottavat meistä vallan. Tapoja ei voi muuttaa nopeasti.

Vuosikausien ajan olemme tottuneet hakemaan tukea milloin mistäkin. Riippuvuus totutuista kaavoista tai tavoista voi itse asiassa olla avuksi henkisissä harjoituksissamme; saattaa olla helpompi saavuttaa sisäistä puhtautta tällä tavoin kuin jollain muulla tavalla. Siksi Amma kehottaa teitä turvaamaan elämänne aikana rakastamaanne Jumalan muotoon. Vapauttakaa mielenne kiintymyksestä omaisuuteen, perheeseen, ystäviin, asemaan ja maineeseen ja kiinnittäkää mielenne yksin Jumalaan. Ohjatkaa tämänhetkiset kiintymyksenne ja antaumuksenne kaikkien noiden asioiden sijasta Jumalaan.

Toistamalla sinulle rakkaan jumaluuden nimiä, voit vähentää mielessäsi olevien ajatusten määrää sadasta kymmeneen. Toistettaessa yhä enemmän mieli tyyntyy ja siitä tulee kristallin kirkas. Samoin kuin aurinko heijastuu selkeästi tyynen järven pinnasta voit nähdä kaikkein Korkeimman kirkkaana mielessäsi sen ollessa täysin hiljaa. Tämä ei ole heikkouden tie eikä se ole lainkaan alkukantaista. Se on oikotie lopulliseen päämäärään.

Amma ei vaadi sinua seuraamaan mitään tiettyä henkistä tietä. Sinulla on vapaus valita mikä tahansa polku. Älä ajattele, että yksi tie on toista ylempi. Kaikki tiet vievät yhteen ja samaan totuuteen. Kaikkia niitä tulisi kunnioittaa.

Iddli, dosha and *puttu*[7] ovat eri ruokalajeja, mutta ne kaikki on tehty riisistä. Voimme valita sen, mikä parhaiten sopii omalle maullemme ja ruoansulatuksellemme. Jokainen niistä tyydyttää nälkämme. Samoin eri kulttuureihin kuuluvilla ihmisillä on erilainen maku. Henkiset mestarit ovat osoittaneet erilaisiin makuihin sopivat tiet. Vaikka ne saattavat vaikuttaa erilaisilta, niiden perusolemus on sama ja ne kaikki johtavat samaan päämäärään.

Palvelu, passi Jumalan luo

Amma näkee suuren muutoksen lapsissaan viime vuoteen verrattuna. Jotkut teistä ovat lopettaneet tupakoinnin, juomisen ja ylellisyydet. Silti kaikki eivät ole tehneet sitä. Ensi vuonna

---

[7] Perinteisiä intialaisia ruokalajeja.

Amma haluaa nähdä nämä muutokset kaksinkertaisesti. Se olisi todellinen syntymäpäivälahja! Jotkut teistä ovat tulleet tänne kaukaa; teidän on täytynyt ottaa useita eri busseja ja nähdä paljon vaivaa ashramiin päästäksenne. Silti teillä ei näytä olevan kärsivällisyyttä olla täällä kovinkaan kauan. On toisia, joita tänne päästyään kiinnostaa juoruilu ja tupakointi. Jotkut ovat jopa tulleet tänne juovuksissa. Lapseni, kun tulette ashramiin käytettyänne siihen niin paljon rahaa ja vaivaa, teidän pitäisi tulla tänne keskittymään Jumalaan. Täällä ollessanne teidän pitäisi kääntää mielenne sisäänpäin ja meditoida ja toistaa mantraa yksinäisyydessä. Rakkaat lapseni, teillä pitäisi olla rukouksen ja epäitsekkään palvelun asenne. Teidän on ajettava tiehensä alkukantainen itsekkyytenne.

Tiedätte että onni ja autuus eivät ole kohteissa; autuus on sinussa itsessäsi. Kun onnemme on riippuvainen ulkoisista asioista, menetämme voimamme. Todellinen onni ei tule näistä asioista. Jos todellinen onni olisi saatavissa alkoholista tai huumeista, ei olisi mitään syytä siihen, miksi niitä käyttävät ihmiset päätyvät mielisairaaloihin. Koska ajattelevat onnen löytyvän ulkopuolelta, he päätyvät aina itkemään surusta. Tupakoijat näkevät selkeästi tupakka-askin kyljessä olevan varoituksen:"Tupakointi vaarantaa terveytesi." Silti jopa luettuaan nuo sanat, he sytyttävät tupakan ja polttavat! Heistä on tullut tapojensa orjia. He ovat heikkoja. Rohkea henkilö on vakaa omassa voimassaan. Riippuvuus muista asioista ei ole rohkeuden merkki; se on orjuutta. Ne, jotka ovat huolissaan siitä mitä muut ajattelevat siitä, että he eivät polta tai juo, ovat pahimman laatuisia pelkureita ja heikko-heikkejä.

Rakkaat lapseni, niin monet köyhät ihmiset kamppailevat saadakseen seuraavan aterian tai toisen vaatekerran. Lukemattomat lapset jäävät pois koulusta, koska heillä ei ole varaa maksaa koulunkäyntiään. Monet köyhät ihmiset asuvat taloissa, joiden katot vuotavat, sillä he eivät voi rakentaa uutta kattoa. On paljon niitä, jotka kärsivät ja vääntelehtivät tuskissaan, koska heillä ei ole varaa ostaa kipua lievittäviä lääkkeitä. Ne rahat, jotka ihmiset käyttävät oman terveytensä ja koko elämänsä tuhoaviin alkoholiin ja huumeisiin, riittäisivät auttamaan kärsiviä köyhiä.

Kärsiviä kohtaan osoitettu myötätunto - se on todellinen rakkautesi Ammaa kohtaan. Kehitä palvelevaa asennetta muita kohtaan, vaikka joutuisit uhraamaan oman mukavuutesi sen eteen. Jumala tulee luoksesi juosten ja syleilee sinua.

Lapseni, ei ole mahdollista saavuttaa Jumalaa pelkästään rukoilemalla. Et pääse Itseoivalluksen matkalle, jos sinulla ei ole mukanasi epäitsekkään palvelun passia. Vain ne, jotka tekevät epäitsekkäitä tekoja, ovat kelvollisia saavuttamaan Jumalan, pääsemään päämäärään: vapautukseen.

Jatkuvan harjoituksen välttämättömyys

Amma tietää, että vaikka hän toistuvasti sanoo, että autuus on sisällänne eikä sitä voi löytää ulkopuolelta, ette voi täysin sisäistää tätä totuutta ilman todellista kokemusta.

Äiti asui poikansa kanssa talossa, joka oli täynnä hiiriä. Poika alkoi miettiä erilaisia tapoja, joilla tappaa kaikki hiiret. Aluksi hän ajatteli kissan hankkimista, mutta päätti sitten että hiirenloukku olisi parempi. Hänellä ei ollut tarpeeksi rahaa hiirenloukkuun, joten hän päätti rakentaa sellaisen itse. Ensimmäiseksi hän valmisteli materiaaleja sitä varten. Työtä tehdessään pojasta alkoi yllättäen tuntua siltä että hänestä itsestään oli tulossa hiiri! Tunne tuli hyvin voimakkaaksi. Hän alkoi vapista pelosta kuvitellessaan kissan ottavan hänet kiinni. Hänen äitinsä huomasi pojan olevan paniikissa ja kysyi mikä oli vialla. Poika sanoi: "Kissa on tulossa!" "Mitä sitten?" kysyi äiti. Peloissaan poika vastasi: "Olen hiiri! Jos kissa näkee minut, se syö minut!" Yhä uudelleen hänen äitinsä yritti vakuuttaa häntä sanoen: "Poikani, et todellakaan ole hiiri!" Poika pysyi kuitenkin pelokkaana ja väitti sitkeästi olevansa hiiri. Viimein äiti vei hänet lääkärille. Lääkäri sanoi: "Et ole hiiri. Katso minua. Katso näitä ihmisiä. Kuinka oikein eroat heistä?" Hän käski poikaa seisomaan peilin edessä, ja tämän pelko hävisi. Poika käveli kotiin äitinsä kanssa. Heidän lähestyessä kotiaan, kissa juoksi tien yli. "Voi ei! Tuolla on kissa!" Poika juoksi piiloon puun taakse. Äiti vei hänet heti takaisin lääkärille. Lääkäri sanoi: "Enkö minä selittänyt sinulle, että olet ihminen etkä hiiri? Kuinka voit silti säikähtää nähdessäsi kissan?" "Tohtori, kyllähän minä tiedän, että olen ihminen enkä hiiri, mutta kissa ei tiedä sitä!"

Lapseni, riippumatta siitä miten pitkään olemme opiskelleet pyhiä kirjoituksia ja riippumatta siitä miten monta kertaa sanomme itsellemme että meillä on voimaa kestää mitä tahansa ongelmia, horjumme silti kohdatessamme vaikeuksia, jos emme ole saaneet mieltämme täysin hallintaan. Saatamme kuulla lukuisia kertoja, ettemme ole keho, mieli tai äly, että olemme autuuden ruumiillistumia, mutta unohdamme tämän kohdatessamme vähäisiäkin vaikeuksia. Siksi jatkuva harjoitus on välttämätön, jos haluamme olla vahvoja kohdatessamme vaikeuksia.

Meidän on koulutettava mielemme pysymään jatkuvasti tuossa tietoisuuden tilassa. Mieli pitäisi valmentaa sysäämään kaikki tiellämme olevat esteet syrjään, vakuuttuneena siitä ettemme ole lampaita vaan leijonanpentuja! Meidän pitäisi antautua Jumalalle minkä tahansa surun osuessa kohdallemme ja toimia pelottomasti. On niin paljon parempi luovuttaa kaikki Jumalan jalkojen juureen ja tarttua rohkeasti toimeen kuin tuhlata aikaamme ja tuhota terveyttämme suremalla. Olosuhteita ei voi muuttaa suremalla tai valittamalla suureen ääneen. Miksi siis sortua suremaan? Itkemisen sijaan haavaan on laitettava voidetta. Samoin mihin tahansa kriisiin on epäröimättä haettava välittömästi hoitoa.

Lapseni, jos ette voi täysin hallita suruanne, meditoikaa ja toistakaa mantraa jonkin aikaa tai lukekaa jotakin pyhää tekstiä. Sido mielesi johonkin mieluisaan tehtävään sen sijaan että antaisit sen vaellella. Näin mielesi hiljenee, etkä tuhlaa aikaasi tai pilaa terveyttäsi.

Jos auto tai rakennus on vakuutettu, omistaja ei huolehdi, sillä hän tietää, että onnettomuuden tapahtuessa vakuutusyhtiö korvaa vauriot. Myöskään niiden, jotka toimiessaan ovat luovuttaneet mielensä Korkeimman käsiin, ei tarvitse pelätä. Jumala auttaa meitä kaikissa kriiseissämme. Hän suojelee ja ohjaa meitä.

Kuinka lahjoittaa hyväntekeväisyyteen

Lapseni, myötätunto köyhiä kohtaan ja sydämen sulaminen toisten kärsimysten vuoksi ovat asioita, joiden pitäisi inspiroida meitä palvelemaan. Vaikka olisimmekin uupuneita työskenneltyämme vähän pitempään, tuo epäitsekäs, ilman odotuksia tehty ponnistus osoittaa sen, miten omistautuneita olemme työllemme. Jos tästä saatu raha käytetään köyhien auttamiseen, on se osoitus myötätunnostamme. Lapseni, pelkkä rukoilu ei riitä. Meidän on sen lisäksi tehtävä hyviä tekoja.

Työpaikan saamiseen ei riitä pelkästään siihen tarvittava koulutus; tarvitsemme myös myönteisen luonnearvion. Emme saa *payasamia* pelkästään laittamalla riisiä vesikattilaan ja keittämällä sitä. Siihen on myös lisättävä ruskeaa sokeria ja raastettua kookospähkinää. Vain yhdistämällä oikeat ainekset, saamme payasamia. Samaan tapaan pelkkä rukoilu ei tee meitä soveltuviksi jumalalliselle armolle. Pyyteetön palvelutyö, luopuminen, antautuminen ja myötätunto ovat välttämättömiä.

Oli kerran eräs mies, joka oli erittäin rikas, mutta hänellä ei ollut mielenrauhaa. Hän ajatteli, että jos vain pääsisi taivaaseen, hän olisi aina onnellinen. Hän haki neuvoa monelta eri ihmiseltä, miten voisi päästä taivaaseen. Lopulta hän tapasi munkin, joka sanoi hänelle: "Voit päästä taivaaseen antamalla rahaa hyväntekeväisyyteen. Sinun ei kuitenkaan pitäisi arvostella avun vastaanottajia ja rahaa pitäisi antaa avokätisesti." Rikas mies osti useita lehmiä, jotka hän aikoi lahjoittaa. Hänen ei tarvinnut käyttää siihen kovinkaan paljon rahaa sillä hän osti vanhoja lehmiä, joita kukaan muu ei halunnut. Munkki oli sanonut, ettei hänen pitäisi laskea lahjoittamiansa rahoja. Näin ollen hän vaihtoi rahat pieniksi kolikoiksi, jotta hän voisi antaa niitä kourakaupalla ilman että se tulisi liian kalliiksi. Hyväntekeväisyyspäivän päivämäärä ilmoitettiin etukäteen. Munkki tunsi rikkaan miehen melko hyvin. Hän oli huolissaan siitä, että miehen taivaaseen pääsemisen toivossa tehdyt teot saattaisivatkin hänet helvettiin, joten hän päätti yrittää pelastaa miehen. Hän naamioitui kerjäläiseksi ja liittyi lahjoituksia odottavien ihmisten jonoon. Hän sai kourallisen kolikoita ja lehmän, joka oli todellakin vain luuta ja nahkaa ja liian heikko kävelemään. Ottaessaan vastaan lahjoitukset munkki antoi rikkaalle miehelle kultaisen kulhon. Rikas mies oli onnesta suunniltaan ajatellessaan, että hän oli saanut jotakin, joka oli paljon arvokkaampi kuin mitä hän oli antanut. Valepukuinen munkki sanoi: "Minulla on pyyntö: palauta kulho minulle sitten kun olemme taivaassa." Rikas mies oli tästä ymmällään. "Palauttaa se taivaassa! Kuinka se olisi mahdollista? Meidän on kuoltava ennen kuin pääsemme taivaaseen. Miten siis voimme ottaa mitään tavaroita mukaamme? Kun kuolemme, mitkään näistä tavaroista eivät tule mukaamme!"

Rikas mies alkoi miettiä sitä, mitä oli juuri sanonut; että mikään ei tule mukaamme kuoleman rajan yli. Viisaus heräsi hänen mielessään. Hän ajatteli: "Kun kuolemme, emme voi ottaa mitään rikkauksia mukaamme. Miksi siis olen niin saita näiden köyhien ihmisten suhteen?

Mitä syntiä olenkaan tehnyt oltuani niin kitsas!" Rikas mies kumartui hänen silmänsä avanneen pyhän miehen jalkojen juureen. Hän pyysi anteeksiantoa kaikista niistä vääryyksistä, joita hän oli tehnyt kanssaihmisiään kohtaan. Hän jakoi pois rikkautensa ilman katumuksen häivääkään. Tehdessään tämän hän tunsi ennen kokematonta autuutta, sellaista jota hän ei ollut eläissään vielä kokenut.

Lapseni, vaikkakin monet meistä antavat lahjoja muille, useimmat antavat kitsaasti. Muistakaa tämä, lapseni: vaikka olisimme kuinka rikkaita tahansa, mitkään aarteistamme eivät pysy luonamme ikuisesti. Miksi siis olla saita? Meidän pitäisi tehdä mahdollisimman paljon auttaaksemme kärsiviä. Tämä on todellista vaurautta. Tämä on tie rauhaan ja tyyneyteen. Lapseni, meidän tulisi luovuttaa mielemme Jumalalle. Se ei ole helppoa, sillä mieli ei ole esine, jonka voi antaa pois. Jos kuitenkin luovumme jostakin sellaisesta, mihin mieli on kiintynyt, se on sama kuin mielen luovuttaminen. Tällä hetkellä useimpien ihmisten mieli on kiintynyt varallisuuteen enemmän kuin mihinkään muuhun, jopa enemmän kuin läheisiinsä. On monia sellaisia, jotka tietäen että perivät perheensä omaisuuden vasta vanhempiensa kuoltua, ovat valmiita, tavalla tai toisella, hankkiutumaan eroon vanhemmistaan! Ja jos he saavat selville, että heidän osuutensa on odotettua pienempi, he saattavat haastaa vanhempansa oikeuteen! Heidän rakkautensa omaisuutta kohtaan on suurempi kuin heidän rakkautensa omiin vanhempiin.

Luopuessamme mielemme kiintymyksen kohteena olevasta varallisuudesta, luovumme itse asiassa mielestämme. Vain luopuneen asenteen kehittäneestä sydämestä kumpuavat rukoukset kantavat hedelmää. Jumala ei tarvitse rikkauksiamme tai korkeaa asemaamme. Aurinko ei tarvitse kynttilän valoa. Me itse olemme niitä, jotka hyödymme omasta luopumisestamme. Luopuessamme tulemme otollisiksi Jumalan armolle. Silloin voimme nauttia ikuisesta autuudesta. Maalliset rikkaudet katoavat varmasti ennemmin tai myöhemmin. Mutta jos asetamme Jumalan niiden sijalle, meistä tulee ikuisen ilon omistajia.

Pienet asiat voivat viedä meiltä mielen hallinnan. Sen seurauksena menetämme keskittymiskykymme työtä tehdessämme, emmekä kykene osoittamaan rakkautta perhettämme ja ystäviämme kohtaan. Pikkuhiljaa tulemme katkeriksi ja vihaisiksi kaikkea kohtaan. Menetämme yöunemme sisäisen rauhan puutteessa. Joudumme tilaan, jossa emme voi nukkua ilman unilääkkeitä. Kuinka monia tällaisia esimerkkejä näemmekään ympärillämme! Todellisella uskolla Jumalaan, meditoimalla, mantraa toistamalla, ja rukouksella, voimme saada tarpeeksi voimaa kohdata minkä tahansa tilanteen horjumatta. Pystymme silloin tekemään mitä vain täydellä tarkkaavaisuudella, olivatpa olosuhteet suotuisat tai eivät. Siispä lapseni, aikaanne tuhlaamatta, toistakaa mantraa ja toimikaa epäitsekkäästi. Nämä ovat asioita, jotka vievät meidät rauhaan ja sopusointuun.

Näe pelkkää hyvää kaikessa

Lapseni, jos todella rakastatte Jumalaa, teidän täytyy lakata etsimästä vikoja muista. Jumala ei koskaan asusta vikoja etsivässä mielessä. Yritä olla löytämättä vikaa kenestäkään. Muistakaa että näemme vikoja muissa vain siksi, että meissä itsessämme on vikaa.

Oli kerran kuningas, joka pyysi jokaista alamaistaan tekemään patsaan ja tuomaan sen hänelle. Määrättynä päivänä monet tulivat hänen palatsiinsa patsaidensa kera. Kuningas pyysi ministeriään arvioimaan kunkin patsaan ja palkitsemaan sen mukaisesti. Ministerillä ei kuitenkaan ollut mitään hyvää sanottavaa yhdestäkään veistoksesta! Hänen mukaansa jokaisessa oli yksi tai useampia vikoja. Hän sanoi kuninkaalle: "Yksikään alamaisistasi ei ole tehnyt kiitettävää taidetta." Ministerin sanat eivät olleet kuninkaan mieleen. Hän vastasi vakavasti: "Jokainen noista ihmisistä loi jotakin oman kykynsä ja tietonsa mukaan. On totta, että kukaan heistä ei luonut mestariteosta ja meidän on otettava tämä huomioon arvioidessamme heidän töitään. Minkään tässä maailmassa ei voida sanoa olevan täydellistä tai valmista; kaikessa tulee aina olemaan jotakin vikaa. Mutta se, ettet kyennyt löytämään yhtäkään pienen palkinnon arvoista veistosta, osoittaa sen, ettet ole kelvollinen ministeriksi." Kuningas erotti ministerin tehtävästään. Näin siis hän, joka näki muiden viat, menetti työnsä. Lapseni, kaikessa on jotain hyvää, mutta tarvitsemme silmät näkemään sen.

Kun ne, jotka yrittävät nähdä pelkästään hyvää muissa lausuvat mantran jopa vain kerran, he saavat siitä saman hyödyn kuin kymmenen miljoonan mantran toistamisesta. Amman sydän sulaa hänen ajatellessaan tällaisia ihmisiä. Jumala antaa heille kaiken mitä he tarvitsevat.

Amma laulamassa bhajaneita syntymäpäivillään.

Yhdistykää rakkaudessa

Amman syntymäpäiväpuhe vuodelta 1992

Lapseni, sielulla ei ole syntymää tai kuolemaa. Jopa ajatuksen syntymisestä pitäisi kuolla. Ihmiseksi syntymisen tarkoitus on oivaltaa tämä. Saatatte kysyä, että jos asia on näin, miksi Amma sitten suostui näihin juhlallisuuksiin. No siksi, että Amma on onnellinen nähdessään teidät kaikki täällä yhdessä. Se antaa Ammalle tilaisuuden nähdä teidät kaikki yhdessä istumassa ja lausumassa jumalallisia mantroja. Yhdessä resitointi on erityisen tärkeää. Myös te tulette onnellisiksi siitä, että toiveenne juhlia tätä päivää tulee täytetyksi. Lastensa onnen näkeminen tekee Amman iloiseksi. Lisäksi tänään on luopumisen päivä. Täällä teillä ei ole samoja mukavuuksia kuin kodeissanne. Työskentelette tauotta Ammalle ilman ruokaa tai unta. Teette työtä, joka tuo lohtua ja rauhaa kärsiville. Lapseni, nämä ovat tekoja, jotka herättävät Itsen (Atman).

On totta että voisimme auttaa monia köyhiä ihmisiä näihin juhlallisuuksiin käytetyillä rahoilla. Nykyisin emme kuitenkaan voi olla täysin viettämättäkään tällaisia juhlia. Puhtaaseen kultaan sekoitetaan kuparia, jotta sitä voitaisiin käyttää koruissa. Ihmismielen ylevöittämiseksi on myötäelettävä heidän kanssaan. Lapseni, jos Amma on omalta osaltaan tehnyt virheen, antakaa hänelle anteeksi!

Lapseni, aikaisemmin toistitte mantraa *Om Amriteshwaryai Namah*. Lapseni, tämän mantran jumalatar on kuolemattoman Itsen nektarin (*atmamrita*) perusolemus. Se sijaitsee päälaellanne olevassa lootuksessa, jossa on tuhat terälehteä. Tämä on se, mitä teidän täytyy saavuttaa, ei tätä 150-senttistä kehoa. Löydä oma sisäinen voimasi. Löydä autuus itsestäsi. Tämä on mantran todellinen merkitys.

Rukoilkaa antaumusta

Lapseni sitten kun rakkaus Jumalaa kohtaan on herännyt, ette kykene ajattelemaan mitään muuta. Joskus ihmiset valittavat sanoen: "Kuinka monta vuotta olenkaan käynyt temppelissä ja tehnyt pujia ja kutsunut Jumalaa! Enkä silti ole vieläkään, koskaan ollut suruista vapaa!" – Amma sanoo tällaisille ihmisille vain, että he eivät ole oikeasti kutsuneet Jumalaa, sillä heidän mielensä olivat täynnä muita asioita. Ne, jotka rakastavat Jumalaa, eivät tunne surua. Jos on täysin syventynyt rakastamaan Jumalaa, elämässä on pelkää autuutta. Miten sellaisilla ihmisillä olisi aikaa ajatella omia huoliaan ja muita ongelmia? Kaikkialla ja kaikessa he näkevät vain rakastetun jumaluutensa. Kun rukoilemme Jumalaa, sen pitäisi tapahtua Jumalan rakastamisen tähden eikä materiaalisten asioiden saamiseksi. Kun Amma ajattelee rakkautta Jumalaa kohtaan, hänen mieleensä tulee tarina Viduran vaimosta. Molemmat, sekä Vidura että hänen vaimonsa olivat Krishnan hartaita palvojia. Kerran Vidura kutsui Krishnan kotiinsa kylään. Sekä hän että hänen vaimonsa odottivat kiihkeästi hänen vierailunsa päivää. He eivät ajatelleet mitään muuta kuin Krishnaa. He ajattelivat sitä miten ottaisivat hänet vastaan, mitä tarjota hänelle, mitä he sanoisivat hänelle jne. Lopulta tuo päivä koitti. He tekivät kaikki valmistelut Krishnan vierailua varten. Krishnan tulon hetki lähestyi. Viduran vaimo meni peseytymään ennen hänen tuloaan. Krishna tulikin odotettua aikaisemmin, hänen ollessaan vielä pesulla. Palvelija tuli ilmoittamaan hänelle Krishnan saapumisesta. Vaimo juoksi Krishnan luo huutaen: "Krishna, Krishna!" Hän unohti olleensa kylpemässä. Hän toi Krishnalle hedelmiä ja valmisteli hänen istuimensa. Näitä asioita tehdessään hän toisti taukoamatta: "Krishna, Krishna!" Tässä antaumuksen tilassa hän ei ollut tietoinen mistään muusta. Hän päätyi istumaan Krishnalle tarkoitetulle istuimelle tämän istuessa maahan!

Hän ei ollut tietoinen mistään tästä. Hän kuori banaanin ja heitti itse hedelmän menemään. Hän tarjosi rakkaudellisesti kuoren Krishnalle, joka istui hymyillen ja söi kuoren. Silloin Vidura tuli huoneeseen. Hän kauhistui nähdessään mitä oli tekeillä. Hänen vaimonsa istui ilkialastomana ja vettä valuen Krishan tuolilla, kun taas tämä joutui istumaan lattialla! Hän ei voinut uskoa silmiään. Vaimo heitti banaanin menemään ja syötti Krishnalle kuoren! Ja Krishna vain nautti tästä kaikesta aivan kuin mitään outoa ei olisi ollut tekeillä.

Vidura oli raivoissaan. Hän huusi vaimolleen: "Sinä syntinen, mitä oikein ajattelet tekeväsi!" Vasta silloin vaimo palasi tajuihinsa ja ymmärsi, mitä oli tehnyt. Hän juoksi ulos huoneesta ja palasi hetken kuluttua yllään puhtaat vaatteet. Yhdessä Viduran kanssa he asettivat Krishnan istuimelleen ja palvoivat hänen pyhiä jalkojaan, kuten olivat suunnitelleetkin. He antoivat hänelle lukuisia valmistamiaan herkkuja. Vaimo valitsi kauniin banaanin, kuori sen ja antoi sen Krishnalle. Sitten kun kaikki oli ohi, Krishna sanoi: "Vaikka suoritittekin kaikki rituaalit täsmälleen perinteen mukaisesti, ne eivät vetäneet vertoja sille kohtelulle minkä sain heti aluksi! Se, mitä annoitte minulle myöhemmin, ei maistunut yhtä hyvältä kuin ensimmäiseksi saamani banaaninkuoret!" Syynä oli se, että Viduran vaimo tarjotessaan banaaninkuoren oli antaumuksessaan täysin unohtanut itsensä.

Lapseni, tarvitaan tämän kaltaista antaumusta. Meidän pitäisi unohtaa itsemme Jumalan läheisyydessä. Silloin ei ole enää mitään kaksinaisuutta, ei "sinua" tai "minua". Eikä silloin enää tarvita rituaaleja. Kaikkien rituaalien tarkoitus on auttaa meitä pääsemään kaksinaisuuden tunteesta. Joten meillä täytyy olla tällaista rakkautta Jumalaa kohtaan. Sydämessämme ei pitäisi olla tilaa millekään muulle kuin Jumalalle. Joella on kaksi rantaa, mutta sen pohja on yksi ja sama. Samoin, vaikka puhuisimme Jumalasta ja hänen palvojastaan tai mestarista ja oppilaasta, vain rakkaus vie meidät Itsen yhteyteen. Tämä on elämän pysyvä rikkaus, autuuden lähde. Jos pystymme kehittämään tällaista antaumusta, olemme onnistuneet elämässä.

Myötätunto - henkisyyden ensimmäinen askel

Lapseni, kun Amma puhuu siitä, että tarvitaan antaumusta Jumalaa kohtaa, hän ei tarkoita sillä pelkästään rukoilua. Rakkaus Jumalaa kohtaan ei tarkoita vain sitä, että istuu jossakin itkemässä Jumalaa. Meidän pitäisi kyetä näkemään Jumalan läsnäolo jokaisessa elävässä olennossa. Hymy ja rakastava ystävällisyys muita kohtaa ilmentävät myös rakkautta ja antaumusta Jumalaa kohtaan. Avatessamme sydämemme Jumalalle antaumuksellisesti, nämä asiat tapahtuvat spontaanisti. Silloin emme ole vihaisia tai rakkaudettomia ketään kohtaan.

Eräs köyhä mies sairastui eikä hän kyennyt tekemään työtä. Hänellä ei muutamaan päivään ollut mitään syötävää, ja hän tuli hyvin heikoksi. Hän kerjäsi ruokaa joiltakin ihmisiltä, mutta kukaan ei kiinnittänyt häneen mitään huomiota. Hän koputti useita ovia, mutta kaikki ajoivat hänet tiehensä. Köyhä mies tulit täysin epätoivoiseksi. Hänestä tuntui siltä, ettei hän halunnut elää maailmassa, jossa ihmiset olivat niin julmia ja hän päätti päättää elämänsä. Hän oli kuitenkin erittäin nälkäinen. Hän ajatteli: "Jos vain pääsisin nälästäni, voisin kuolla rauhassa." Hän päätti anoa ruokaa vielä viimeisen kerran. Hän meni majalle, missä asui eräs nainen. Hänen yllätyksekseen nainen pyysi rakastavasti häntä istumaan ja meni sisälle majaan hakemaan ruokaa. Sisällä nainen kuitenkin huomasi, että ruoka-astia oli kaatunut ylösalaisin. Kissa oli kaatanut sen ja syönyt ruoan. Nainen meni takaisin ulos ja hyvin surullisena hän sanoi miehelle: "Olen niin pahoillani! Sisällä majassa oli riisiä ja vihanneksia, joita olisin halunnut antaa sinulle, mutta kissa söi ne. Mitään ei ole jäljellä. En voi myöskään antaa sinulle rahaa, sillä minulla ei ole yhtään. Anna minulle anteeksi tuottamani pettymys!" Mies vastasi: "Mutta olethan antanut minulle sen mitä tarvitsin. Olin sairas. Kerjäsin monilta ihmisiltä ruokaa, mutta he ajoivat minut tieheni. Yhdelläkään heistä ei ollut edes ystävällistä sanaa minulle. Tuntui siltä, etten voisi elää tällaisessa maailmassa ja olin päättänyt tappaa itseni. En kuitenkaan kestänyt nälkää, joten päätin yrittää vielä yhdestä paikasta. Siksi tulin tänne. Vaikkakaan en saanut ruokaa, sinun rakkaudelliset sanasi ovat täyttäneet minut onnella. Koska maailmassa on sinun kaltaisiasi ystävällisiä sieluja, minunlaisillani köyhillä ihmisillä on rohkeutta elää. Kiitos sinun, en aio tappaa itseäni. Tänään on ensimmäinen kerta, jolloin muistan tunteneeni itseni onnelliseksi ja kylläiseksi."

Lapseni, vaikka meillä ei olisi mitään materiaalista annettavaa, voimme aivan varmasti antaa hymyn tai ystävällisen sanan. Se ei maksa meille paljon, vai mitä? Ystävällinen sydän riittää – se on ensimmäinen askel henkisellä tiellä. Henkilön, joka tekee näin, ei tarvitse mennä mihinkään Jumalaa etsimään. Jumala tulee juosten sydämeen, joka on täynnä myötätuntoa. Se on Jumalalle rakkain asuinpaikka. Lapseni, henkilöä, jolla ei ole myötätuntoa kanssaihmisiään kohtaan, ei voida sanoa Jumalan palvojaksi.

Kaikki te lapseni olette tulleet tänne tänään. Ollessanne täällä viime vuonna teitte lupauksen. Useimmat teistä ovat pitäneet lupauksensa. Monet ovat lopettaneet juomisen ja tupakoimisen ja luopuneet ylellisyyksistä. Myös tänä vuonna - jos rakastatte Ammaa ja jos tunnette yhtään myötätuntoa maailmaa kohtaan - teidän pitäisi samaan tapaan vannoa luopuvanne huonoista tavoista. Ajatelkaa sitä, miten paljon rahaa tuhlaamme alkoholiin, tupakkaan, kalliisiin vaatteisiin ja ylellisyyksiin! Lapseni teidän pitäisi parhaanne mukaan yrittää vähentää tällaisten tuotteiden ostamista. Näin säästämänne rahat voidaan käyttää köyhien auttamiseen. On älykkäitä lapsia, joiden täytyy keskeyttää koulunkäyntinsä, koska heillä ei ole varaa maksaa koulumaksuja.

Voitte auttaa heitä maksamalla heidän kulunsa. Voitte auttaa kodittomia. On myös paljon sairaita ihmisiä, jotka kärsivät, koska heillä ei ole varaa ostaa tarvitsemiaan lääkkeitä. Voitte ostaa heille lääkkeitä. On useita eri tapoja, joilla voimme auttaa muita. Ne rahat, joita nyt tuhlaatte, riittäisivät auttamaan muita. Tarpeessa olevien palveleminen on todellista Jumalan palvontaa. Tämä on sellainen pada puja[8] joka tekee Amman onnelliseksi ja tyytyväiseksi. Rukoilkaamme Kaikkivaltiaalta myötätuntoista sydäntä.

---

[8] Gurun tai pyhimyksen jalkojen palvominen.

Luontoäiti suojelee niitä, jotka suojelevat Häntä

Amman syntymäpäiväpuhe vuodelta 1993

Amritapuriin oli saapunut joka puolelta maailmaa ihmisiä juhlimaan Amman 40-vuotissyntymäpäiviä. He kaikki toivoivat tulevansa osallisiksi Ammalle tänä suotuisana päivänä tehdyn pada pujan siunauksista. Koska ilmapiiri oli vielä synkkä Intian keskilännessä tapahtuneen maanjäristyksen jäljiltä, Amma suostui erittäin vastahakoisesti pada pujaan tai minkäänlaisiin muihin juhlallisuuksiin. Lopulta hän taipui lastensa sydämeenkäypien rukousten ansiosta. Kahdeksalta aamulla Amma saapui lavalle tilavan pandalin (perinteinen telttamainen rakennelma) eteläiseen päätyyn. Kauniin ja syvän antaumuksellisen pada pujan jälkeen, Amma halusi lohduttaa ihmisiä, jotka eivät olleet kyenneet löytämään hyvää istumapaikkaa pandalissa. "Lapseni, yrittäkää istua sinne, missä on tilaa. Amma tietää ettette te kaikki voi saada hyvää paikkaa. Lapseni, älkää olko sen tähden surullisia! Amman mieli on hyvin lähellä myös hänestä kauempana olevia lapsia. Nyt ripottelee sadetta, joten pian menemme sisälle halliin." Sen jälkeen Amma aloitti syntymäpäiväpuheensa.

Lapseni, tämän *pujan* hyväksyminen tänään on Amman elämän suurin virhe. Amma sanoi sata kertaa ettei *puja* olisi tarpeen. Hänen pitäisi sen sijaan palvella teitä, sillä se tekee Amman onnelliseksi. Hän istuu tässä vain tehdäkseen teidät onnellisiksi. USA:n kiertueen aikana [kaksi kuukautta aiemmin] Amma sanoi ettei tänä vuonna tarvittaisi mitään syntymäpäiväjuhlia. Amman sydän tuntui raskaalta. Ajatelkaa vain tämän päivän tilannetta! Mätäneviä ruumiita ja tuhansia surevia eloonjääneitä. Ei ole mitään keinoa pitää huolta eloonjääneistä tai polttaa

39

ruumiita. Ei ole tarpeeksi ihmisiä auttamaan. Amma haluaa kiiruhtaa tuohon paikkaan. Hän on jo pyytänyt joitakin lapsiaan menemään sinne. Ajatelkaa kaikkia ihmisiä siellä, jotka kärsivät läheistensä ja omaisuutensa menetyksestä.

Tämä tilanne ei ole erityinen vain Intiassa; tavalla tai toisella sitä tapahtuu joka paikassa. Amma ei ajattele kuolleita. He ovat mennyttä. On kuitenkin tuhansia muita, jotka kärsivät ja tuntevat tuskaa. Amma on huolissaan heistä. Heidät meidän pitää pelastaa. Meidän on varmistettava heidän turvallisuutensa. Lapseni, teidän tulisi ponnistella tähän suuntaan.

Suojelkaa luontoa

Miksi luonto aiheuttaa meille näin paljon kipua. Lapseni, miettikää sitä. Ajatelkaa sitä, miten paljon uhrauksia Luontoäiti tekee. Ajatelkaa jokien, puiden ja eläinten tekemiä suuria uhrauksia! Katsokaa puuta. Se antaa meille hedelmiä, suojaa ja viileyttä; se antaa varjon jopa sellaiselle henkilölle, joka kaataa sen. Tällainen on puiden asenne. Samaan tapaan, voimme tutkia kaikkea luonnossa olevaa. Voimme tarkkailla, miten luonto tekee suunnattomia uhrauksia ihmisten hyväksi. Mitä *me* puolestaan teemme luonnon hyväksi? Sanotaan että aina kun kaadamme puun, sen tilalle pitäisi istuttaa taimi. Kuinka moni kuitenkaan noudattaa tuota ohjetta? Ja vaikka he niin tekisivätkin, kuinka luonnon harmoniaa voitaisiin pitää yllä vain taimen avulla? Pieni taimi ei voi antaa luonnolle samaa voimaa kuin suuri puu. Voiko pieni lapsi tehdä aikuisen työn? Siinä missä aikuinen kantaa kokonaisen korillisen hiekkaa, lapsi kantaa pienen lusikallisen verran. Siinä on suuri ero.

Riittääkö vesisäiliön puhdistamiseen vain yksi milligramma veden puhdistusainetta kymmenen suositellun sijasta. Näin on luonnonsuojelun laita tänä päivänä. Luonto on menettämässä harmoniansa. Viileä ja lempeä tuulenvire, jonka pitäisi hyväillä meitä, on muuttunut valtavaksi pyörremyrskyksi. Maa, joka on kantanut meitä päällään tähän saakka, vie nyt meitä kohti helvettiä.

Se ei kuitenkaan ole luonnon vika. Keräämme oman vääryytemme hedelmiä. Aivan kuten ruumisarkkuja elannokseen myyvä mies päätyy lopulta oman luomuksensa sisälle. Kaivamme omaa hautaamme. Kaikki ovat nyt peloissaan. Menemme nukkumaan illalla epävarmoina siitä, heräämmekö aamulla. Lapseni, luonnonsuojelun tulisi olla ensisijalla. Vain siten meillä on mahdollisuus selviytyä. Meidän on lakattava tuhoamasta luontoa rahan tähden, omien itsekkäiden tarkoitusperiemme eteen. Samalla teidän kaikkien pitäisi yrittää istuttaa puita vähintään pienelle maatilkulle kotienne lähistöllä.

Muinaiset tietäjät sanoivat, että puita tulisi palvoa. Näin he opettivat meille luonnonsuojelun tärkeyttä. Kukkien kasvattaminen pihallamme palvontamenoja varten ja niiden uhraaminen Jumalalle ja pronssisen öljylampun sytyttäminen, nämä kaikki puhdistavat ilmapiiriä. Tänä päivänä ilma ei ole enää täynnä kukkien tai öljylampussa palavan langan tuoksua. Sen sijaan meillä on tehtaista lähtevien myrkyllisten päästöjen haju. Jos kauan sitten ihmiselämän pituus oli 120 vuotta, nyt se on lyhentynyt 60 tai 80 vuoteen. Uusia sairauksia ilmenee yhä enemmän. Niiden sanotaan johtuvan "viruksista", mutta kukaan ei tunne niiden todellista alkuperää. Ilma on saastunut, sairaudet lisääntyvät, terveytemme on tuhoutumassa ja elinikämme lyhenemässä – tähän suuntaan kehityksemme on menossa. Yritämme luoda taivaan maan päälle, mutta sen sijaan maasta on tulossa helvetti. Haluamme syödä makeaa, mutta emme voi sairauden takia. Illalla haluamme katsoa tanssiesitystä, mutta emme kykene pysymään hereillä – syynä jälleen sairaus. Näin ihmiset eivät elämässään pysty toteuttamaan halujaan. Ihmiskunta ei kykene selviytymään itse aiheuttamastaan sotkusta. Juuri kukaan ei ajattele sitä, miten tämä kaikki päättyy tai kuinka ratkaista tämä tilanne. Vaikka joku keksisikin ratkaisun, mitään ei toteuteta.

Kukkivien kasvien kasvattaminen, niiden kukkien poimiminen ja uhraaminen Jumalalle puhdistavat sekä sydäntämme että luontoa. Jumalan palvoja toistaa mantraa kasvia kastellessaan, kukkia poimiessaan ja kukkaseppelettä tehdessään. Mantran toistaminen vähentää mielessä olevien ajatusten määrää ja mieli puhdistuu. Näinä päivinä ihmiset kuitenkin pitävät tätä kaikkea taikauskona. Uskomme katoaviin, ihmisten luomiin asioihin, kuten tietokoneisiin ja televisioon. Emme luota enää valaistuneiden mestareiden sanoihin. Kun tietokoneeseen tai autoon tulee ongelma, ihmiset ovat valmiita tekemään paljon ja kauan töitä niiden korjaamiseksi tai odottamaan niiden korjatuksi tulemista. Teemmekö kuitenkaan mitään mielen epäharmonian poistamiseksi?

Mielen valmentamisen keskus

Lapseni jos mieli on tasapainossa ja hyvässä vireessä, kaikki on silloin harmoniassa ja vireessä. Jos mieli menee pois tasapainosta, kaikki elämässä on epävireistä. Ashramit ovat keskuksia, joissa ihmisiä voidaan opettaa tavalla, mistä ei seuraa epäharmoniaa. Näinä päivinä on kuitenkin ihmisiä, jotka ovat taipuvaisia pilkkaamaan ja halventamaan ashrameita ja henkistä elämää.

Jokin aika sitten ilmestyi elokuva, jossa parjattiin ashrameita. Jotkut tuohtuivat kuultuaan elokuvan nähneiden ihmisten mielipiteitä. He valittivat siitä, että jotkut ilmaisivat mielipiteensä ottamatta selvää asioista. Keralan historiassa ei ole yhtään tapausta, jossa jostakin ashramista olisi takavarikoitu *ganjaa* (hasista). Ihmiset ovat valmiit uskomaan tekaistua tarinaa, isoäidin satua ja keksityn elokuvan käsikirjoitusta, mutta eivät *mahatmojen* (suuret sielut) sanoja. Nämä ihmiset kutsuvat itseään ylpeinä intellektuelleiksi. He eivät usko sitä mitä he itse näkevät ashramissa, vaan elokuvassa esitettyjä keksittyjä tarinoita. Monet ihmiset ovat alkaneet puhua pahaa ashrameista nähtyään elokuvan, mutta he ovatkin intellektuelleja jotka eivät ole edes halukkaita ottamaan totuutta selville.

Ajatellaan että joku menee sanomaan toisella: "Näin sinut makaamassa kuolleena.

Kuulin myös, että olit kuollut!" Tämä sanottaisiin hengissä olevalle henkilölle. Tälläistä on näinä päivinä. Ihmiset eivät luota siihen mitä he näkevät. Se mitä he näkevät ja kuulevat elokuvista ja tarinoista on heille tärkeämpää. On osa tarinankertojan työtä käyttää mielikuvitustaan ja esittää tarina totena. Tämä on fiktiivisen kirjoittamisen luonne. Näin kirjailijat tienaavat rahaa ja tulevat kuuluisiksi. He kirjoittavat mitä vain saavuttaakseen tämän. Tähän tapaan kirjailijat ja tuottajat tienaavat rahaa ja elävät ylellisyydessä. Mutta henkiset ihmiset ovat erilaisia. Heidän elämänsä ovat täyttyneet epäitsekkyydellä.

Amma ei arvostele taiteita. Taiteet ovat tarpeen ja jokainen taidemuoto on tärkeä. Taiteilijoiden ei kuitenkaan pitäisi yrittää tuhota kulttuuriamme. Taidetta pitäisi luoda ihmiskunnan ylevöittämiseksi. Taiteen pitäisi avartaa mieltä eikä tehdä ihmisistä eläimiä. Onko niin, että muutaman puoskarin tähden koko lääketiede on pielessä ja kaikki lääkärit ovat huijareita? Tällaisten ajatusten levittäminen on yhteiskunnan pettämistä. Vain sellaiset taideteokset, jotka opettavat meidät näkemään hyvää kaikessa, hyödyttävät yksilöä ja yhteiskuntaa.

Tässä ashramissa vierailevat tietävät, että ashramin asukkaat tekevät paljon töitä – öin ja päivin. He eivät aherra siksi, että voisivat nauttia mukavuuksista tai antaa jotakin lapsilleen tai perheilleen. He työskentelevät ahkerasti maailman hyväksi. Heidät voi nähdä kantamassa hiekkaa jopa keskiyöllä veden peitossa olevan maan täyttämistä varten, jotta he voisivat rakentaa vierailijoille paikan, jossa nukkua. Vain heidän, usein yöunien ja syömisen kustannuksella tekemänsä kovan työn ansiosta, Jumala on mahdollistanut sen, että voimme palvella niin paljon niin lyhyessä ajassa. Myös perheellisten tulisi tehdä mahdollisimman paljon epäitsekästä palvelutyötä. Toimimme vieläkin tähän tapaan. Eri ashrameissa olevat henkiset ihmiset ovat omistautuneet palvelemaan maailmaa. He eivät tee mitään itsekkäistä syistä. Nykyisin kun nuoret kuulevat ashrameista, he ajattelevat Rajneeshin[9] ashramia. Hänen ashraminsa oli kuitenkin länsimaista yhteiskuntaa varten. Hän auttoi huume- ja päihderiippuvuuksien uhreja. Hän meni heidän tasolleen.

Syödessäsi appelsiineja, et nauti seitsemännestä enää yhtä paljon kuin ensimmäisestä. Jos jatkat saman asian toistamista, alat tuntea vastenmielisyyttä jolloin saat selville, ettei todellinen onni ole missään ulkoisessa kohteessa. Silloin alat etsiä todellista onnen lähdettä.

Koira puree luuta ja ajattelee veren maun tulevan luusta. Lopulta koira lyyhistyy verenvuodon ansiosta. Vasta sitten se oivaltaa, että veri ei tulekaan luusta vaan sen omista vuotavista ikenistä. Tällaista on onnen etsiminen ulkoisista kohteista.

Tätä myös Rajneesh sanoi. Hänen opetusmenetelmänsä erosi kuitenkin paljon muinaisten tietäjien menetelmistä. Hänen filosofiansa ei ole intialaisia varten, emmekä he hyväksy hänen filosofiaansa. Kuitenkin sanotaan, että hän teki kaiken avoimesti eikä piilotellut mitään. On silti vaikea kehittää takertumattomuutta antautumalla ylenmääräisiin nautintoihin. Amma ei sanoisi, että se on mahdotonta, mutta nautintojen avulla saavutettu takertumattomuus on väliaikaista. Näin ollen meidän on tietoisesti kehitettävä riippumattomuutta maallisia asioita kohtaan. Saatamme pitää *payasamista* (makea riisiruoka), mutta

---

[9] Sri Rajnees (1931-1990), kutsutaan myös Oshoksi, syntyi Madhya Pradeshissa Intiassa ja hänellä oli ashram Oregonissa Yhdysvalloissa. Hänen opetuksiaan pidettiin kyseenalaisina.

vaikka söisimme sitä kylliksemme, haluamme sitä myöhemmin kaksi kertaa enemmän. Näin ollen emme voi koskaan tulla riippumattomiksi aistinautinnoista yrittämällä tyydyttää ne pysyvästi. Ainoastaan harjoittamalla tietoisesti kiintymättömyyttä, voimme irrottautua maallisista kohteista. Tämä on Amman tie. Tänä päivänä on kuitenkin paljon ihmisiä, jotka eivät seuraa tätä muinaisten tietäjien viitoittamaa tietä. Sen sijaan he seuraavaa Rajneeshin osoittamaa tietä. Sitten kaikki ashramit leimataan sen ansiosta samanlaisiksi. Arvostelijat eivät kykene näkemään Amman ashramissa asuvien ihmisten luopumisen ja kovan työn määrää. Amman länsimaalaiset lapset työskentelevät jopa lännessä. He valmistavat oman ruokansa, koska olisi kallista syödä ulkona. He tekevät paljon töitä, säästävät rahaa ja käyttävät sen täällä epäitsekkäisiin palveluprojekteihin. Meidän siis tulisi ottaa selville koko totuus, ennen kuin esitämme elokuvista ja lehdistä saatuja mielipiteitä.

Tämän päivän maailmassa on kolmenlaisia ihmisiä. Ensimmäiseen ryhmään kuuluvat kaikkein köyhimmät, ne joilla ei ole mitään. Amma tuntee useita sellaisia ihmisiä, jotka tulevat tänne. Heillä ei ole edes yhtä hyvää vaatekappaletta, joten he tulevat tänne lainatuissa vaatteissa. Lukemattomat ihmiset kärsivät, koska heillä ei ole varaa kattojensa paikkaukseen, tai sairaanhoitokuluihin tai koulumaksuihin. He eivät tiedä miten selviytyä kustakin päivästä. Sitten on toinen ihmisryhmä. Heillä on jonkin verran rahaa, mikä kutakuinkin riittää heidän tarpeisiinsa. He tuntevat myötätuntoa kärsiviä kohtaan, mutta eivät voi tehdä asialle mitään.

Kolmas ryhmä eroaa kahdesta muusta. Heillä on sata kertaa enemmän kuin mitä he tarvitsevat. He ovat älykkäitä; he tekevät liiketoimintaa ja tienaavat omaisuuksia, mutta käyttävät rahansa vain omien mukavuuksiensa ja oman onnensa lisäämiseen. He eivät välitä kärsivistä. Heistä voidaan sanoa, että he ovat tosiaankin köyhistä köyhimpiä. Helvetti on heitä varten, sillä he ovat köyhien kärsimyksen syy. Tällaiset ihmiset ovat ottaneet köyhien varat itselleen. Lapseni, muistakaa että velvollisuutemme Jumalalle on olla myötätuntoinen köyhiä kohtaan. Antaumus ei ole yksin sitä, että kiertää patsaan ympäri toistaen: "Krishna, Mukunda, Murare!" [10] Todellista antaumusta on köyhien auttaminen. On paljon sellaisia, jotka siirtävät syrjään tai läimäisevät kerjäläisen ojentamaa kättä, aivan kuin se olisi kärpänen. Ne jotka eivät koe myötätuntoa köyhiä ja tarpeessa olevia kohtaan, eivät myöskään hyödy mantran toistamisesta tai meditaatiosta. Mikään temppelissä tehtyjen lahjoitusten määrä ei hanki heille pääsyä taivaaseen, eivätkä he myöskään koe rauhaa tässä elämässä.

Suru on oma luomuksemme

Lapseni, jotkut kysyvät: "Voiko Jumala tosiaankin olla puolueellinen? Jotkut ihmiset ovat terveitä, kun taas toiset sairaita. Jotkut ovat rikkaita ja toiset köyhiä. Miksi on näin?" Lapseni, se ei ole Jumalan vika, vaan omamme.

Muistamme minkä kokoisia tomaatit olivat ennen. Tänä päivänä tomaatit ovat usein kaksi kertaa suurempia tieteen saavutusten takia. Amma ei torju tieteen hyödyllisyyttä, mutta kun tomaattien koko kasvaa näin suureksi, niiden laatu huononee. Perheenäidit tietävät, että jos *iddleihin*[11] lisätään leivinjauhetta, *niistä* tulee suurempia, mutta ne eivät ole yhtä hyvän tasoisia tai makuisia kuin tavalliset *iddlit*. Kehoomme kertyy myrkkyä tomaattien viljelyssä käytettyjen keinotekoisten lannoitteiden ja muiden kemikaalien ansiosta. Solumme tuhoutuvat. Tällaista ravintoa syöville vanhemmille syntyvät lapset ovat sairaita jo syntymästään saakka. Näin kärsimme omien tekojemme seurauksista. Ei ole mitään syytä syyttää Jumalaa. Jos tekomme ovat

---

[10] Krishnan eri nimiä

[11] Eteläintialainen höyrytetty riisikakku

puhtaat, niiden seuraukset ovat hyvät. Korjaamme nyt edellisissä elämissämme tehtyjen tekojen hedelmät. Mies antoi kahdelle ystävälleen kivenlohkareen. Toinen ystävistä oli erittäin terve mies ja toinen taas laiha ja heikko. Muutaman päivän kuluttua mies pyysi ystäviään rikkomaan kivet. He alkoivat hakata kiviä lekoilla. Terve mies iski kiveään kymmenen kertaa, mutta se ei edes murtunut. Heikko mies iski omaansa vain kahdesti ja se halkesi kahteen osaan. Terve mies sanoi: "Iskit kiveäsi vain kahdesti ja se halkesi! Miten teit sen?" Toinen mies vastasi: "Moukaroin sitä aikaisemmin useita kertoja."

Samaan tapaan, jos elämä on nyt joillekin kamppailua ja toisille helppoa, on se heidän aikaisempien tekojensa hedelmää. Tämän päivän menestyksemme on eilen tekemiemme hyvien tekojen tulos. Jotta tämä menestys jatkuisi tulevaisuudessa, meidän on tehtävä hyviä tekoja tänään. Muutoin meidän on kärsittävä huomenna. Jos tänään olemme myötätuntoisia kärsiviä kohtaan, voimme välttyä kärsimästä huomenna. Auttaessamme kuoppaan pudonneita pääsemään ylös, voimme välttyä putoamasta itse huomenna.

Lapseni, on vaikea ymmärtää järjellä tai älyllisesti prarabdhaa[12]. Voimme oppia sen vain kokemuksesta. Elämässämme on tiettyjä käännekohtia esimerkiksi kohdatessamme useita vastoinkäymisiä kuten parantumattomia sairauksia, enneaikaista kuolemaa, omaisuuden menetystä jne. Tällaisina aikoina ei kannata pelkästään syyttää kaikesta *prarabdhaa*. Voimme ylittää vaikeudet omilla ponnistuksillamme ja antautumalla Jumalalle. Meditoimalla ja toistamalla mantraa voimme aivan varmasti muuttaa ainakin 90 prosenttia *prarabdhastamme*. Emme kuitenkaan sataa prosenttia, koska se on luonnon laki, joka vaikuttaa jopa *mahatmoihin*. Ero on kuitenkin siinä, ettei mikään todella vaikuta suuriin sieluihin, koska heillä ei ole sisäisiä kiintymyksiä.

---

[12] Tämän ja edellisten elämien tekojen tässä elämässä ilmenevät hedelmät.

Henkilön *prarabdhan* aiheuttama kärsimys on tavallaan jumalallinen siunaus, koska se auttaa meitä muistamaan Jumalaa. Näinä aikoina nekin, jotka eivät ole ennen rukoilleet Jumalaa kertaakaan, alkavat itkeä Häntä. He kääntyvät kohti *dharman* tietä. Kääntymällä henkiselle tielle, he kokevat suurta helpotusta *prarabdhan* kärsimyksistä.

Monet ihmiset säikähtävät kuullessaan henkisyydestä. Henkisyys ei tarkoita sitä, ettei sinun tulisi hankkia omaisuutta tai että sinun pitäisi luopua perhe-elämästä. Voit vaurastua ja elää perheellistä elämää, mutta elämäsi pitäisi perustua henkisten periaatteiden ymmärtämiseen. Perhe-elämä ja omaisuuden hankkiminen ilman henkisten periaatteiden tiedostamista, on kuin kampojen keräämistä kaljua päätä varten! Vaurautemme ja perhesuhteemme eivät tule aina olemaan kanssamme. Näin ollen meidän pitäisi antaa niille elämässämme vain niille kuuluva sija.

Ei ole niin, että meidän pitäisi luopua kaikesta. Henkiset periaatteet voivat opettaa meille, kuinka elää viisaasti ja onnellisesti tässä aineellisessa maailmassa. Uimataidottoman henkilön voi olla vaarallista mennä mereen uimaan. Aallot voivat viedä hänet mukanaan. Se olisi vaarallista. Uimataitoiset taas nauttivat aalloissa uimisesta. Heille uiminen on iloista leikkiä. Samaan tapaan, jos ymmärrämme henkisyyttä, voimme syleillä maailmaa iloisemmin. Henkisyys ei ole vain tapa päästä taivaaseen, eikä taikauskoa. Taivas ja helvetti ovat tässä maailmassa. Nähdessämme maailman lapsen leikkinä, voimme kohottaa mielemme henkisen kokemuksen tasolle. Henkisyys opettaa meille, miten voi saavuttaa voimaa ja rohkeutta kokea autuutta jo tässä elämässä. Tämä tie ei kehota meitä istumaan jouten tekemättä töitä. Todellista henkisyyttä on, jos kahdeksantuntisia työpäiviä tekevä henkilö työskentelee kymmenen tuntia ja käyttää tienaamansa ylimääräiset rahat kärsivien auttamiseen. Tämä on todellista Jumalan palvomista.

Tuhannen nimen lausuminen

Jotkut Amman lapsista ovat kertoneet hänelle tuntevansa olonsa epämukavaksi, sillä heille oli kerrottu, että ne jotka lausuvat *Lalita Sahasranamaa* (Jumalallisen Äidin tuhat nimeä) ja palvovat Jumalallista Äitiä, ovat varkaita. Ehkäpä kyseinen henkilö sanoi tämän nähtyään toisten elävän pröystäilevän ylellisesti ja tuhlaillen rukouksen nimissä. Tai sama henkilö on saattanut ajatella että tuhatta nimeä lausutaan jonkin taivaan korkeuksissa istuskelevan jumaluuden miellyttämiseksi. Tosiasiassa lausumme tuhatta nimeä herättääksemme jumalallisen olemuksen itsessämme, emme lepyttääksemme jotakin ylhäistä jumalolentoa. Kaiken läpäisevä, kaikkialla läsnä oleva Jumala on myös sydämissämme. *Sahasranama* on keino herätä tuohon jumalalliseen tietoisuudentilaan.

Jokaisella *Lalita Sahasranaman* mantralla on syvällinen merkitys. Otetaan esimerkiksi ensimmäinen mantra: *Sri Matre Namah – "Tervehdys Äidille."* Äiti on kärsivällisyyden ja anteeksiannon henkilöitymä. Toistaessamme tätä mantraa, sama *bhava* (jumalallinen mielentila, asenne tai taso) herää meissä. Meitä pyydetään toistamaan mantraa kärsivällisyyden kasvattamiseksi meissä itsessämme. Jokainen tuhannesta nimestä on yhtä tärkeä kuin *Upanishadien* mantrat. Toistaessamme nimiä, kohoamme tiedostamattamme ylevämpään tilaan. *Sahasranaman* tarkoitus on kohottaa meidät kärpäsen mielenlaadusta (*samskara*) jumalalliseen mielentilaan. Tämä on oikeaa *satsangia*[13].

Perheessä oli kaksi poikaa. Isä otti toisen pojan mukaansa kaikkialle. Isän pelatessa korttia, poika istui hänen vierellään. Hän näki isänsä juovan alkoholia. Äiti piti toisen pojan lähellään. Hän kertoi inspiroivia tarinoita ja otti hänet mukaansa temppeliin. Lopulta isan kanssa varttuneelle pojalle kehittyi huono

---

[13] Pyhien, viisaiden ja hyveellisten seurassa oleminen. Myös pyhimyksen tai oppineen pitämä henkinen puhe.

luonne. Ei ollut yhtäkään huonoa tapaa, jota hänellä ei olisi ollut. Toisaalta äidin kanssa kasvanut poika puhui vain Jumalasta ja lauloi vain jumalallisia lauluja. Pojassa kehittyi rakkautta, myötätuntoa ja todellista nöyryyttä. Kuten tämä esimerkki osoittaa, ympäristöllä on voimakas vaikutus *samskaraamme*.[14] Lasumalla *Sahasranamaa* ja käymällä temppelissä, herätämme jumalallisen *samskaran* itsessämme. Silloin kun meditoimme ja toistamme mantraa keskittyneesti, meissä oleva jumalallinen voima herää. Se on myös hyväksi ympäristölle. Kun henkilön tahto on keskittynyt yhteen kohteeseen, kaikki on mahdollista. Tämän päivän ihmiset eivät kuitenkaan usko sellaiseen. Jokin aika sitten, kun avaruusalus Skylab oli putoamassa maahan, tieteilijät pyysivät kaikkia rukoilemaan, että se putoaisi mereen, eikä asutetulle alueelle. He tunnustivat, miten suuri voima keskittyneellä rukouksella on. Kun tiedemiehet sanoivat tämän, kaikki alkoivat uskoa siihen. Suuret tietäjät toivat ilmi mielen ja mantrojen voiman kauan aikaa sitten, mutta meidän on vaikea hyväksyä sitä. Näemme tiedemiesten korjaavan omia aikaisempia lausuntojaan, mutta silti heti kun he julistavat jotakin, olemme valmiit hyväksymään sen.

Mantran toistolla pyrimme herättämään meissä olevan jumalallisuuden. Siementen ravinto- ja vitamiinipitoisuus kasvaa niitä idätettäessä. Mantran toistaminen on samanlainen toiminto, joka herättää piilevät henkiset voimamme. Sen lisäksi mantrojen toistolla aikaansaatu värähtely puhdistaa ilmapiiriä. Sulkiessamme silmämme, näemme missä mielemme on. Vaikka istummekin täällä, mieli hautoo kaikenlaisia asioita, joita meidän täytyy tehdä kotiin päästyämme. "Millä bussilla minun pitäisi mennä? Onkohan se täynnä? Voinko mennä töihin huomenna?

---

14 Samskaralla on kaksi merkitystä: tästä tai edellisistä elämistä mieleen jääneiden mielikuvien summa. Ne vaikuttavat ihmisen elämään, hänen luonteeseensa, tekoihinsa, mielenrakenteeseensa jne.; oikean ymmärryksen (tiedon) herääminen henkilössä. Tämä johtaa hänen luonteensa jalostumiseen.

Palauttaakohan se ja se hänelle lainaamani rahat?" Sata tällaista ajatusta tanssahtelee mielessä. Sadassa eri ajatuksessa kiinni olevaa mieltä ei käännetä Jumalan puoleen tuossa tuokiossa. Siihen tarvitaan jatkuvaa ponnistelua. Mantran toistaminen on helppo tapa saavuttaa tämä. Yritä vain ottaa juoksevaa lasta kiinni. Hän karkaa käsistäsi. Mutta jos kutsumme häntä pidellen samalla lelua, hän tulee luoksemme. Näin voimme estää lasta karkaamasta. Samoin mantran toistaminen on keino saada mieli tottelemaan käyttämällä hyväksi sen omaa luontoa.

Vaikka mieleen tulisikin sata ajatusta, voimme vähentää niitä toistamalla mantraa. Saatat ajatella, onko mielessäsi mitään ajatuksia mantraa toistettaessa. Vaikka olisikin, ne eivät ole kovin tärkeitä. Ajatukset ovat kuin vauva: sen nukkuessa äidin on helppo tehdä kotitöitä, mutta kun se herää ja alkaa itkeä, työskentely on vaikeaa. Samoin toiston aikana esiin tulevat ajatukset eivät ole ongelmallisia; ne eivät häiritse meitä.

Jotkut saattavat miettiä, että eikö mantrakin ole ajatus. Eikö kuitenkin ole niin, että seinällä oleva ilmoitus jossa lukee: "Ei ilmoituksia!" estää muita ilmoituksia täyttämästä seinää. Samoin yhdellä ainoalla mantran edustamalla ajatuksella voimme pysäyttää mielen harhailun. Ajatusten määrän vähentäminen myös parantaa terveyttä ja pidentää elinikää.

Koska tavara on ollut käyttämättä, sen takuuaika alkaa vasta sillä hetkellä kun se ostetaan, siitä huolimatta miten monta vuotta se on ollut varastossa. Samoin ajatukseton mieli ei heikkene, se vain vahvistuu. Tällaisen mielen haltija tulee terveemmäksi ja elää kauemmin. Toisaalta, ajatusten lisääntyessä mieli heikkenee ja myös henkilön terveys kärsii.

Me kaikki tunnemme tarinoita entisaikojen ihmisistä, jotka tekivät itsekuriharjoituksia, seisoivat yhdellä jalalla tai jopa naulan päällä pitääkseen mielensä vakaana. Meidän ei tarvitse tehdä mitään vastaavaa. Pelkkä mantran toisto riittää. Nuo ihmiset oivalsivat Jumalan vasta opittuaan kaikki pyhät kirjoitukset ja tehtyään ikuisuuksien ajan itsekuriharjoituksia. *Gopit*[15] eivät koskaan oppineet mitään kirjoituksia. He olivat kotiäitejä ja liikenaisia. Kuitenkin heidän rakkautensa Jumalaa kohtaan oli niin suuri, että he oivalsivat hänet helposti. Erityisesti tänä *Kali Yugan*[16] aikana mantran toistaminen on mitä tärkeintä. Silti mantran toistaminen ja henkisten harjoitusten tekeminen eivät riitä. Voimme saavuttaa Jumalan vain, jos luovutamme mielemme täysin Hänelle. Mieli ei ole kuitenkaan mitään sellaista, minkä voimme noin vain luovuttaa. Voimme luopua mielestä vain luopumalla siitä, mihin mieli on eniten kiintynyt. Nykyaikana mieli on kaikkein voimakkaimmin kiintynyt varallisuuteen. Naimisiin mentyään moni ihminen kantaa enemmän huolta omaisuudestaan kuin vaimostaan ja lapsistaan. Vaikka vanha äiti olisi kuolinvuoteellaan, poika tekee kaikkensa varmistaakseen, että hänen perimällään maaosuudella olisi enemmän kookospalmuja kuin hänen sisarustensa. Eikä hän epäröi puukottaa vanhempiaan kuoliaaksi, jos hänen osuutensa on vähän pienempi kuin toisten. Mihin siis olemme kiintyneet eniten? Vaurauteen! Koska mieli on kiintynyt varallisuuteen, siitä luopuminen on mielen luovuttamista. Jumala ei tarvitse rikkauksiamme. Luopumisen kautta kuitenkin omat mielemme avartuvat ja tulemme kykeneviksi ottamaan vastaan Jumalan armon.

Palvelu ja henkinen elämä

Monet ihmiset kysyvät: "Miksi Amma pitää palvelua niin tärkeänä? Eivätkö tapas (itsekuriharjoitukset) ja muut henkiset harjoitukset ole tärkeämpiä. Lapseni, Amma ei koskaan sano, etteivät tapas ja muut harjoitukset olisi tarpeen. Jonkinlainen tapas on

---

[15] Vrindavanissa eläneet tytöt, jotka olivat lehmipaimen- ja maitotyttöjä. He olivat Krishnan läheisimpiä seuraajia ja tunnettuja mitä suurimmasta antaumuksestaan.

[16] Pimeä aikakausi

välttämätöntä. Jos tavallinen ihminen on kuin sähkötolppa, tapasin harjoittaja on kuin valtava muuntaja, joka voi palvella paljon useampia ihmisiä. Tämä voima voidaan saavuttaa itsekuriharjoituksilla. Et kuitenkaan voi tehdä niitä yli kuusikymppisenä, huonolla terveydellä ja elinvoimalla. Tapas on tehtävä silloin, kun on terve ja täynnä energiaa. Ei ole mitään syytä lähteä kotoa ja mennä Himalajalle tehdäkseen tapasia. Tapasia pitäisi tehdä juuri täällä, yhteiskunnan keskellä. Silti ainoastaan niitä, jotka luovuttavat tapasilla saadut voimansa maailman hyväksi, voidaan kutsua todella henkisiksi ihmisiksi. Henkisyys vaatii sinua olemaan kuin suitsuketikku, joka palaessaan itse loppuun levittää tuoksua ympärilleen.

Henkilö, joka jättää kotinsa ja omaisuutensa ja istuu jossakin luolassa tekemässä tapasia on kuin järvi tiheän metsän keskellä. Sen vesi ei hyödytä ketään. Ketä hyödyttävät siellä kukkivien lootuskukkien kauneus ja tuoksu? Pitää paikkansa että kauan sitten ihmiset tapasivat mennä Himalajalle tekemään tapasia. He menivät sinne kuitenkin vasta vietettyään epäitsekästä perheellistä elämää. Perheellisinä he kypsyivät ja heidän mielensä puhdistuivat ja vasta sitten he luopuivat kaikesta materiaalisesta omaisuudestaan. Tuolloin ilmapiiri oli suotuisa tapasin harjoittamiseen. Ihmiset olivat tietoisia dharmasta. Hallitsijat olivat oikeudenmukaisia. Perheelliset elivät elämänsä päämääränään Itsen oivallus.

Nykyajan ihmiset ovat itsekkäitä. Perheelliset ovat vain ihmisiä, joilla on perhe. He eivät ole *grihasthashrameita*.[17] He eivät edes tiedä mitä epäitsekäs palvelu tarkoittaa. Näin ollen on tärkeää, että *tapasilla* ja henkisillä harjoituksilla itsensä jalostaneet ihmiset toimivat esimerkkinä maailmalle epäitsekkäästä

---

[17] Grihasthashrami on henkilö joka on omistautunut henkiselle elämälle samalla hoitaen perheellisen velvollisuuksia. Sitä pidetään yhtenä neljästä eri elämänvaiheesta.

palvelusta. Ainoastaan tällaiset yksilöt todella kykenevät palvelemaan maailmaa täysin epäitsekkäästi.

Epäitsekäs palvelu on Itseoivallukseen johtava henkinen harjoitus. Epäitsekäs palvelu on Jumalan todellista palvontaa. Luopuessamme itsekkyydestämme, Itsen tie avautuu edessämme. Ihmiset voivat omaksua tämän periaatteen vain, jos epäitsekkäät henkiset etsijät elävät malliksi maailmalle tekemällä epäitsekästä palvelutyötä. On mentävä ihmisten tasolle ylentääkseen heidän tilaansa. Voimme kulkea ainoastaan ajan tahdissa. Amma muistaa tähän liittyvän tarinan.

Sanjaasi (munkki) meni erääseen kylään. Ihmiset siellä pitivät häntä pilkkanaan. Hänellä oli tiettyjä siddhejä (yliluonnollisia kykyjä), mutta ei kärsivällisyyttä. Hän suuttui kyläläisten pilkasta. Hän otti tuhkaa, lausui joitakin mantroja ja heitti tuhkat kylän kaivoon. Hän kirosi kaivon, niin että jokainen, joka joisi kyseisestä kaivosta tulisi hulluksi. Kylässä oli kaksi kaivoa, yksi kyläläisiä varten ja toinen kuningasta ja ministeriä varten. Kaikki kyläläiset tulivat hulluiksi juotuaan omasta kaivostaan. Kuningas ja ministeri joivat omasta kaivostaan, eikä heille käynyt kuinkaan. Kyläläiset alkoivat puhua tolkuttomasti, tanssia ympäriinsä ja pitää suurta meteliä.

He olivat yllättyneitä nähdessään, etteivät kuningas ja ministeri käyttäytyneet samalla tavalla kuin he. "Nuo kaksi ovat muuttuneet paljon," sanoi kylän väki. Heidän silmissään kuningas ja ministeri olivat hulluja. Mitä silloin tehdään, kun ne joiden pitäisi hallita maata tulevat umpihulluiksi? Ihmiset päättivät pistää kuninkaan ja ministerin kahleisiin. Syntyi suuri sekasorto. Kuningas ja ministeri onnistuivat karkaamaan. He juoksivat karkuun ja väkijoukko ajoi heitä takaa. Juostessaan kuningas ja ministeri sanoivat toisilleen: "Nämä ihmiset ovat tulleet hulluiksi. Jos vaikutamme erilaisilta kuin he, he eivät tule säästämään meitä; he sanovat meidän olevan hulluja. Jos aiomme selvitä ja auttaa heidät tästä tilanteesta, on vain yksi asia jonka voimme tehdä. Meidän on käyttäydyttävä heidän tavallaan. Jotta saisi varkaan kiinni, on itse tekeydyttävä varkaaksi." Kuningas ja ministeri alkoivat jäljitellä väkijoukkoa; he tanssivat ja päästelivät outoja ääniä. Ihmiset olivat tästä mielissään. He kiittivät Jumalaa siitä, että Hän oli parantanut kuninkaan ja ministerin hulluudestaan. Lapseni, henkiset ihmiset ovat kuin tarinan kuningas ja ministeri. Tavallisten ihmisten silmissä henkiset ihmiset ovat hulluja, mutta todellisuudessa ne, jotka eivät ole kiinnostuneita henkisyydestä ovat mielenvikaisia. Henkisten ihmisten pitää mennä maallisten ihmisten tasolle, vaalia heissä hyviä asenteita ja opastaa heitä oikealle tielle. Heidän on ehkä oltava ihmisten parissa ja tehtävä useita eri asioita. Ainoastaan tähän tapaan ihmisiä voidaan ohjata kohti tietoisuutta heidän todellisesta luonnostaan. Jos ihmiset eivät ole edes tietoisia omasta todellisesta luonnostaan, ovatko he sitten itse valmiita etsimään sitä?

Kuvittele esimerkiksi, että jossakin maassa kaikki yllättäen kutistuisi normaalista koostaan puoleen. Kolmesataa metriä olevat asiat kutistuisivat 150-metrisiksi. Kaksimetrisistä ihmisistä tulisi metrin mittaisia. Ainoastaan yksi mies ei kutistuisi. Hän pysyisi kaksimetrisenä. Nyt kuitenkin muiden silmissä hän olisi epämuodostunut! Vain hän tietää, mitä todella on tapahtunut. Mutta kuka haluaa kuunnella häntä? Muut eivät tiedosta, että kaksimetrinen mies on normaalikokoinen ja että heistä itsestään on tullut erilaisia.

Lapseni, henkisyys on tapa oppia todellisesta luonnostamme. Henkiset ihmiset tiedostavat oikean luontonsa. He yrittävät oivaltaa todellisen Itsensä. Koska muut ihmiset ovat ulkoisen maailman harhauttamia he halveksivat heitä ja sanovat heitä hulluiksi. Tämä on ero henkisten ja muiden ihmisten välillä.

Epäilyksen piru

Amma haluaisi puhua myös nykypäivän perheongelmista. Epäilys on useimpien perheriitojen takana. Moni perhe on hajonnut pelkkien epäilysten vuoksi. Kuinka monet naiset ovatkaan vuodattaneet loputtomasti kyyneleitä! Jokin aika sitten tänne tuli nainen, jonka mies oli jättänyt hänet epäilystensä takia. Hän oli vähällä tappaa itsensä ja kolme lastaan. Sitten joku kertoi hänelle Äidistä Vallickavussa ja että hän saisi mielenrauhan menemällä sinne. Hän kiirehti tänne Amman luo. Amma tuntee paljon tällaisia naisia. Mies ei tuota mitään taloudenhoitokuluihin, kun taas vaimo työskentelee öin, päivin pitääkseen huolta kodista ja lapsista. Tästä hyvästä hän tulee hakatuksi iltaisin miehen tullessa humalassa kotiin. Ympärillämme on lukemattomia tämänkaltaisia perheitä, joissa itketään ja kärsitään.

Joskus mies heittää vaimon ulos talosta omien epäilystensä takia. Minne hän voisi muka mennä yöllä lasten kanssa? Tänä päivänä tilanne tässä maassa on sellainen, ettei naisen ole turvallista kävellä kadulla auringonlaskun jälkeen. Hänen ruumiinsa löydetään seuraavana päivänä tien varresta tai hänen tulevaisuutensa on pysyvästi pilalla. Olosuhteet ovat rappeutuneet tälle tasolle. Amman täällä olevien miespuolisten lasten ei pitäisi suuttua tästä. Amma sanoo tämän myös tytärtenne vuoksi.

Vanhemmat antavat tyttärensä vaimoksi jollekin Persianlahdella työskentelevälle miehelle. Kuka tahansa voi kirjoittaa perättömän kirjeen ja tyttöraukka lähetetään tiehensä. Seuraavana päivänä hänen on palattava vanhempiensa luo, jossa hän on kuin orpo. Hän on syyllinen myös naapureiden silmissä, koska he eivät tiedä totuutta. Millainen tuleekaan olemaan hänen lapsensa tulevaisuus? Lapseni, kuka ajattelee näitä asioita? Vain koska ihmiset uskovat sokeasti jonkun syytöksiä, kokonainen perhe tuhoutuu. Näin nuori nainen päätyy elämään elämänsä itkien.

Amma on ajatellut perustaa järjestön sellaisten naisten auttamiseksi, jotka ovat menettäneet tukensa tällä tavoin. Useita erittäin älykkäitä ja kärsivällisiä naisia on tarjonnut apuaan tähän. Näin voisimme pelastaa tuhansia perheitä. Ammaa saatetaan tulla arvostelemaan tästä. Olkoon niin. Se ei huoleta Ammaa. Amma hyväksyy sen elämänsä ruokana.

Amma muistaa tarinan. Erään miehen talosta varastettiin joitakin tavaroita. Hänellä oli läheinen ystävä ja hän alkoi ajatella: "Ystäväni on täytynyt varastaa tavarani! Hän todellakin vaikuttaa nykyisin hermostuneelta aina nähdessään minut. Kuka tahansa voi nähdä hänen kasvoistaan, että hän on varas. Ja se tapa, miten hän kävelee! Hänessä on kaikki varkaan merkit. Ehdottomasti se on hän, joka varasti tavarani!" Näin hänen lähimmästä ystävästään tuli hänen silmissään varas. Hän unohti, kuinka rakastava hänen ystävänsä oli aina ollut ja näki hänet pelkästään varkaana ja vihollisena. Kuitenkin tämä kaikki oli vain hänen oman mielensä luomaa. Epäily on tällaista. Epäilyksen piinatessa muutut täydellisesti.

Monet pariskunnat, jotka päättävät lopettaa avioliittonsa pelkkien epäilysten ansiosta, saisivat selville että epäilykset ovat perusteettomia, jos vain puhuisivat toisilleen avoimin sydämin. Ongelma katoaisi kuin sipuli sitä kuorittaessa, siitä ei jäisi mitään jäljelle. Jumalan armosta Amma on auttanut saattamaan lukuisia tällaisia perheitä takaisin yhteen. Näin ovat myös monien lasten tulevaisuudet turvatut.

Anna varojasi hyväntekeväisyyteen tuhlaamisen sijasta

Amma ei voi olla ajattelematta äskeistä maanjäristystä. Siitä ei hyödytä puhua nyt. Mitä tarvitaan, on avun saattaminen siellä oleville kärsiville. Ashram haluaa lahjoittaa siihen neljä tai viisi tuhatta rupiaa. Amman seuraajien pitäisi lahjoittaa niin paljon kuin vain voivat tähän kohteeseen. Hyväntekeväisyys on oleellinen osa perheellisen elämää.

Tästä aiheesta puhuessaan Amma muistaa tarinan. Mies päätti lähteä mukaan politiikkaan. Hänen ystävänsä kuitenkin sanoi hänelle: "Älä lähde politiikkaan, sillä sinun on annettava pois kaikki, mitä sinulla on." "Hienoa, teen sen." "Jos sinulla on kaksi autoa, sinun on lahjoitettava niistä toinen." "Se ei todellakaan ole mikään ongelma." "Jos sinulla on kaksi taloa, on sinun annettava toinen niistä pois." "Varmasti teen myös sen." "Se lisäksi, jos sinulla on kaksi lehmää, on sinun annettava yksi niistä jollekin sellaiselle, jolla ei ole lehmää." "Voi ei! Se on mahdotonta!" "Miten niin?" Sinulla ei ole vaikeuksia luopua autostasi tai talostasi. Miksi sitten epäröit antaa pois yhden lehmän?" "Siksi että minulla ei ole kahta autoa tai taloa, mutta minulla on kaksi lehmää!"

Rakkaat lapseni. Tällaista on ihmisten anteliaisuus nykypäivänä. He ovat enemmän kuin halukkaita lahjoittamaan sen, jota heillä ei ole, mutta haluttomia antamaan sen, mitä heillä on! Lapseni, anteliaisuuden ei pitäisi olla tällaista. Jos voimme auttaa jotakuta, vaikka se olisikin meille vähän vaikeaa - on se suurin tapa palvoa Jumalaa. Ne rahat jotka tuhlaamme ruokaan ja vaatteisiin, riittäisivät auttamaan lukuisia ihmisiä. Ajatelkaa sitä, miten paljon rahaa nytkin tuhlaamme.

Nykyisin monet ajattelevat olevansa kovia, jos polttavat tupakkaa, että polttaminen on miehekkyyden merkki. On myös niitä joiden mielestä tupakoiminen on älykkyyden merkki. Tosi asiassa se on vähämielisyyden merkki. Todellisia intellektuelleja ovat ne, jotka rakastavat muita yhtä paljon kuin itseään. Tupakka-askeissa on kirjoitus, että tupakoiminen on terveydelle haitallista. Jos ihmiset silti polttavat nähtyään tekstin, pitäisikö heitä kutsua älyköiksi vai idiooteiksi? Tupakoijien kuukaudessa käyttämät rahat riittäisivät köyhyyden poistamiseen Intiasta.

Lapseni, nyt maailman väkiluku on miljardi enemmän kuin viisitoista vuotta sitten. Intiassa syntyy vuosittain miljoonia lapsia. Jos näin jatkuu, mikä tulee olemaan tilanne kymmenen vuoden kuluttua? Väkiluvun kasvaessa, elämänarvot laskevat nousemisen sijasta. Jos emme ota jokaista askelta varoen, tulevaisuudesta tulee synkkä. Sen tähden perheissä ei pitäisi olla yli kahta lasta. Niiden joilla ei ole omia lapsia, pitäisi ottaa vastuu muutaman köyhän ja runsaslapsisen perheen lapsen kasvatuksesta. Yritä luoda lapsiin positiivisia *samskaroita*. Meidän tulisi omistautua elämään elämämme *dharmaa* yllä pitäen. Todellista henkisyyttä on omistaa elämänsä *dharman* suojelemiseen. Lapseni, teidän pitäisi muovata mieliänne tätä varten.

Amma ei aio vaivata teitä enemmillä sanoilla. Lapseni, sulkekaa silmänne ja rukoilkaa rauhaa maailmaan. Rukoilkaa vilpittömästi että teille annettaisiin epäitsekäs äidinsydän. Vuodattakaa joitakin kyyneliä Jumalan jalkojen juureen.

Istukaa suorassa ja meditoikaa kahden minuutin ajan. Kuvitelkaa että näette neulanpään kokoisen kirkkaan valon. Visualisoikaa sitten, että tämä valo laajenee säteittäin ja peittää teidät kokonaan. Kutsukaa sydämessänne kuin pieni, itkevä lapsi: "Äiti! Äiti!"[18] Rukoilkaa sydän rakkaudesta sulaen. Yrittäkää täyttää sydämenne viattomuudella.

Kukan ollessa vielä nupussaan, emme voi nauttia sen kauneudesta ja tuoksusta. Sen täytyy puhjeta kukkaan! Antakaa sydämenne kukkia! Silloin voitte syleillä Jumalaa. Aivan kuten lapsi ottaa pienen kiven ja kuvittelee että se on koko maailma, visualisoi Jumalallinen Äiti sisälläsi ja rukoile viattomasti. Unohda kaikki muu ja kutsu: "Äiti! Äiti!". Rukoile häntä sydän sulaen: "Äiti anna minun tehdä hyviä tekoja, tee minusta myötätuntoinen, anna minulle avara sydän!"

———— 〰 ————

---

[18] Amma sanoo että Korkein todellisuus on sekä isämme että äitimme, jumala ja jumalatar. Se on kaikkien sukupuolen määritysten yläpuolella.

Vain tämä hetki on todellinen

Amman syntymäpäiväpuhe 1994

Tervehdys jokaiselle teille kuolemattomuuden lapselle, jotka todella olette Rakkauden ja Korkeimman Itsen ruumiillistumia. Lapseni, te kaikki olette saapuneet tänään tänne juhlimaan Amman syntymäpäivää, mutta Amma ei näe tässä päivässä mitään erikoista verrattuna muihin päiviin. Taivas ei tunne mitään erityispäiviä. Taivas on aina sama, todistaen päivien ja öiden kiertokulkua. Taivas oli täällä ennen kuin tämä rakennus rakennettiin, ja se on täällä nyt kun rakennus on valmis. Taivas on täällä yhä senkin jälkeen kun rakennus on purettu. Taivas ei muutu. Kaikki saa sijansa sen sisällä, sen tilassa, ja mikään ei voi saastuttaa sitä tilaa. "Taivaalla" Amma ei tarkoita yläpuolellamme kaartuvaa taivasta, vaan kaikkialla olevaa Itseä.

Jos kysytte, miksi Amma saapui tänään *pada pujaan* (jalko-jenpesuseremoniaan) vastaus on, että Amma ei tullut paikalle oman onnellisuutensa tähden, vaan ainoastaan teidän onnelli-suutenne takia. Syntymäpäivinä meidän tulisi muistaa syntymän lisäksi myös kuolemaa, koska syntyessämme syntyy myös kuole-ma. Meillä on tapana unohtaa tämä. Kukaan, joka on syntynyt, ei voi välttää kuolemaa, koska kuolema seuraa jokaista kuin varjo. Mutta monet pelkäävät edes ajatella kuolemaa.

Amma muistaa tarinan. Kerran eräs brahmiini saapui kuningas Yudhisthiran[19] luokse ja pyysi tältä rahaa, jotta voisi naittaa tyttärensä. Kuningas oli hyvin kiireinen ja pyysi brah-miinia tulemaan uudestaan seuraavana päivänä. Lähistöllä seissyt kuninkaan veli Bhima kuuli tämän. Hän sanoi jokaiselle palatsissa: "Soittakaa gongeja! Lyökää rumpuja! Soittakaa kaikilla

---

[19] Vanhin viidestä Mahabharata-eepoksessa kuvatuista Pandavan veljeksistä. Hän oli kuningas ja tunnettu täydellisestä hyveellisyydestään ja hurskaudestaan.

instrumenteilla iloista musiikkia! Huutakaa ilosta!" Palatsi täyttyi erilaisista äänistä, ja Yudhisthira yllättyi. Hän kysyi: "Mitä tämä on? Yleensä tuolla tavalla juhlitaan vain, kun kuningas palaa taistelusta kukistettuaan viholliskuningaskunnan. Mitään sellaista ei nyt ole tapahtunut, joten mistä johtuu kaikki tämä hälinä?" Ihmiset hänen ympärillään vastasivat: "Bhima pyysi meitä tähän!" Kuningas kutsui heti Bhiman paikalle ja pyysi selitystä.

"Kaiken tämän tarkoituksena on osoittaa kansan ja minun tuntemaa iloa", vastasi Bhima.

"Mikä on tuottanut noin paljon iloa?"

"Näetkös, sain tänään tietää, että veljeni on voittanut kuoleman! Sitä voittoa juhlistimme."

Yudhisthira oli äimistynyt, ja hän katsoi tyrmistyneenä Bhimaa. Bhima sanoi: "Kuulin, kuinka kehotit sitä brahmiinia tulemaan huomenna takaisin vastaanottamaan lahjansa. Mutta meillä ei ole mitään takeita siitä, että olemme täällä huomennakin. Siitä huolimatta sinä saatoit luottavaisin mielin kehottaa häntä tulemaan huomenna takaisin. Eikö sinulla siis olekin kyky pitää kuolema loitolla, vai miksi sanoit niin?"

Vasta siinä vaiheessa Yudhisthira ymmärsi virheensä. Hän oli unohtanut sen tosiasian, että kuolema on alati läsnä, ja että mitään sellaista, joka pitää tehdä nyt, ei voi jättää odottamaan. Hengittäessämme ulos emme voi olla varmoja siitä, että hengitämme vielä sisäänkin. Kuolema on kanssamme jokaisessa hengenvedossa.

Vain sellainen, joka on ymmärtänyt mitä kuolema on, voi rakentaa todellisen elämän. Näin on siksi, että jossakin vaiheessa kuolema riistää meiltä pois tämän todelliseksi minäksemme luulemamme kehon, ja samalla menee kaikki omaisuutemme, lapsemme, läheisemme ja rakkaamme. Jos muistamme sen totuuden, että kuolema on aina kanssamme, pelkäämmepä sitä tai emme, voimme ohjata elämämme oikealle polulle ja kohota tilaan, joka on syntymän ja kuoleman tuolla puolen. Kuoleman ymmärtäminen auttaa meitä ymmärtämään elämää. Jokainen yrittää tehdä elämästään täydellisen onnellista, mutta turhaan. Syynä tähän on se, että menetämme huomenna kaiken sen, mitä saamme tänään, ja nuo menetykset upottavat meidät loppumattomaan surun suohon. Mutta kun tulemme tietoiseksi asioiden katoavaisesta luonteesta, menettäminen ei enää heikennä meitä – se päinvastoin kannustaa meitä kohoamaan tilaan, joka ylittää nuo menetykset. Meidän pitäisi alkaa jo tällä hetkellä pyrkiä kaikin tavoin saavuttamaan tuo tila, koska ei ole mitään takeita siitä, että olemme täällä seuraavanakin hetkenä.

Nykyhetken menettäminen on todella suuri menetys. Jos tahdot meditoida, tee se heti. Jos jokin tehtävä täytyisi tehdä nyt, olisi se aloitettava heti eikä lykättävä sitä tuonnemmaksi. Tämän kaltainen mielentila meillä olisi oltava. Tällaisen päättäväisyyden tulisi juurtua meihin. Riippumatta siitä, ajattelemmeko kuolemaa vai emme, tapamme jokaisen solun kehossamme ajattelemalla vain ulkoisen onnellisuuden kokemista. Omaksumamme elämäntapa myrkyttää meidät, ja me ojennamme molemmat kätemme sitä kohti ja hyväksymme sen ymmärtämättä, että se on myrkkyä.

Kaikissa maissa poliitikot ja tiedemiehet yrittävät lisätä elämän mukavuuksia. He ovat kehittäneet maksimaalisesti älyään saavuttaakseen tavoitteensa. Ulkoista maailmaa on kehitetty niin paljon kuin mahdollista. Mutta vallitseeko maailmassa täydellinen onnellisuus ja tyytyväisyys? Ei. Sisäinen maailma kuihtuu yhä edelleen. Meillä saattaa olla ilmastoituja taloja, autoja ja lentokoneita, mutta emmekö voikin nukkua kunnolla vain, jos meillä on mielenrauha? Ja syökö sellainen ihminen terveellisesti, jolta puuttuu sisäinen rauha?

Elä tietäen totuus

Elämän laatu ei riipu vain kehosta, ulkoisista kohteista ja ulkoisesta onnellisuudesta. Todellinen onni riippuu mielestä. Jos kykenemme hallitsemaan mielemme, kaikki on ulottuvillamme. Todellinen tieto on tietoa siitä, kuinka mieli hallitaan. Tämä on henkistä tietoa. Vasta kun olemme saaneet tämän tiedon itsellemme, osaamme käyttää kaikkea muuta hankkimaamme tietoa oikein. Menneinä aikoina joissakin perheissä eli yhdessä jopa 30-50 jäsentä, ja tämä tapahtui valtavan rakkaudellisessa ja hyväksyvässä yhteisyyden ilmapiirissä! Rauha ja rakkaus vallitsivat heidän keskuudessaan, ja tämä oli mahdollista, koska he ymmärsivät henkiset periaatteet. He ymmärsivät mitä on elämä, ja mikä on elämän todellinen tarkoitus. He rakensivat elämänsä henkisyyden perustalle. Mutta nykyään kaikkea tuota pidetään vain myyttinä. Jos nykyajan perheessä on vaikkapa kolme jäsentä, he elävät kuin jokainen heistä olisi omalla erillisellä saarellaan. Jokaisella on omat tapansa; heillä ei ole yhteisyyden tunnetta. Jos opimme ymmärtämään henkisyyttä, voimme välttää tuon tilanteen ainakin omassa perheessämme.

Henkisyys on periaate, joka tuo sydämemme lähemmäs toisiaan. Ne, jotka ovat oppineet uimaan valtameressä, nauttivat sen aalloista. Jokainen aalto ilahduttaa heitä. Toisaalta aaltojen voima voi viedä mukanaan sellaiset, jotka eivät osaa uida. Samalla tavoin ne, jotka tuntevat henkisyyden, kohtaavat jokaisen esteen elämässään hymyssä suin.

Henkisyys on periaate, joka antaa meidän kohdata hymyillen jokaisen tilanteen ja kriisin elämässämme. Ne, jotka eivät tunne tätä periaatetta, murskaantuvat jo pienenkin esteen ilmaantuessa. Jos jossakin lähellämme paukahtaa äänekäs paukkupommi niin, että emme aavista sitä ennalta, pelästymme, mutta jos olemme tietoisia tulevasta paukahduksesta, emme järkyty. Jos olemme tietoisia, emme horju joutuessamme kohtaamaan vastoinkäymisiä.

Jotkut ajattelevat henkisyyden olevan sokeaa uskoa. Mutta todellisuudessa henkisyys poistaa tietämättömyyden. Monet johtavat nuorempia ihmisiä harhaan sen sijaan, että selvittäisivät heille todelliset henkiset periaatteet. Toiset väittävät, että nälkäiset eivät saa ruokaa uskonnosta. Se on totta, mutta Ammalla on esitettävänä heille yksi kysymys. Miksi monet sellaiset ihmiset, jotka syövät herkullisia aterioita, nukkuvat ilmastoiduissa huoneistoissa ja omistavat huvipursia ja lentokoneita, kuitenkin tekevät itsemurhan ottamalla myrkkyä, ampumalla itsensä, heittäytymällä junan eteen tai hirttäytymällä? Eikö se osoita kohti sitä tosiseikkaa, että jotakin on vielä herkullisen ruoan, luksuksen ja niistä saatavan onnellisuuden tuolla puolen? Meidän on siis hyväksyttävä elämäämme rauhan antava totuus ja yritettävä toimia sen mukaisesti. Tämä tarkoittaa henkistä polkua. Lapseni, talojen ja rikkauksien hankkiminen sekä vallan ja maineen tavoittelu on samanlaista toimintaa kuin kampojen kerääminen kaljupäälle! Tämä ei tarkoita sitä, että teidän tulisi istua laiskana ja olla tekemättä mitään. Tämän periaatteen ymmärrettyänne tehkää jokainen tekonne kiintymättä siihen.

Lapseni, me jokainen olemme saman Itsen erilaisia muotoja, kuin sama karamelli käärittynä erilaisiin papereihin. Vihreään paperiin kääritty karamelli sanoo punaiseen paperiin kääritylle karamellille: "Sinä ja minä olemme erillisiä". Punainen sanoo siniselle: "Minä olen minä ja sinä olet sinä; me olemme erilaisia". Mutta jos poistamme käärepaperin, ne ovat kaikki samaa. Meidän keskuudessamme vallitsee sama erilaisuuden tuntu. Ymmärtämättä, että todellisuudessa emme ole erilaisia tai erillisiä toisistamme, joudumme ulkoisten muotojen harhauttamiksi – ja katso, mitä ongelmia siitä seuraakaan! Miksi ihmiset eivät tunnista tätä? Syy on se, että olemme menettäneet lapsen sydämen sisältämme. Lopputulemana emme tunne todellisen Itsemme *(Atmanin)* olemusta. Emme kykene kokemaan Brahmanin autuutta.

Kun Amma puhuu lapsen sydämestä, hän tarkoittaa erottelukykyistä sydäntä. Saatat sanoa: "Mutta lapsi ei kykene erottelemaan." Itse asiassa tässä on puhe lapsen uskosta ja mielikuvituksesta. Pieni poika osoittaa kiveä ja sanoo sitä koristelluksi valtaistuimeksi, ja niin siitä tulee sellainen hänelle. Kun hän seisoo sen edessä keppi kädessään kuvitellen olevansa miekkaa pitelevä kuningas, mielessään hän todella on kuningas. Hänen puheensa ja ryhtinsä ovat kuin kuninkaalla. Hän ei ajattele istuvansa kivellä tai pitelevänsä vain keppiä kädessään. Omasta mielestään hänellä on oikea miekka. Me olemme menettäneet tämän mielikuvituksen, uskon ja viattomuuden voiman. Sen sijaan meistä on tullut kateuden ja pahantahtoisuuden kuvajaisia. Henkinen olento tarvitsee viattoman sydämen ja erottelukykyisen älyn. Vain silloin voimme nauttia henkisestä autuudesta. Suru ja pettymys eivät saavu sellaisen henkilön elämään.

Rakkaat lapseni, jos tahdotte kokea rauhaa, tarvitsette viattoman sydämen. Jumala voi asustaa vain viattomassa sydämessä.

Epävarmuuden täyttämä elämä

Linnut asettuvat syömään ja nukkumaan puun oksille. Mutta ne tietävät, että oksa, jolla ne istuvat, voi katketa tuulen puhaltaessa. Siksi ne ovat jatkuvasti valppaina, valmiita lentämään pois minä hetkenä hyvänsä. Tämän maailman asiat ovat kuin nuo oksat; ne voidaan menettää milloin tahansa. Jotta emme olisi surun murtamia kun niin käy, meidän täytyy pitää tiukasti kiinni perimmäisestä periaatteesta. Talon syttyessä palamaan kukaan ei sano: "Sammutetaan se huomenna!" Sammutamme palon välittömästi. Elämämme saattaa olla tänään surun täyttämä, mutta sen sijaan, että murehtisimme, romuttaisimme terveytemme ja tuhlaisimme aikamme, meidän täytyisi yrittää löytää ratkaisu.

Lapseni, se, mikä on kanssamme nyt, ei ole seuranamme ikuisesti. Talomme, maamme ja rikkautemme eivät tule olemaan aina kanssamme. Lopussa mikään näistä asioista ei ole mukanamme. Vain perimmäinen totuus on ikuisesti kanssamme. Amma ei sano, että meidän pitäisi luopua kaikesta. Ketään kohtaan ei myöskään tarvitse tuntea vastenmielisyyttä. Amma tarkoittaa, että meidän tulisi tunnistaa kaikkien asioiden pysymättömyys. Meidän tulisi elää tarrautumatonta elämää. Tämä on ainoa tapa löytää rauha elämässä.

Matkustamme merellä pienessä soutuveneessä. Äkkiä taivas tummenee. On näkyvissä myrskyn merkkejä. Vettä alkaa sataa kaatamalla ja jättimäiset aallot alkavat velloa. Mitä teemme? Yritämme päästä maihin hetkeäkään tuhlaamatta. Lapseni, me olemme samanlaisessa tilanteessa. Meillä ei ole hetkeäkään tuhlattavana. Meidän on soudettava kohti Korkeinta. Tämä on ainoa keino. Meditoikaa jatkuvasti perimmäistä olevaa. Vain niin voidaan suru eliminoida.

Lapseni, te työskentelette ankarasti oman henkilökohtaisen etunne eteen, mutta älkää unohtako katsoa ympärillenne. Ajatelkaa rankkasateita, joita olemme saaneet viime kuukausina. Ympärillämme on tuhansia ihmisiä, jotka ovat valvoneet sateisina öinä vuotavien kattojensa alla pohtien, milloin heidän mökkinsä romahtaa. Kun kohotatte alkoholimaljanne, muistakaa noita ihmisiä. Sillä rahalla, jonka tuhlaamme joka kuukausi, voisimme korjata heidän kattonsa. Sitten nuo ihmiset voisivat nukkua yönsä mukavasti. Monet köyhät lapset joutuvat rahan puutteen vuoksi lopettamaan koulunkäynnin ja heistä tulee katulapsia, vaikka he olivat luokkansa parhaita oppilaita. Joka kerran kun pukeudutte kalliisiin vaatteisiin, kuvitelkaa mielessänne noiden viattomien lasten kasvot.

Lapseni, Amma ei pakota ketään. Hän vain muistaa maailman ahdingon. Yhdestä asiasta Amma on varma: jos hänen lapsensa ovat vilpittömiä, he voivat muuttaa nykyiset olot. Lapseni, pelkästään tämä olisi todellista Jumalan palvontaa! Tätä Amma odottaa teiltä.

Amma syntymäpäivillään tehdyn pada pujan jälkeen.

Minä olen rakkaus, rakkauden ruumiillistuma

Amman syntymäpäiväpuhe 1995

Lapseni, nöyryys ja kärsivällisyys ovat kaiken perusta. Meidän on asennoiduttava mielessämme näin. Tämä asennoituminen puuttuu meiltä nykyään, ja siksi yhteiskunnassa syntyy ongelmia. Tämän päivän maailmasta on tullut taistelukenttä. Sellaisessa maailmassa ei ole sukulaisia, ystäviä tai rakkaita – on vain vihollisia, jotka ovat valmiina tuhoamaan toisensa. Yhtenä hetkenä he liittoutuvat keskenään taistellakseen yhteistä vihollistaan vastaan, seuraavana hetkenä he katkaisevat välinsä ja alkavat taistella toisiaan vastaan. Tätä näemme monissa eri yhteyksissä. Ihmiset ovat ottaneet asiakseen olla itsekkäitä ja ylimielisiä, ja on mahdotonta tietää, mikä on heidän seuraava siirtonsa. Joten lapseni, yrittäkää kehittää kärsivällisyyttä, rakkautta ja luottamusta toisianne kohtaan.

Lapseni, emme ymmärrä olevamme kahleissa, koska olemme kiintyneitä ihmissuhteisiimme. Tämä ei tarkoita sitä, etteikö meillä saisi olla ihmissuhteita. Kuitenkin, kun kehitämme kiintymystä jotakin kohtaan, meidän pitäisi olla selkeästi tietoisia siitä, millaisen paikan annamme kyseiselle henkilölle tai esineelle elämässämme. Todellista rakkautta kehittyy vain, jos suhteessa vallitsee keskinäinen ymmärrys. Liittyypä kiintymys sitten henkilöön tai esineeseen, kiintymyksen ei tulisi kasvaa tai vähetä olosuhteiden mukana. Ihmiset sanovat: "Rakastan sinua!", mutta nuo eivät ole oikeat sanat. "Minä *olen* rakkaus, rakkauden ruumiillistuma" – nämä sanat ovat totuus. Sanoissa "minä rakastan sinua" on "minä" ja "sinä". Rakkaus tulee sitten tungetuksi johonkin niiden väliin. Meistä tulisi virrata rakkautta ja vain rakkautta toisia kohtaan. Rakkauden ei tulisi lisääntyä tai vähentyä olosuhteiden mukana. Meidän kaikkien tulisi oppia olemaan rakkauden ruumiillistumia. Silloin emme vahingoita ketään, vaan olemme pelkästään hyödyksi muille. Tämä periaate meidän tulisi oivaltaa.

Olemme suljettuja oman mielemme vankilaan kuin kultaiseen häkkiin suljettu lintu, jolta on typistetty siivet. Meitä sitovat maineen ja kuuluisuuden sekä omaisuuden ja rikkauden kahleet, ja nuo käädyt ovat kauniiden kukkasten koristamia. Tässä ei ole kysymys vapaudesta, vaan siitä, kuinka murtaa kahleet, jotka sitovat meitä. Sen tehdäksemme meidän on nähtävä kukkasten sijasta meissä kiinni olevat kahleet. Kukat ja koristeet ovat vain kuorta. Jos katsomme tarkemmin, voimme nähdä kukkien piilottamat kahleet. Meidän on nähtävä vankila vankilana, ei kotinamme. Vasta silloin mielemme loikkaa innokkaasti kohti vapautta. Vasta silloin voimme saavuttaa päämäärämme.

Kaksi plus kaksi on yhtä kuin...

Tämän päivän perhe-elämässä miehen mukaan kaksi plus kaksi on yhtä kuin neljä, kun taas naiselle kaksi plus kaksi ei ole vain neljä – se voi olla kuinka paljon tahansa! Mies elää älyssään, kun taas nainen sydämessään. Amman tyttärien ei tarvitse järkyttyä tämän takia. Jokaisessa miehessä on naista ja jokaisessa naisessa miestä. Yleisesti ottaen miehen päätökset ovat vakaita eivätkä jousta olosuhteiden muutosten mukana. Miehen aiemman käyttäytymisen perusteella voimme ennustaa, miten hän tulee toimimaan kaikissa tilanteissa. Mutta naisen kohdalla asiat ovat toisin. Hänen luontonsa on heikompi; hän antaa periksi olosuhteiden muutoksille. Hänen sydämensä on myötätuntoinen. Naisen myötätuntoinen luonto on pääsyy hänen suruihinsa. Emme voi ennustaa etukäteen, miten naisen mieli reagoi mihinkin tilanteeseen.

Teemme elämämme matkaa sydämemme ja älymme kanssa. Sydän ja äly osoittavat lähes vastakkaisiin suuntiin. Tämän takia perhe-elämässä ei useinkaan ole rauhaa tai harmoniaa. Henkisyys on perheenjäsen, joka tuo sydämen ja mielen yhteen niin, että ne eivät enää loittone toisistaan, vaan ne värähtelevät oikeassa rytmissä ja harmoniassa. Henkisyys on ne yhdistävä linkki. Vasta kun annamme henkisyydelle sille kuuluvan paikan, tulee elämästämme todellista. Äly ei yleensä laskeudu sydämen tasolle, ja sydän ei nouse älyn tasolle. Perheissä eletään sillä tavoin nykyään. Monet naiset valittavat Ammalle: "Amma, kerron miehelleni kaikki sydämeni surut. Hän päästää jonkin äännähdyksen, muttei vastaa oikeastaan mitään. Joten en usko, että hän rakastaa minua." Amma kysyy sitten heti mieheltä: "Mitä kuulenkaan, poikani? Etkö rakasta tätä tytärtä?" Johon hän vastaa: "Ei se niin ole, Amma! Minä todella rakastan häntä!" Lapseni, tämä on kuin hunajaa kiven sisällä: sen makeutta ei voida maistaa. Nauttiaksemme hunajan makeudesta täytyy hunaja ensin saada ulos kivestä. Samalla tavoin, rakkauttakaan ei ole tarkoitettu pidettäväksi piilossa sisällämme, vaan rakkautta tulisi osoittaa sopivina hetkinä. Aviomiehen sydämessä piilossa oleva rakkaus ei tee vaimoa onnelliseksi. Lapseni, koska ette tunne toistenne sydämiä, rakkauden pitäminen sisällänne piilossa ei riitä. Teidän täytyy *näyttää* rakkautenne, sanoin ja teoin. Amma sanoo tämän perheelämän rauhan ja harmonian tähden. Rakkautenne näyttämättä jättäminen on kuin laittaisitte janon piinaaman henkilön käsille jääkimpaleen. Jäällä ei voi sammuttaa kenenkään janoa. Siis, lapseni, teidän tulisi siirtyä toistenne tasolle ja rakastaa toisianne avoimin sydämin. Teidän tulisi ymmärtää toistenne rakkautta.

Amma muistaa tarinan. Eräässä avioliitossa vaimo piti kovasti eläimistä. Eräänä päivänä hän lähti yhdessä miehensä kanssa eläinkauppaan ja näki siellä apinan. Hän halusi kovasti ostaa sen, mutta mies kielsi. Heidän palattuaan kotiin vaimon rakkaus apinaa kohtaan ei ollut kuitenkaan laantunut. Eräänä päivänä, miehen ollessa poissa kotoa, vaimo palasi kauppaan ja osti sen. Kun mies palasi kotiin, hän näki apinan sidottuna tolppaan. "Mitä olet mennyt tekemään?", hän kysyi. "En voinut itselleni mitään, minun oli pakko palata ostamaan se!", vaimo vastasi. "Miten aiot ruokkia sen?" "Se saa syödä meidän ruokaamme." "Ja missä se nukkuu?" "Meidän sängyssämme." "Mutta hajuhan on kamala!" "Entä sitten? Jos minä olen kestänyt sitä löyhkää viimeiset kaksikymmentä vuotta, olen varma, että tämä eläinrukkakin kestää sen!"

Mikä on tarinan opetus? Tässä maallisessa elämässä rakkautta löytyy vain aivan pinnalta. Ihmisten rakkaus perustuu nykyään vain harvoin keskinäiselle yhteisymmärrykselle. Heidän sydämensä eivät löydä toisiaan. Vaimo ei ymmärrä miehensä sydäntä, ja toisin päin. Kukaan ei ole valmis tekemään kompromisseja. Sillä lailla elämä kulkee. Miten sellaisessa elämässä voi olla rauhaa? Henkisyyden avulla kehitämme valmiuksiamme ymmärtää toisiamme ja mukautua toisiimme. Syynä kaikkiin elämän epäonnistumisiin on vastavuoroisuuden puute.

Ensimmäinen todellinen rakkaus, jota koemme, on äitimme rakkaus. Äidin rakkaudesta lastaan kohtaan ei ole löydettävissä mitään epäpuhdasta. Se ei perustu minkäänlaisille ennakko-odotuksille. Äidin rakkaus on välttämätöntä lapsen kehitykselle. Vaikka yleisesti ajatellaan länsimaiden tuottavan älykköjä, monet siellä ovat sairastuneet henkisesti. Syynä tähän on äidin rakkauden puute. Ei riitä, että autossa on polttoainetta, vaan sen käynnistämiseen tarvitaan myös akku. Samoin äidiltämme saatu rakkaus on elämämme perusta.

Saatat kysyä: "Mutta eikö muidenkin osoittama rakkaus ole rakkautta?" Kyllä, sekin on rakkautta, mutta sen takana on aina jokin odotus. Jos vaimo tekee virheen, mies jättää hänet. Jos mies tekee virheen, vaimo jättää hänet. Sellainen rakkaus katoaa heti pienenkin virheen yhteydessä. Eläimelliset mielet ovat luonteeltaan sellaisia.

Me rakastamme lehmäämme maidon takia, mutta kun maidon tulo ehtyy, saatamme pitää sen vielä muutaman päivän ja myydä sen sitten teurastajalle. Sellaista on maallinen rakkaus. Amma ei kykene sanomaan sitä todelliseksi rakkaudeksi. Henkisyyden avulla voimme kohota eläimellisestä luonnosta jumalalliseen. Aviomiehet ja vaimot voivat erota, mutta äidit eivät ole halukkaita luopumaan lapsistaan – ainakaan yhdeksänkymmentä prosenttia äideistä ei ole. Äidin rakkaus mahdollistaa sen, että lapsi kykenee vastaanottamaan rakkautta maailmasta sekä antamaan sitä. Muistakaa tämä, lapseni: äidin rakkauden katoaminen voi olla syy lapsen alamäelle, samoin kuin se voi olla syy myös valtion alamäelle.

Oppikaa sydämen kieli

Tämän on älyn ja järjen maailma. Ihmiset ovat unohtaneet sydämen kielen. Sydämen kieli, joka rakastaa, luottaa ja kunnioittaa muita, on nykyään kadoksissa.

Nainen näytti kerran miehelleen kirjoittamaansa runoa. Hän oli runoilija ja mies oli tiedemies. Mies luki runon vaimonsa vaatimuksesta. Runo kuvasi lasta. "Lapsen kasvot ovat kuin Kuu. Hänen silmänsä ovat kuin lootuskukan terälehdet…" Runon jokainen säe sisälsi samanlaisia vertauksia. Kun mies oli lukenut runon, vaimo odotti innokkasti hänen mielipidettään. Mies sanoi: "Mitä oletkaan kirjoittanut tänne? Ihmisen lennättämiseksi kuuhun käytettiin miljoonia, ja mitä he sieltä löysivät? Joitakin kiviä. Ei edes ilmaa. Jos joku kantaa Kuuta olkapäidensä välissä, hän murskautuu!" Hän jatkoi runon kritisoimista irvailemalla tähän malliin. Lopulta vaimo keskeytti: "Et kykene ymmärtämään runoa. Anna se takaisin minulle." Mies oli lukenut runon vain älynsä suodattimien kautta, mukana ei ollut lainkaan sydäntä. Hän näki vain kivet Kuun pinnalla. Ihmiset ovat menettäneet viattomuutensa vaatiessaan, että vain aistein havaittaviin asioihin voidaan uskoa.

Ihmisten älyt ovat kasvaneet sellaisiin mittasuhteisiin, että nykyään he eivät voi edes elää, elleivät koneet tee kaikkea heille. Jopa hampaiden harjausta varten on kone! Tämän kehityksen takia ihmiset jäävät vaille riittävää fyysistä harjoitusta. Terveyden ylläpitämiseksi on löydettävä aikaa liikunnalle. Tästä voidaan nähdä, että saavutetut elämän mukavuudet tekevät meidät itse asiassa monessa suhteessa heikommiksi. Nykyajan ihmiset ovat jatkuvasti hermostuneita. Kaikki mukavuudet ovat ulottuvillamme, mutta emme ole hetkeäkään vapaita kireydestä.

Vanhemmat alkavat murehtia heti, jos saavat tietää, että vielä kohdussa oleva syntymätön lapsi on tyttö. Heidän huolensa eivät lopu ennen kuin he ovat kasvattaneet lapsen, hankkineet tälle koulutuksen, ja saaneet hänet naimisiin. Näinä päivinä vanhemmat ovat yhtä huolestuneita poikalapsistaankin. Jo ennen korkeakouluikää poika haluaa moottoripyörän, eikä kotona ole hetkenkään rauhaa ennen kuin hän saa moottoripyöränsä. Hän ei epäröi tuhota mitään saadakseen vaatimuksensa läpi. Hän uhkaa tehdä itsemurhan, elleivät vanhemmat osta hänelle hänen haluamiaan asioita. Tänä päivänä vanhemmat kohtaavat monia tämän kaltaisia ongelmia. Vanhemmat, jotka toivoivat, että lapset pitäisivät heistä huolta näiden kasvettua aikuisiksi, pelkäävät nyt, että tulevat lastensa tappamiksi! Ihmiskunnan kehitys on päässyt tähän vaiheeseen. Syy tähän on se, että jokainen on keskittynyt vain itseensä. Itsekkyys on kasvanut näihin mittasuhteisiin. Älyn kasvaessa sydän kuihtuu. Kaukana ovat ne päivät, jolloin tunsimme, että toisten surut ovat omia surujamme. Nykyaikana

ihmiset eivät epäröi saattaa toisiaan vaikeuksiin oman onnelli-
suutensa tähden. Tämän kehityksen muuttamiseksi sydämen on
laajennuttava yhdessä älyn kanssa.

Rakkauden tulisi virrata myös vähempiosaisille
Yritämme usein ystävystyä niiden kanssa, jotka ovat sosiaalises-
sa asteikossa itseämme ylempänä tai rikkaampia kuin me itse.
Mutta siitä aiheutuu aina murhetta. Tuhannet ihmiset ovat meitä
suuremmissa vaikeuksissa ja hädässä. Miksi emme ajattele heitä?
Verratessamme itseämme heihin huomaamme, että oma elämäm-
me on taivaallista verrattuna heidän elämäänsä. Kun ajattelemme
itseämme parempiosaisempia, murehdimme köyhyyttämme,
koska meillä ei ole kaikkea sitä, mitä heillä on. Sairastuessamme
surkuttelemme: "Voi ei, olenpa sairas!" Mutta ympärillämme
on usein ihmisiä, jotka kärsivät paljon pahemmista sairauksista
kuin me itse. Jos ajattelisimme heitä, omat ongelmamme eivät
vaikuttaisi lainkaan niin vakavilta. Meidän tulisi yrittää saavut-
taa vapaus surusta lohduttamalla mieltämme tällä tavoin. Jos
sen sijaan ajattelemme toisella tavalla, elämämme tulee olemaan
täynnä kurjuutta.

Olemme harvoin halukkaita auttamaan tavallisia ihmisiä.
Meillä ei ole aikaa heidän surujensa kuuntelemiseen. Emme ole
valmiita auttamaan heitä kaikin käytettävissämme olevin keinoin.
Tosiasiassa kuitenkin se olisi eräs tapa palvella Jumalaa. Jos vain
olisimme halukkaita tekemään niin, varmistaisimme itsellemme
avaimen, joka avaa oven ilon maailmaan.

Rakastakaa köyhiä avoimin sydämin. Myötäeläkää. Pitä-
käämme heidän rakastamistaan ja palvelemistaan omana *dharma-
namme*. Nähkäämme se Jumalan meille antamana velvollisuute-
na. Kun kehitämme itsellemme tällaisen asenteen, huomaamme,
että meillä ei ole aikaa murehtia omaa ahdinkoamme.

Kolmasosan Intian väestöstä sanotaan elävän köyhyydessä.
Jos jokainen meistä on huolellinen, eliminoi tarpeettomat kulut

ja auttaa toinen toistaan, kenenkään ei tarvitse nähdä täällä nälkää. Jumala on antanut riittävästi kaikille, mutta jotkut ovat varastoineet itselleen sen, mikä on tarkoitettu muille. He eivät tiedä, että ne, jotka näkevät tämän takia nälkää, ovat heidän omia siskojaan ja veljiään. Sellaiset ihmiset voivat elää materiaalisesti loisteliasta elämää, mutta jos he eivät ole halukkaita olemaan myötätuntoisia köyhiä kohtaan ja auttamaan niitä, jotka apua tarvitsevat, elävät he silloin sisäisessä köyhyydessä. Jumalan valtakunnassa he ovat todellakin köyhistä köyhimpiä, eivätkä he kykene pakenemaan sitä henkistä kärsimystä, jonka heidän myötätunnon puutteensa on aiheuttanut.

Pyhän öljylampun sytyttäminen tai uhrauksen tekeminen Jumalalle on turhaa, ellei tuo vähän valoa köyhien elämään. Meidän on laskeuduttava alas köyhien maailmaan. Meidän tulee rakastaa ja palvella heitä. Jollemme tee niin, niin vaikka meditoisimme kuinka paljon tahansa, emme pääse nauttimaan meditaation suloisuudesta. Vasta toisille antamamme apu antaa meditaatiolle sen suloisuuden.

Amma tapaa ihmisiä, jotka elävät kurimuksessa siksi, että he eivät löydä töitä, ja heistä on tullut huumeiden orjia. Huumeiden käyttäminen ei tuo heille työpaikkaa, vaan se vain kasvattaa heidän perheensä ahdinkoa. Vaikka omistaisit vain eekkerin kymmenesosan maata, koeta kasvattaa siinä jotakin. Älä epäröi viljellä maata, vaikka olisit korkeasti koulutettukin. Jos mikään muu ei ole mahdollista, kasvata edes muutamia banaanipuita pihallasi. Elättäkäämme itsemme ja perheemme tällä tavoin kovalla työllämme.

Lapseni, sulkekaa nyt silmänne ja visualisoikaa Jumalallinen Äiti. Tai kuvitelkaa, että Jumalallinen Äiti seisoo edessänne. Teidän ei tarvitse ajatella sisä- ja ulkopuolta, tai sitä, sisältääkö perimmäinen totuus ominaisuuksia vai ei. Yrittäkää vain keskittää mielenne. Älkää murehtiko, jos visualisointi ei onnistu. Sulkekaa silmänne ja kutsukaa hiljaa: "Äiti! Äiti!" Jotkut saattavat kysyä: "Mutta eikö Jumala ole sisällämme?" Kyllä, Jumala todellakin on sisällämme, mutta me emme ole keskittyneitä sisäiseen itseemme, vaan mielemme juoksee monien muiden kohteiden perässä. Mantran toistaminen on yksi tapa suunnata mieli sisäänpäin. Jos sanotte vain: "Äiti", on se sama kuin jos sanoisitte: "Oi ikuinen Rakkaus, ikuinen Myötätunto, johdata minua!"

Om shanti, shanti, shanti!

Swami Amritaswarupananda tekemäs-
sä pada pujaa Amman syntymäpäivillä.

Rishien muinaisen kulttuurin elvyttäminen

Amman syntymäpäiväpuhe 1996

Tervehdys teille kaikille, jotka olette todellakin rakkauden ja korkeimman Itsen ruumiillistumia! Henkisillä olennoilla ei ole syntymäpäiviä, vuosijuhlia, ja niin edelleen. Heidän oletetaan luopuvan kaikesta sellaisesta. Amma suostui käyttämään aikansa näissä juhlissa istumiseen tehdäkseen lapsensa onnellisiksi. Kuitenkin, jos tekisitte tänä päivänä lupauksen, että omaksutte kulttuurimme arvot ja elätte lupauksenne mukaisesti, olisitte silloin palauttamassa ennalleen *samskaraamme,* mikä tekisi Amman todella onnelliseksi. Meidän tulisi tehdä tämä vakaa päätös.

Monet ihmiset kysyvät: "Minne olemme menossa?" Tämä on hyvin tärkeä kysymys. Mihin suuntaan on menossa Intia, rishien (entisaikojen tietäjien) maa? Meidän kaikkien pitäisi kysyä itseltämme tämä kysymys. On jo melkein liian myöhäistä. Emme voi lykätä asiaa enää pidemmälle, sillä enempi lykkääminen olisi vaarallista. Sanomalla tämän Amma ei pyri pelästyttämään lapsiaan. Hän vain yksinkertaisesti kertoo totuuden. Vielä on kuitenkin sijaa toivolle. Jos tunnistamme, mikä vaara meitä uhkaa ja etenemme varoen, voimme yhä välttää sen toteutumisen.

Tämä on epätotuuden ja epäoikeudenmukaisuuden aikakausi. Ympäröivä yhteiskunta on menettänyt erottelukykynsä. Nykyään monen sellaisen henkilön nimi on syystä tai toisesta tahraantunut, jonka pitäisi olla yhteiskunnassa opastavassa roolissa. *Dharman* katoaminen on nähtävissä kaikkialla. Ammalle tulee usein mieleen, että meidän olisi itse asiassa saatava aikaan vallankumous. *Pralayan* (hajottamisen) täytyy tapahtua täällä; emme voi odottaa vuoteen 2000 saakka. Vallankumouksen on

tapahduttava täällä ja nyt; emme voi lykätä sitä enää minuuttia-
kaan. Amma tarkoittaa mielen vallankumousta. Meillä on mieli,
muttei omaatuntoa. Siksi meidän on puhdistettava mielemme.
Henkisyys on ihmeellinen lahja, jonka muinaiset tietäjät antoi-
vat meille. Vailla ymmärrystä henkisyydestä elämä on pimeyden
täyttämää. Jollemme kunnolla omaksu henkistä kulttuuriamme,
elämämme on merkityksetön.

Toisaalta, jos ymmärrämme henkisyyttä ja elämme sopusoin-
nussa henkisten periaatteiden kanssa, elämämme tulee olemaan
täynnä merkitystä, kauneutta ja iloa. Tämän vuoksi on kaikilta
näkökannoilta nähtynä olennaisen tärkeää, että elvytämme hen-
kisyyden elämässämme. *Dharmalle*, äidillemme, on kehittynyt
sydänsairaus. Meidän täytyy leikata hänet nopeasti parantaak-
semme hänet. Lapseni, teidän olisi tehtävä tämänkaltainen lupaus
heti tänään.

Bharat, dharman maa

Nykyään ihmiset ovat haluttomia edes lausumaan sanaa *dharma*.
Bharat (Intia) on *dharman* maa. *Dharma* on laajentumisen
periaate, rakkauden olemus. Intian *dharmaa* on verrattu norsun
jalanjälkeen, joka on niin iso, että kaikkien muiden eläinten
jalanjäljet mahtuvat siihen. Samalla tavalla Intian *dharma*, Inti-
an kulttuuri, on tarpeeksi avara sisällyttääkseen itseensä kaiken.
Mutta nykyään se rapistuu kaikin tavoin. Tämä ei saa jatkua enää.

Tiede ja kulttuuri

Kulttuurimme ei nouse tieteestä vaan *samskarasta*, jonka alku-
perä vuorostaan on henkisyydessä. Amman tarkoitus ei ole
loata tiedettä – tiede antaa meille fyysisiä mukavuuksia – mutta
samskaran muodostumiseksi elämässä henkisyys on ensiarvoisen
tärkeää.

Mistä meidän *samskaramme* on peräisin? Saimme sen *rishei-
ltä*, muinaisilta tietäjiltä. *Samskaramme* sisältää *rishien* perinteen

mukaisen elämän periaatteet. Se on yhä elossa, se ei ole kadonnut vielä täysin. Nykyaikana on tullut ensiarvoisen tärkeäksi, että elvytämme ja vakiinnutamme sen uudestaan. Me tiedämme mitä tietäjät tekivät. Lumi sulaa auringon lämmössä Himalajan vuoristossa muodostaen lukuisia jokia, jotka virtaavat alas hyödyttäen maailmaa. Samalla tavoin virtaa tietäjien rakkaus, myötätunto ja armo kaikkia olentoja kohtaan. Tietäjät ovat *Brahmanin*, absoluuttisen todellisuuden tietäjiä. Heidän rakkautensa poistaa egomme, tekee mielestämme avaran kuin maailmankaikkeus, ja innoittaa meitä omistamaan elämämme maailman hyväksi. Tämä on *rishien* perinteen *dharma*. Nykyajan ihmisten hillitön elämäntyyli pystyttää eteen muurin, joka pysäyttää tuon rakkauden ja epäitsekkyyden virtauksen.

Guru ja oppilas

Henkisillä mestareilla ja näiden oppilailla oli tapana lausua yhdessä tiettyä mantraa[20] muinaisissa *gurukuloissa*. Mestari oli ylempänä kuin maassa istuvat oppilaat, mutta silti he lausuivat tätä mantraa yhdessä.

> *Om sahanavavatu*
> *Sahanau bhunaktu*
> *Sahaviryam karavavahai*
> *Tejasvinavadhitamastu*
> *Ma vidvishavahai*
> *Om shanti shanti shanti.*

Suojelkoon Jumala meitä kaikkia.
Saakoon hän meidät nauttimaan Itsen autuudesta.
Tulkoon meistä urheita ja loistavia.
Ponnistelkaamme yhdessä; olkoon opintomme hedelmällisiä

---

[20] Tämä mantra (Shanti Mantra, rauhan invokaatio) on aloitusmantrana jokaisessa Krishna Yajurvedaan kuuluvassa Upanishadissa. Krishna Yajurveda on osa Yajurvedaa, joka puolestaan on yksi neljästä Vedasta.

Älkäämme milloinkaan riidelkö keskenämme.

Om.

Rauhaa, rauhaa, rauhaa.

Rishien perinteessä osoitettiin tämän kaltaista nöyryyttä. *Rishit* eivät ajatelleet, että heidän viisautensa tulisi hyödyttää vain heitä itseään. Missä on nyt se viisaus, joka vaali nöyryyttä ja *samskaraa*? Mitä näemme tapahtuvan tämän päivän kouluissa? Oppilaat ajattelevat olevansa opettajiaan älykkäämpiä. Opettajat reagoivat tähän ajattelemalla: "Kuinka ylimielisiä he ovatkaan! Mitä voin opettaa heille?" Kuitenkaan sen enempää opettajat kuin oppilaatkaan eivät ole valmiita katsomaan lähempää ja yrittämään ymmärtää tätä ongelmaa. Tuloksena tästä on, että opettajista on tullut pelkkiä koneita ja oppilaat ovat kuin kivimuureja. Heidän välillään ei ole rakkautta, eikä tieto virtaa. Aikoinaan ilmapiiri kouluissa oli hyvin erilainen. Sekä opettajat että oppilaat olivat hyvin innokaita. Lapset kuuntelivat innokkaasti opettajaa ja opettajat olivat innokkaita jakamaan tietonsa oppilaille. He eivät milloinkaan ikävystyneet, vaikka olisivat viettäneet kuinka paljon aikaa yhdessä.

Vanhoina aikoina muistiinpanojen teko ja asioiden opettelu niistä oli tuntematonta. Oppilaat oppivat ilman kynien ja kirjojen apua enemmän asioita kuin nykyajan ihmiset oppivat koko elämänsä aikana. He opettelivat ulkoa Vedat, Vedangat,[21] Ithihasat[22] ja eepokset. Noina aikoina koulutus tarkoitti sitä, mitä oppilaat saivat mestarilta rakkauden kautta, istuessaan kasvokkain hänen kanssaan. Oppilaat eivät tienneet, mitä uupumus on. He kehittyivät joka hetki.

Missä on rakkautta, ei mikään voi milloinkaan olla taakkana. Oppilaan sydän aukeaa mestarin rakkaudessa kuin kukan nuppu.

---

[21] Vedangat ovat Vedojen laajennoksia.
[22] Eeppiset historiankirjoitukset.

Mestarin armo virtaa spontaanisti oppilaan sydämeen. Sen ajan oppilaat eivät pelkästään kuulleet mestarin sanoja; he kokivat ne. Sellaista oli koulutus noina aikoina. Mitä on tapahtunut nykyajan koulutussysteemille?

Lastemme rakastaminen

Vanhoina aikoina lapset lähetettiin kouluun viiden vuoden ikäisinä. Nykyään lapsille aletaan opettaa aakkosia jo heidän ollessaan tuskin kahden ja puolen vuoden ikäisiä. Heitä tuodaan tänne Ammallekin tätä vihkimystä varten.

Kunnes lapset ovat viiden vuoden ikäisiä, heitä tulisi vain rakastaa ja antaa heille vapautta. Heidän vapauttaan ei tulisi rajoittaa. Heidän pitäisi antaa leikkiä vapaasti. Meidän pitäisi vain huolehtia siitä, etteivät he vahingoita itseään – esimerkiksi, etteivät he polta itseään tai putoa veteen, mutta siinä kaikki. Riippumatta siitä, millaisia kepposia he tekevätkään, pieniä lapsia tulisi vain rakastaa. Heidät tulisi kasvattaa rakkauden kohdussa, kuten äiti kantoi heitä omassa kohdussaan ollessaan raskaana. Mutta nykyaikana näin ei tapahdu. Monet heistä lähetetään liian varhain kouluun, ja he kokevat vain stressiä. Se on kuin kylvettäisiin matoja nuppuihin, joiden olisi tarkoitus kehittyä kauniisti kukkiviksi, tuoksuviksi kukiksi! Vaikka matojen valtaamat nuput kukkisivatkin, ne tulevat olemaan epämuodostuneita. Lasten kasvaessa heidän mielensä jää kitukasvuiseksi niiden tarpeettomien taakkojen takia, joita heidät on pakotettu kantamaan. Tämän muuttamiseksi vanhempien olisi ensin saatava jonkinlaista ymmärrystä henkisyydestä ja jaettava sitten tätä ymmärrystä edelleen lapsilleen. Jokaisen tulisi tuntea henkisyyden merkitys elämässä. Materiaalisia asioita koskeva koulutus auttaa meitä saamaan työpaikan ja siten täyttämään vatsamme, mutta elämä ei oaa täyttymystään yksln sita kautta.

83

Henkisyys – elämän täyteys

Elämästä tulee täydellistä vasta kun omaksumme henkisyyden. Henkisyyden puute on syy nykyajan ongelmiin. Ilman henkisyyttä emme voi eliminoida maailmasta levottomuutta. Äskettäin eräs hyvin kuuluisa näyttelijätär teki itsemurhan. Hänellä ei ilmeisesti ollut ketään, joka olisi rakastanut häntä. Kun et saa lainkaan rakkautta ihmiseltä, jolta sitä odotat, elämässä ei tunnu enää olevan mielekkyyttä. Näin ovat asiat nykymaailmassa. Mutta meille ei käy niin, jos omaksumme henkiset periaatteet. Henkinen ymmärrys opettaa meille, mistä todellisessa elämässä ja rakkaudessa on kysymys. Tänä päivänä kukaan ei yritä elvyttää tai seurata kuolemattomuuteen johtavaa *dharmaa*. Sen sijaan ihmiset vuodattavat kyyneleitä valittaen, että elämä tuo mukanaan vain surua. He tekevät itsemurhan tai sivuuttavat *dharman* liian vanhanaikaisena. Älkäämme me tehkö niin, vaan yrittäkäämme elää *dharman* mukaista elämää. Silloin ymmärrämme, mistä elämässä todella on kysymys, ja mitä onnellisuus ja kauneus todella tarkoittavat.

Mielen ilmastointi

Lapseni, tieteen avulla voidaan ilmastoida ulkoista maailmaa, mutta henkisyyden avulla voidaan ilmastoida sisäistä maailmaa. Henkisyys on mieltä ilmastoivaa tietoa. Henkisyydellä ei ole mitään tekemistä sokean uskon kanssa, vaan se poistaa pimeyden.

Jos toisessa kädessäsi on suklaata ja toisessa kultaraha, ja pyydät lasta valitsemaan jommankumman käden, kummanko lapsi valitsee? Sen jossa on suklaata. Lapsi ei ymmärrä, että kultarahalla voisi ostaa paljon suklaata. Sellaisia me olemme tänä aikana. Materiaalisen maailman houkuttelevuudesta johtuen menetämme todellisuudentajumme.

Jumala on suloisuutta, josta emme voi milloinkaan saada tarpeeksemme. Jumala on sekä vapautuksen että materiaalisen kukoistuksen lähde. Nykyään hylkäämme Jumalan ja juoksemme vain muutamia hetkiä kestävien materiaalisten pikavoittojen perässä. Lopputuloksena voi olla vain pettymys. Jokainen hetki, jona turvaudut Jumalaan, on autuutta ja yltäkylläisyyttä. Mikään ei ole verrattavissa siihen. Jumalan meditointiin käytetty aika ei milloinkaan ole ajan tuhlausta. Kukaan Jumalaa meditoiva ei ole milloinkaan kuollut nälkään, joten kenenkään ei tulisi ajatella sellaista meditaatiota ajan haaskauksena. Meidän on elvytettävä tämä polku. Meidän on rohkaistava muita seuraamaan tätä polkua. Tällä tavalla ei voida menettää mitään, vaan tällä tavoin voidaan saada vain voittoa.

Jumala on kokemus

Voimme tavoittaa sisällämme olevan Jumalan vain meditaation kautta. Et voi etukäteen tietää, kuinka kaunis tai tuoksuva kukka nupusta tulee. Nupun täytyy ensin saada kukkia. Lapseni, avatkaa sydäntenne nuput! Tulette silloin varmasti olemaan kykeneviä nauttimaan autuudesta. Emme näe sähkön virtausta, mutta tunnemme sen, jos kosketamme sähköjohtoa, jossa kulkee virta. Jumala on *kokemus*. Meditaatio on tie tuohon kokemukseen. Pyrkikää siihen, lapseni; tulette varmasti onnistumaan.

Miksi?

Monet lapset tulevat Amman luokse sanoen: "Amma, en osaa oikeasti naura. En pysty puhumaan kenellekään avoimin sydämin. Amma, olen aina surullinen."

Lapseni, kysykää itseltänne syytä siihen surullisuuteen. Kysykää itseltänne: "Minkä puuttuminen aiheuttaa tämän surullisuuden? Mitä taakkaa kannan?" Jos teette niin, saatte vastauksen.

Katsokaa luontoa. Katsokaa tuota puuta, ja kuinka autuaasti se keinuu tuulessa. Ja katsokaa noita lintuja. Ne laulavat unohtaen kaiken muun. Ja tuo puro tuolla – kuinka iloisesti se virtaakaan, laulaen heleästi. Ja nuo kasvit, ja tähdet, ja aurinko ja kuu. Kaikkialla on vain iloa. Kaiken tämän ilon keskellä, miksi me olemme ainoita, jotka murehtivat? Miksi vain me olemme onnettomia? Mietiskelkää tätä ja ymmärrätte. Millään noilla luonnon elementeillä ei ole egoa. Vain meillä on. "Minä olen sitä ja tätä, minä haluan tulla siksi ja siksi, minä haluan tuota" – näin me ajattelemme koko ajan. Mutta tämä "minä", jonka kanssa olemme olemme tekemisissä koko ajan ja josta välitämme niin paljon, ei seuraa meitä kun kuolemme. Minän tunteesta ei ole mitään hyötyä. Jos pidämme tiukasti kiinni tuosta minästä, on seurauksena vain kärsimystä. Joten lapseni, luopukaa tuosta minästä ja nouskaa ylös! Silloin olette onnellisia ja iloitsette. Olkaa onnellisia, lapseni. Vain tämä hetki kuuluu meille. Emme voi olla varmoja siitä, että hengitämme vielä seuraavankin henkäyksen. Joten yrittäkää iloita, murehtimatta hetkeäkään. Mutta tämä ei ole mahdollista luopumatta minän tunteesta.

Tämä on muinaisten rishien armonsa kautta meille antama hyvää tekevä lahja. Lapseni, alkakaa elää sopusoinnussa tämän tiedon kanssa tuhlaamatta hetkeäkään. Muussa tapauksessa tästä elämästä tulee hyödytön. Älkää ajatelko, että voitte aloittaa huomenna, koska huominen on todella vain uni. Jopa nytkin elämme unessa. Tavallinen uni loppuu joskus yöllä, mutta tämä uni on pitkäkestoinen. Vain heräämällä tästä unesta voimme tietää, mitä todellisuus on. Ja Jumalaan meidän on herättävä. Meidän tulisi tuntea varmuutta tästä, koska vain sillä tavoin voimme herätä tästä unesta. Jokainen ohikiitävä hetki on tavattoman arvokas, ja sitä ei pitäisi tuhlata. On typeryyttä lykätä heräämistämme huomiseen ja vajota takaisin uneen. Huominen on kysymys vailla vastausta. Se on kuin ynnäisimme neljä plus neljä ja sanoisimme tuloksen olevan yhdeksän; se ei milloinkaan ole yhdeksän. Mikään ei ole arvokkaampaa kuin tämä käsillä oleva hetki. Älkää milloinkaan antako sen mennä hukkaan. Lapseni, pysykää nykyhetkessä ja oppikaa nauramaan avoimin sydämin. Yrittäkää varmistaa, että hymy ei milloinkaan katoa huuliltanne. Koettakaa olla vahingoittamatta ketään ajatuksin, sanoin tai teoin.

Tee tästä hetkestä autuuden hetki

Nykytilassaan mielemme asustelee sekä menneissä että vielä tapahtumattomissa asioissa. Tämän takia menetämme nykyhetken, joka tosiasiassa on se hetki, josta tulisi nauttia.

Mies osti annoksen jäätelöä ja asetti sen eteensä syödäkseen sen. Hän laittoi lusikallisen suuhunsa ja alkoi ajatella: "Päätä vähän särkee. Aamullahan sitä jomotusta jo oli. Ravintola, jossa söin eilen illalla, ei ollut ihan puhdas. Ruokaa ei säilytetty lasin alla vaan se oli avoimessa tilassa. Olisikohan lisko tai jokin muu voinut pudota ruokaan? Ravintolan vieressä olevassa jalokivikaupassa oli näytteillä tosi hienoja koruja! Ja vaatteet kadun toisella puolella olleessa vaatekaupassa – kuinka muodikkaita ne olivatkaan! Onkohan minulla ikinä varaa sellaisiin? Tulen hädin tuskin toimeen palkallani. Millaiseksi tämä elämä on osoittautunutkaan! Voi, olisinpa syntynyt rikkaaseen perheeseen! Ja olisinpa opiskellut enemmän koulussa! Mutta niin ei vain käynyt!" Hän ajatteli tällä tavoin syödessään jäätelöä. Hän ei ollut tietoinen edes jäätelön mausta. Hänen mielensä oli muualla. Noiden hetkien aikana hän olisi yhtä hyvin voinut olla kuollut. Murehtimalla mennyttä ja tulevaa hän tuhlasi nautittavakseen annetut ihmeelliset hetket. Siksi Amma sanoo menneisyyden olevan kuin mitätöity shekki. On hyödytöntä ajatella menneisyyttä. Menneisyyden murehtiminen on kuin halaisi kuollutta ruumista. Kuolleet eivät tule luoksemme takaisin elämään. Mennyt aika ei enää palaa. Samalla tavoin on hyödytöntä ajatella myös sitä, mitä tulevaisuudessa tapahtuu, koska ajattelemamme tulevaisuuskin on vain unta. Se voi toteutua tai olla toteutumatta. Voimme hyödyntää vain tämän hetken.

Nykyhetki on kuin käytettävissämme oleva raha. Voimme käyttää sen miten haluamme, mutta jos käytämme sen huolimattomasti, emme hyödy siitä vaan raha menee hukkaan. Meidän pitäisi siis käyttää se harkiten. Meidän tulisi harjoittaa erottelukykyämme jokaisella askeleella. Vain siten voimme edetä rohkeasti toimintamme tiellä. Meidän tulisi olla vakaita päätöksessämme omaksua tämä periaate.

Tarve epäitsekkääseen toimintaan

Elämässä tapahtuu yleisesti ottaen kahdenlaisia asioita: toisaalta teemme tekoja ja toisaalta nautimme tekojemme hedelmiä. Jos teemme positiivisia tekoja, hedelmät ovat hyviä, kun taas negatiivisista teoista nautittavaksemme tulee vain huonoja hedelmiä. Siksi jokainen teko tulisi suorittaa suurella huolella.

Jotkut pyrkivät saamaan ihmiset pidättäytymään tekojen tekemisestä. He ovat lukeneet Vedanta-aiheisia kirjoja ja sanovat: "Eikö olekin vain yksi Itse (Atman)? Mitä toista Itseä tämä Itse voisi sitten muka palvella?" On kuitenkin nähtävissä, että jopa ne, jotka kysyvät tämän kysymyksen, ovat hyvin kiintyneitä kehonsa tarpeisiin. He odottavat innokkaasti kello yhtä, jotta voisivat syödä lounaansa. Heillä on epämukava olo ja he suuttuvat, jolleivät saa ruokaansa täsmälleen ajoissa. Mihin menee heidän tietonsa Itsestä, kun he tulevat nälkäisiksi? He eivät kysy: "Mitä ruokaa Itse muka tarvitsee?" He eivät tee kompromisseja ruumiin tarpeiden kuten syömisen, nukkumisen, hyvien vaatteiden käyttämisen ja niin edespäin suhteen. He ovat vastahakoisia ainoastaan tekemään hyviä tekoja toisille. Se ei ole todellinen veedinen näkemys, vaan ainoastaan laiskojen ihmisten väite. Sitä suosivat ihmiset, jotka istuskelevat tekemättä mitään. Siitä ei ole mitään hyötyä meille. Todellinen tieto ei ole teossa itsessään, vaan toimimattomuudessa siinä mielessä, että jopa suorittaessaan tekoja, henkilö tuntee olevansa todella tekemättä mitään.

Tosiasiassa emme voi olla hetkeäkään tekemättä mitään. Jos emme ole fyysisesti aktiivisia, olemme mieleltämme aktiivisia. Teemme tekoja unissammekin. Ja hengitys ja muut samanlaiset ruumiintoiminnot jatkuvat automaattisesti. Toimintaa ei voida välttää. Miksipä emme silloin tekisi tekoja, jotka hyödyttävät maailmaa ainakin jollakin tavoin? Ja olisiko väärin, jos ne teot sattuisivat olemaan fyysistä työtä? Epäitsekäs toiminta heikentää sisäisiä ei-toivottuja taipumuksiamme. Vain jos ajatuksemme, puheemme ja tekomme ovat hyviä, voimme kukistaa tähän mennessä keräämämme taipumukset.

Ennenvanhaan henkiset mestarit antoivat Vedanta- oppilailleen tehtäviä kuten polttopuiden kerääminen, kasvien kasteleminen ja vaatteiden peseminen. Epäitsekäs palvelu on välttämätöntä itsekkyyden ja fyysiseen ruumiiseen kiintymisen ylittämiseksi. Kenenkään ei siis pitäisi laiskotella tai väittää työntekoa turhaksi.

Ne, joiden sydämet täyttyvät myötätunnosta nähdessään muiden kärsivän, eivät voi vain istua tekemättä mitään. Jumalan armo virtaa vain sen kaltaiseen myötätuntoiseen sydämeen. Jumalallisen armon saapuminen myötätunnottomaan paikkaan olisi hyödytöntä. Se olisi kuin maidon kaatamista pesemättömään kannuun. Sisäinen puhtaus voidaan saavuttaa vain tekemällä muita hyödyttäviä tekoja.

Olipa kerran kuningas, jolla oli kaksi poikaa. Kuninkaan oli tullut aika vetäytyä metsään elämään erakon elämää.[23] Kummasta pojasta tulisikaan hänen seuraajansa? Hänestä tuntui, että tulevan kuninkaan tulisi rakastaa ihmisiä. Hänen oli vaikeaa tehdä päätöstä. Hän vei poikansa henkisen mestarin luokse, joka kykeni näkemään tulevaisuuteen ja selitti toiveensa mestarille. Mestari kuunteli ja sanoi: "Olen lähdössä muutaman päivän päästä läheiselle saarelle. Lähetä prinssit sinne. He eivät saa ratsastaa hevosella eivätkä käyttää mitään muutakaan kulkuvälinettä. Myöskään palvelijoita ei saa olla mukana. Anna heille ruokaa vain matkaa varten."

Kuningas lähetti prinssit saarelle sovitulla tavalla mestarin asettamana päivänä. Vanhempi prinssi lähti matkaan ensin. Matkalla hän kohtasi kerjäläisen, joka sanoi: "Kuolen nälkään! En ole syönyt mitään kahteen päivään. Rukoilen sinua, anna minulle jotakin syötävää!" Prinssi ei pitänyt tästä lainkaan. Hän moitti paikalla olleita ihmisiä: "Enkö ole kuninkaan vanhin poika? Onko oikein antaa kerjäläisten lähestyä minua?" Hän varoitti, että tilanne ei saa toistua, ja jatkoi matkaansa.

Vähän myöhemmin nuorempi prinssi saapui samaa tietä. Sama kerjäläinen meni hänen luokseen anomaan ruokaa. Prinssi ajatteli: "Minä söin tänä aamuna, mutta tämä miesparka ei ole saanut syödäkseen kahteen päivään! Kuinka surullista!" Nuorempi prinssi jatkoi matkaansa lohdutettuaan miestä ja annettuaan tälle ruokapakettinsa.

Saarelle päästäkseen prinssien täytyi ylittää joki, jolle he saapuivat yhtäaikaa. Joen rannalla he kohtasivat spitaalisen, jonka koko keho oli mädän täyttämien haavojen peitossa. Hän ei osannut uida, ja hän pyysi apua päästäkseen joen toiselle puolelle. Vanhempi prinssi piteli nenäänsä hajun takia, ja alkoi kahlata kohti toista rantaa.

Toinen prinssi kuitenkin tunsi, että hän ei voi jättää tätä spitaalista raukkaa rannalle. "Miesparka! Jos minä en auta häntä, kuka häntä auttaisi?" Hän nosti miehen hartioilleen ja astui jokeen. Äkkiä vesi alkoi nousta. Ylävirrassa sattunut maanvyörymä oli synnyttänyt virrassa voimakkaan pyörteen. Vanhempi prinssi ei saanut tukevaa jalansijaa. Vesi nousi nopeasti. Hän yritti uida, mutta ei onnistunut vaan virta vei hänet mennessään. Vaikka vedenpinta jatkoi nousuaan, nuorempi prinssi ei päästänyt irti spitaalisesta. Hän yritti uida samalla kun kannatteli miestä. Voimat alkoivat huveta hänen käsistään ja jaloistaan. Hän ei pystynyt enää pitämään miehestä kiinni. Silloin hän näki juuriltaan irronneen puun ajelehtivan joessa. Hän sai puusta otteen, ja käski sitaalisenkin ottaa puusta kiinni. Puuta kellukkeena käyttäen he saapuivat turvallisesti toiselle rannalle, missä prinssi jätti spitaaliselle hyvästit ja lähti tapaamaan mestaria.

Nuoremman prinssin myötätunto palautui hänelle puun muodossa tulleena armona, joka pelasti hänet hukkumiskuolemalta. Armo tulee myötätuntoisille ihmisille automaattisesti. Voimakasta pyörrettä ei kukaan voi paeta, vaikka olisi kunka hyvä uimari. Silloin vain jumalallinen armo voi pelastaa, ja armoa ei voi saada ilman hyviä tekoja. Lapseni, jokaisen tekomme tulisi olla myötätunnon täyttämä.

Menestykseen tarvitaan armoa

Työnantajat hakevat sanomalehti-ilmoituksilla työntekijöitä. Voimme ilmoituksista lukea, kuinka hakijalta vaaditaan esimerkiksi maisterin tutkinto, tietty pituus, lääkärintodistus ja luonnekartta. Vain vaatimukset täyttävät henkilöt voivat hakea paikkaa. Kirjallisen kokeen ja haastattelun jälkeen havaitaan, että osa niistä, jotka vastasivat kokeessa kaikkiin kysymyksiin oikein, eivät tulleet valituiksi tehtävään. Sen sijaan moni sellainen, joka ei suoriutunut kokeessa lainkaan hyvin, tuli valituksi.

Tällainen on yleistä. Mikä mahtaa olla syynä siihen? Niiltä, joita ei valittu, puuttui armo, joka olisi sulattanut haastattelijan sydämen, kun taas ne, joilla armo oli, tulivat valituiksi vaikka jotkin heidän vastauksensa olivatkin väärin. Menestys missä tahansa riippuu täten myös armosta. Ryhdyimmepä mihin tahansa, täydellistyminen saavutetaan vain jos mukana on kaiken inhimillisen yrittämisen ylittävä armo. Vain silloin voi elämä soljua sulavasti eteenpäin. Mutta armoa ei voida saavuttaa ilman puhtautta omissa teoissa.

Vain ansaitseville antaminen

Yhdekänkymmentä prosenttia tänne kokoontuneista Amman lapsista eivät ole ymmärtäneet henkisyyttä oikein. Kukin ihminen voi omaksua asioita vain ajattelukykynsä ja *samskaransa* mukaisesti. Sen vuoksi on asioita selitettäessä välttämätöntä mennä henkilön omalle tasolle. Samoja neuvoja ei voi antaa kaikille. Eri ihmiset ymmärtävät samat sanat eri tavoin. Tästä syystä sanotaan, että ennen henkisen ohjeistuksen antamista kuulija pitäisi tuntea. Kuvitellaanpa, että kaikki kenkäkaupan kengät ovat samaa mallia ja kokoa. Vaikka sisään tulisi satoja erilaisia asiakkaita, saatavilla olisi vain yhdenlaista kenkää. Sellaiselle kenkäkaupalle ei olisi paljon käyttöä, vaikka sillä olisi varastossa huimat määrät kenkiä. Erilaisia kokoja täytyy olla saatavilla, jotta ihmiset voivat valita itselleen sopivan koon. Kulttuurimme, Sanatana Dharma[24] ("ikuinen totuus"), sisältää eri polut. Henkistä kasvua kaipaavat ihmiset tulevat erilaisista kulttuurisista lähtökohdista. Jokaista heitä on ohjattava sellaista polkua pitkin, joka soveltuu hänen mielelleen ja elämänsä olosuhteille. Vain sillä tavoin heidät voidaan ohjata perille.

On olemassa yksi Totuus – tietäjät kutsuvat sitä eri nimillä

Hinduismi tekee viittauksia useisiin eri jumaluuksiin. Rituaalit ja tavat vaihtelevat eri osissa Intiaa. Intialaiset ovat kasvaneet eri kulttuureissa. Tätä maata ovat hallinneet eri maiden valtiaat. Tämä synnytti erilaisille kulttuureille ja jumaluuksille sopivia palvonnan muotoja. Mutta niissä kaikissa oleva tietoisuus-voima on yksi ja sama. Käytätpä vihreää, sinistä tai punaista saippuaa, on vaahto valkoista. Samalla tavoin eri jumaluuksien tietoisuus-voima on sama. Tämä tietoisuus-voima, tämä yksi Jumala, meidän tulisi oivaltaa. Se on myös meidän sisällämme. Se on kaikkialla läsnäoleva. Se on kukkuvassa käessä, raakkuvassa variksessa, karjuvassa leijonassa, ja pauhaavassa valtameressä. Sama voima näkee silmillämme, kuulee korvillamme, maistaa kielellämme,

---

[24] Sanatana Dharma on hinduismin alkuperäinen nimi.

haistaa nenällämme, tuntee ihollamme, ja antaa kävellessämme voimaa jaloillemme. Tämä voima täyttää kaiken. Se on koettava.

Kehitä antautumisen asennetta

Omistautumisemme ei tulisi olla apinavauvan tilan kaltaista. Apinavauva pitelee kiinni äitinsä vatsasta. Äidin hyppelehtiessä oksalta toiselle vauva putoaa, jos sen ote löystyy. Meidän tulisi rukoilla: "Äiti, pitele minua!" Meillä tulisi olla sellainen antautumisen tunto. Silloin ei ole enää syytä pelkoon. Vaikka otteemme löystyisikin, meitä pitelevä vakaa ote suojaa meitä.

Kissanpentu osaa vain naukua. Sen äiti ottaa suullaan siitä otteen ja kantaa sen turvalliseen paikkaan. Pennun ei tarvitse pelätä, koska emo ei päästä otettaan irti. Meidän tulisi rukoilla: "Oi Äiti, pitele kättäni ja ohjaa minua!" Niin kauan kuin Äiti ohjaa meitä, emme voi pudota aukkoon tai kuoppaan. Hän ei anna meidän eksyä lelujemme (maallisten viehätysten) keskelle. Hän ohjaa meidät määränpäähän. Tämä asenne meidän on kehitettävä.

Mantran toistamisen harjoittaminen

Mantran toistaminen on henkinen harjoitus, jota voimme tehdä helposti ja aina. Lapseni, tulitte tänne bussilla. Ettekö voi toistaa mielessänne mantraa alkaen heti siitä hetkestä, jolloin astutte bussiin, ja jatkaa toistamista siihen saakka, jolloin saavutte perille? Ja samoin myös paluumatkalla? Miksi emme ota tavaksemme toistaa mantraa, kun matkustamme? Miksi tuhota mielenrauha ja terveys puhumalla muista asioista tuona aikana? Toistamalla mantraa saavutamme mielenrauhan ja hyödymme myös materiaalisesti. Saavutamme Jumalan itsensä lisäksi myös Jumalan rikkaudet.

Palvelemalla ihmiskuntaa palvelemme Ammaa

Tuloksena kaikkien Amman lasten uurastuksesta on ashramillamme ollut onni kyetä tarjoamaan lyhyessä ajassa suuri määrä palvelutyötä. Jos todella paneudumme tähän työhön, voimme tehdä niin paljon enemmän maailman puolesta. Heti, kun tuli yleiseen tietoisuuteen, että suunnittelimme 25 000 talon rakentamista köyhille, saimme yli 100 000 hakemusta ihmisiltä, jotka tarvitsivat kodin! Suurin osa hakijoista ansaitsee saada talon. Jos Amman lapset päättävät auttaa, voimme rakentaa talon jokaiselle, jolla ei ole paikkaa jossa nukkua. Siitä ei ole epäilystäkään. Rahamäärä, jonka käytätte liikakulutukseen jokapäiväisessä elämässänne, on enemmän kuin tarpeeksi tämän tavoitteen saavuttamiseksi. "Tästä päivästä lähtien en enää tupakoi. Lopetan alkoholin käytön. Kymmenen vaatekerran ostamisen sijasta ostan yhdeksän." Lapseni, tehkää tämänkaltaisia päätöksiä, ja käyttäkää säästyneet rahat talojen rakentamiseen köyhille. Silloin, kymmenen vuoden päästä tässä maassa ei ole enää lainkaan slummialueita. Jotkut äidit tulevat Amman luokse sanoen: "Amma, viime yönä satoi ja majamme vuoti kaikkialta. Minun piti pidellä (punotusta muovista tai oljista tehtyä) mattoa vauvan pään päällä, jotta hän ei olisi kastunut täysin." Kuvitelkaa tilannetta, lapseni – äiti pysyttelee kaatosateen takia hereillä koko yön, pidellen mattoa lapsensa yllä, jotta lapsi voisi nukkua kastumatta läpimäräksi vuotavassa majassa! Samaan aikaan on ihmisiä, jotka käyttävät tuhansia alkoholiin ja huumeisiin.

Miksi Amma päätti rakentaa niin paljon taloja? Siksi, että hän ajatteli lastensa kärsimystä. Hän ei ajatellut mitään muuta. Koska olemme pystyneet tekemään kaiken muunkin niin lyhyessä ajassa, pitäisi tämänkin olla mahdollista. Olemme vastaanottaneet 100 000 hakemusta. Pystymme rakentamaan 5 000 taloa vuodessa. Jos te kaikki tahdotte sitä, pystymme vielä enempäänkin. Eikö Ammalla olekin lukematon määrä lapsia? Jos olet tupakoimatta kaksi vuotta, voimme rakentaa säästämilläsi rahoilla yhden talon. Kaksi huonetta talossa riittää. Perhe voi nukkua yönsä sateen vaivaamatta. Lapseni, muistakaa tämä, kun tuhlaatte tarpeettomasti rahaa.

Jotkut teistä käyttävät alkoholia, *ganjaa* (hasista), ja niin edelleen. Rakkaat lapseni, jos teette niin, käytätte todellisuudessa verta ja kyyneleitä – perheenne äitien, vaimojen, lasten ja sisarusten verta ja kyyneleitä! Lapseni, rukoilkaa Jumalalta voimaa sellaisten pahojen tapojen lopettamiseksi. Hänen lastensa kateudesta ja pahantahtoisuudesta vapaat mielet ovat ruokaa Ammalle. Jos sinulla on sellainen mieli, on Amma iloinen. Joten lapseni, rukoilkaa Jumalaa ollaksenne vapaita kaikesta kateudesta ja saadaksenne voimaa tehdä hyviä tekoja! Rukoilkaa voimaa pahoista tavoistanne vapautumiseksi. Rukoilkaa mieltä, joka näkee kaikessa vain hyvän, niinkuin mehiläinen, joka maistaa jokaisessa kukassa vain hunajan.

Amma puhuu aina antautumisesta. Mitä ikinä teettekin, yrittäkää tehdä se uhrauksena Jumalalle. Rukoilkaa, että voisitte nähdä Jumalan tahdon kaikessa. Sellaisen antautuneisuuden tulisi olla elämämme päämäärä.

Amma rukoilee syntymäpäiväjuhlissaan.

Ihanne vapaalle Intialle

Amman syntymäpäiväpuhe 1997

Tervehdys kaikille teille, jotka olette todella rakkauden ja korkeimman Itsen ruumiillistumia! Kaikki lapseni ovat kokoontuneet tänne kärsivällisinä ja innostuneina. Jos pystytte säilyttämään nämä kaksi ominaisuutta läpi koko elämänne, niin kaikki tulee luoksenne, koska kärsivällisyys ja innostuneisuus johtavat menestykseen elämässä.

Jotkut ovat innokkaita, mutta heiltä puuttuu kärsivällisyys. Jotkut ovat kärsivällisiä, mutta vailla innostusta. Yhdeksänkymmentä prosenttia nuorista on innokkaita, mutta heissä ei ole havaittavissa paljoakaan kärsivällisyyttä. He ovat malttamattomia ja tekevät asioita hetken mielijohteesta. Heiltä jää usein tavoite saavuttamatta kärsivällisyyden puutteen takia. Kuusi- ja seitsemänkymppiset ihmiset taas ovat usein hyvinkin kärsivällisiä. Elämänkokemuksensa ansiosta he ovat kehittäneet sellaisia ominaisuuksia kuin kärsivällisyys, erottelukyky ja äly, mutta heillä ei ole kovinkaan paljoa innokkuutta. Jos kysyt heiltä, miksi näin on, he vastaavat: "Ruumiissani ei ole enää voimaa. En voi enää liikkua niinkuin haluaisin." Tällaista tapaamme nykyään.

Katsokaa pientä lasta. Hän on sekä innokas että kärsivällinen. Hän yrittää nousta seisomaan, kaatuu maahan ja yrittää uudestaan. Hän ei suostu luovuttamaan, vaikka loukkaisi itsensä matkan varrella. Hän onnistuu lopulta nousemaan ylös jatkuvan yrittämisensä, sekä sen ansiosta, että hän ei menettänyt kärsivällisyyttään ja innostustaan. Lapsi tietää, että äiti suojelee häntä, pyyhkii tarvittaessa veren pois sekä lisää haavaan voidetta. Pikku taapero on optimistinen onnistumisensa suhteen, koska äiti on lähellä ja aina valmiina auttamaan lasta tämän ponnisteluissa. Kärsivällisyys, innokkuus ja optimismi – näiden kolmen ominaisuuden tulisi olla elämämme mantroja. Alalla kuin alalla havaitsemme, että ne onnistuvat, joilla on uskoa, kun taas ne menettävät voimansa, joilta usko puuttuu. Kenkäkauppa lähetti kaksi myyjäänsä myymään kenkiä syrjäisessä kylässä. Muutaman päivän kuluttua toinen heistä lähetti yhtiöön seuraavanlaisen viestin: "Täällä olevat ihmiset ovat kaikki aboriginaaleja. He eivät tiedä mitään kengistä. Olisi mahdotonta myydä täällä mitään, joten palaan nyt heti takaisin," Mutta toisen myyjän lähettämä viesti oli aivan erilainen. Hän kirjoitti: "Ihmiset täällä ovat aboriginaaleja. He eivät tiedä mitään kengistä. He kävelevät ja nukkuvat loassa. Jos kerromme heille, mitä hyötyä kenkien käyttämisestä on, voimme myydä heille paljon sandaaleja. Joten lähettäkää tänne heti lasti sandaaleja!" Myyjä, jolla oli optimistinen usko, onnistui.

Jos uskomme, että Jumala on aina kanssamme ja auttaa meitä missä tahansa kriisissä, saamme kaikkien elämän esteiden ylittämiseen tarvittavan energian ja innokkuuden. Silloin optimismimme ei milloinkaan katoa.

Rama, Krishna, Kristus ja Muhammed kaikki kohtasivat runsaasti ongelmia, mutta he eivät ikinä horjuneet. He eivät milloinkaan katsoneet taakseen. He vain jatkoivat eteenpäin. Tämän vuoksi he onnistuivat aina. Heidän elämänsä jatkuvat tänäänkin. Amman sanoessa näin saatatte ajatella: "Mutta eivätkö he kaikki olleet *avataaroja*?" He kykenivät tekemään nuo asiat, mutta miten meidän kaltaisemme tavalliset ihmiset voisivat mitenkään olla kuin he?" Lapseni, kukaan teistä ei ole tavallinen ihminen! Jokaisella teistä on epätavallisia voimia! Sisällämme on ääretön voima, mutta se on uinuvassa tilassa tällä hetkellä. Meidän täytyy vain herättää se. Sen jälkeen voitto on varma.

Armon saaminen

Kehomme ovat kasvaneet, mutta mielemme eivät. Jotta mielemme voisi kasvaa laajaksi kuin universumi, meistä täytyy tulla lasten kaltaisia. Meidän on herätettävä lapsi sisällämme. Vain lapsi voi kasvaa. Nykyään sisällämme on ego, ja sen minätunteen kanssa ei voida saavuttaa mitään. Sen on kadottava, ja tilalle on tultava kaikkeuden tuntu. Jumalan rakastaminen on kunnioituksen tuntemista kaikkea kohtaan: se ei tarkoita vain rukoilua. Jumala ei ole jokin jossakin taivaan yllä istuskeleva olento. Jumalan olinpaikka on meidän kaikkien sisällämme, ja sitä tietoisuutta meidän on kehitettävä. Tärkein ainesosa tähän on nöyryys. Meidän on opittava olemaan aina kuin aloittelijoita, koska silloin ylimielisyys ei uhkaa. Mutta voidaksemme tehdä tämän meidän on luovuttava eräästä isosta asiasta. Meidän on luovuttava minästä. Minän tunne on este kaikelle. Päästämällä siitä irti varmistamme menestymisen elämässämme. On sanottu, että jokaisen onnistumisen kohdalla Jumalan armo on tärkeämpi kuin oma yrittämisemme. Egomme on este armolle, joten meidän on jollakin tavalla luovuttava egostamme. Luopumisemme tekee meistä suuren.

Kuitenkin, tullaksemme armon arvoiseksi meidän on luotava hyvää *karmaa*. Me sanomme aina: "Anna minulle sitä! Anna minulle tätä!" Mutta emme ole oppineet sanomaan: "Kiitos!" Meidän on opittava ilmaisemaan kiitollisuutta kaikissa olosuhteissa. Sen sijaan, että ajattelisimme mitä voimme saada muilta, meidän tulisi aina ajatella mitä voimme antaa muille. Tätä asennetta meidän tulisi kasvattaa.

Mies meni tapaamaan ystäväänsä tämän uuteen suureen taloon. Saavuttuaan perille hän seisoi vähän aikaa ulkopuolella ihastellen ystävänsä kartanon kauneutta. Kun omistaja sitten tuli ulos tapaamaan häntä, mies kysyi hämmästyneenä: "Montako ihmistä tässä talossa asuu?"

"Minä asun täällä yksin", ystävä vastasi.

"Sinä asut täällä yksin! Omistatko sinä tämän talon?"

"Kyllä."

"Mistä olet saanut tarpeeksi rahaa tällaisen talon rakentamiseen jo näin nuorella iällä?"

"Vanhempi veljeni rakennutti tämän minulle. Hänellä on paljon rahaa."

Vieras meni hiljaiseksi. Hänen ystävänsä sanoi: "Tiedän, mitä ajattelet. Etkö toivokin, että sinullakin olisi sellainen veli?"

"En," sanoi vierailija. "Ajattelin, että olisinpa yhtä rikas kuin veljesi. Silloin minäkin olisin voinut lahjoittaa tämän kaltaisen talon!"

Lapseni, tällainen asenne meillä on oltava, antamisen halun asenne. Vain ne, jotka antavat, osaavat vastaanottaa. Antamalla vastaanotamme mielenrauhaa.

Monenlaiset aallot tekevät matkaansa ympärillämme. Myös ajatukset ovat aaltoja. Tämän vuoksi sanomme, että jokainen ajatus ja sana tulisi ilmaista huolellisesti. Sanonnan mukaan kilpikonna hautoo munansa ajatuksillaan, kala katseellaan ja kana ruumiillisen kontaktin kautta. Ajatusaaltomme ovat voimakkaita. Jos suutumme jollekin henkilölle, joka ei ole tehnyt mitään väärää, hän loukkaantuu ja sanoo: "Voi hyvä Jumala, en tiedä asiasta mitään. Miksi he sanovat noin?" Tuosta henkilöstä saapuva surun aalto saavuttaa meidät ja jää kiinni meitä ympäröivään hienoon auraan, joka sulauttaa sen itseensä. Se tummentaa auramme niinkuin peiliin tarttunut savu. Niinkuin savu himmentää peilin, surun aallon aiheuttama tummentuma aurassamme estää meitä vastaanottamasta jumalallista armoa. Tämän vuoksi meitä pyydetään luopumaan pahoista ajatuksista ja lisäämään ajatuksia Jumalasta. Kun kehitymme muistamaan Jumalan jatkuvasti, meistä tulee Jumalan kaltaisia.

Jotkut ajattelevat: "Ryhdyn hyväksi, kun muista tulee hyviä." Tämä on kuin suunnittelisi menevänsä uimaan vasta sitten, kun valtameren kaikki aallot ovat lakanneet. Meidän ei tulisi hukata yhtäkään tilaisuutta hyvän tekemiseksi toisille, toisten auttamiseksi. Sen, että ajattelemme olevamme epätasa-arvoisessa asetelmassa, ei tulisi milloinkaan estää meitä tekemästä hyvää toisille. Meidän on kehitettävä sisällämme myötätuntoa. Myötätunnon tulisi loistaa läpi jokaisessa ajatuksessamme ja sanassamme.

Teot ja niiden hedelmät

Sanonnan mukaan elämiemme tulisi olla kuin silmiemme, koska pystymme kohdentamaan silmämme sen mukaan, onko kohde lähellä vai kaukana. Tämän ansiosta kykenemme näkemään kohteet kunnolla. Samalla tavoin meidän pitäisi kehittää mielemme sellaiseksi, että se pystyy mukautumaan mihin tahansa tilanteeseen elämässä. Tämä tulee henkisyyden kautta mahdolliseksi. Tarvitsemme sydämiimme rauhaa voidaksemme mukautua eri tilanteisiin. Vain meditaation avulla voimme löytää todellisen rauhan.

Nykyään olemme kuin tottelevaisia koneita. Niin ei pitäisi olla. Meidän tarvitsee olla hereillä ja erottelukykyisiä. Jos tavallinen elämä on kuin auton ajamista maantiellä, henkinen elämä on kuin lentämistä lentokoneella. Autot voivat liikkua vain maan pinnalla, ne eivät voi kohota hiukkaakaan maanpinnan yläpuolelle. Mutta lentokoneet ovat erilaisia, ne liikkuvat maan pinnalla ja kohoavat sitten suuriin korkeuksiin. Kun kohoamme suuriin korkeuksiin, saamme voiman katsella kaikkea sivustaseuraajana.

Monet sanovat, että he eivät tiedä tehneensä mitään väärää, ja silti he joutuvat kärsimään. Yksi asia on varmaa: koemme vain omien tekojemme hedelmiä. Sitä emme voi milloinkaan välttää. Jos vasikka päästetään vapaaksi tuhannen lehmän joukkoon, se löytää äitinsä ja menee sen luo. Samalla tavoin tekojemme hedelmät tulevat meidän luoksemme ja vain meidän luoksemme. Jumala ei ole luonut keitään vain rangaistavaksi.

Perheessä oli kolme poikaa. Perheen vanhemmat kuolivat. Pojat olivat kaikki valmistuneita koulusta, mutta eivät olleet löytäneet vielä työpaikkaa. Eräs rikas mies sääli heitä. Hän kutsui heidät kotiinsa ja antoi heille töitä. He kaikki saivat yhtiössä samanarvoisen aseman. Yksi pojista alkoi kuitenkin ottaa lahjuksia. Päällikkö varoitti häntä useita kertoja, mutta poika ei välittänyt varoituksista. Koska hän ei osoittautunut olevan korkeaan asemaan sopiva, hänet poistettiin paikaltaan ja alennettiin kantajan virkaan. Toinen veljeksistä oli kurinalainen ja rehellinen. Mutta hän meni nostamaan palkkansa aina täsmälleen kuun viimeisenä päivänä. Hän ei odottanut päivääkään ylimääräistä. Koska hän oli kuuliainen ja rehellinen, päällikkö ylensi hänet. Kolmas veljeksistä oli erilainen kuin nämä kaksi muuta. Toisen veljeksen tapaan hän suoritti hänelle uskotut tehtävät rehellisesti ja kuuliaisesti. Hän kuitenkin kieltäytyi palkasta, jota hänelle tarjottiin aina kuun lopussa. Hän sanoi: "Annoit minulle tämän työn ja kodin. Saan sinulta ruoan, vaatteet ja kaiken mitä tarvitsen, joten mihin tarvitsisin palkkaa?" Jonkin ajan kuluttua rikas mies kuoli. Testamentissaan hän jätti kaiken omaisuutensa kolmannelle veljeksistä, joka oli työskennellyt ilman korvausta. Jokaisen veljeksen toiminnan hedelmät tulivat heidän luokseen. Rehellisesti työskennellyt veli ylennettiin korkeampaan asemaan, lahjuksia ottanut epärehellinen veli alennettiin kantajaksi. Mutta hyväntekijänsä toivomusten mukaisesti toiminut veli, joka ei tahtonut mitään itselleen, päätyi perimään kaiken.

Näin ovat asiat meidänkin kanssamme. Kaikki, mitä koemme, ovat menneiden tekojemme hedelmiä.

Elämässä tapahtuu vain kahdenlaisia asioita: teemme tekoja ja nautimme niiden hedelmistä. Positiiviset teot tuottavat hyviä hedelmiä ja negatiiviset teot huonoja hedelmiä. Teko ei ole vain kehonliikkeitä. Myös ajatukset ovat tekoja. Pahan puhuminen toisista on negatiivinen teko ja sen seurauksena on kärsimystä.

Mutta kärsiessämme meidän ei tulisi murehtia ja ajatella, että olemme syntisiä. Oivallettuamme, että koemme nyt menneiden negatiivisten tekojemme hedelmiä ja että meidän ei tulisi toistaa niitä, meidän on tehtävä päätös jäljellä olevan elämämme täyttämisestä positiivisilla teoilla. Älä tuomitse itseäsi syntiseksi, mihinkään soveltumattomaksi ja niin edelleen. Jätä kaikki jumalallisen tahdon varaan ja elä myötätunnon ja palvelun täyttämää elämää. Tämä on helpoin tapa saavuttaa rauha elämässä.

Lapseni, teidän täytyy tietää, että mitään ei tapahdu oman tahtomme vuoksi. Jos laitamme ulos kymmenen munaa kuoriutumaan, emme näe niiden kuoriutuvan niinkuin haluaisimme. Asiat eivät milloinkaan tapahdu niin. Jos oma tahtomme määräisi asioiden etenemisen, munat kuoriutuisivat hienosti. Meidän on kehitettävä asenne, joka jättää kaiken Jumalan tahdon varaan – antautumisen asenne. Tämän tulisi olla elämämme päämäärä.

Jotkut kysyvät: "Eikö Krishnasi käske meitä työskentelemään ilman palkkaa?" Ei toki. Hän sanoi, että tekojemme hedelmät eivät ehkä ole aivan sellaisia kuin odotamme, joten koemme pettymyksiä, jos kiinnitämme sydämemme tekojemme hedelmiin. Hän ei sanonut, että meidän olisi tehtävä työtä ilman palkkaa. Hän pyysi meitä kehittämään antautumisen asennetta, jotta vastaanottaisimme oikean korvauksen.

Sanonnan mukaan elämä on täynnä onnea ja surua. Elämä on kuin kellon heiluri. Heiluri heilahtaa onnellisuutta kohti, mutta ei jää sinne, vaan palaa takaisin kohti surua. Henkisyys harmonisoi nämä kaksi. Ne, jotka osaavat uida, nauttivat valtameren aalloista, kun taas ne, jotka eivät osaa uida, lannistuvat aaltojen keskellä. Jos tunnemme henkiset periaatteet, voimme olla hymy huulillamme kaikissa elämän olosuhteissa, ja saavutamme varmasti päämäärämme. Krishna neuvoi meitä, kuinka voimme saavuttaa päämäärämme luhistumatta matkallamme.

Aviollinen rakkaus

Monen tyyppisiä ihmisiä tulee tapaamaan Ammaa erilaisten ongelmien kanssa. Lukemattomia perhe-elämän ongelmia syntyy aivan tyhjänpäiväisistä jutuista. Suurin osa ongelmista olisi ratkaistavissa pienellä kärsivällisyydellä. Eräs vaikeuksissa oleva pari saapui kerran tapaamaan Ammaa. Perheen vaimo menetti silloin tällöin jonkin verran henkistä tasapainoaan, ja hän ei jälkikäteen muistanut, mitä oli sanonut. Tätä tapahtui hänen ollessaan paineen alla. Mutta hän todella rakasti aviomiestään. Tämän tietäen Amma sanoi aviomiehelle: "Poikani, sinun tarvitsee vain olla hivenen varovainen, siinä kaikki. Kun vaimosi sanoo sinulle noita asioita, sinun on ymmärrettävä, että syynä on hänen sairautensa, ja sinun olisi annettava anteeksi hänelle. Hän paranee siitä sitten pikkuhiljaa." Mutta mies ei hyväksynyt tätä. Hän sanoi: "Miksi minun tulisi antaa hänen käyttäytyä niin? Eikö hän ole minun vaimoni?" Tällainen oli hänen asenteensa. Ja mitä tapahtuikaan? Eripura perheessä lisääntyi, ja vaimon sairaus paheni. Vaimon sukulaiset kävivät hakemassa hänet pois, ja miehen elämä pirstoutui. Hän alkoi juoda, ja joi lopulta kaiken omaisuutensa. Elämästä tuli hänelle helvettiä. Jos hän olisi ollut ymmärtäväisempi vaimonsa sairautta kohtaan, ja jos hän olisi ollut rakastavampi ja kärsivällisempi häntä kohtaan, mitään tästä ei olisi tapahtunut. Joten lapseni, teidän tulisi yrittää ymmärtää jokainen tilanne elämänne polulla.

Amman matkustaessa ulkomailla ihmiset siellä kysyvät joskus "Eikö naisia kohdella Intiassa kuin orjia?" Amma kertoo heille: "Ei lainkaan. Intiassa miehen ja vaimon välinen suhde pohjautuu rakkaudelle." Sanotaan, että vaimolla tulisi olla kolme ominaisuutta tai piirrettä: äidin, ystävän ja vaimon ominaislaadut. Hänessä tulisi olla kaikki nämä kolme ominaisuutta. On erehdys sanoa, että vaimolla tulisi olla vain jokin tietty ominaisuus. Naisen ei pitäisi olla kuin kukkapurkissa (hänen aviomiehessään) kasvatettu puu, koska sellainen puu ei voi kasvaa korkeuksiin. Kukkapurkissa kasvatettua puuta heikennetään karsimalla sen juuret kerta toisensa jälkeen. Linnut eivät voi pesiä sen oksilla;

se ei voi kantaa hedelmää. Sillä tavalla kasvatetussa puussa ei ole voimaa. Mutta istutapa se maahan ja katso, kuinka se kasvaa! Näet, kuinka se toteuttaa täyden potentiaalinsa.

Samalla tavalla on väärin sanoa, että nainen on heikko. Nainen on vahva! Meidän on vain annettava tuon vahvuuden kehittyä ja löytää itsensä sen sijaan, että karsisimme sen juuret ja eristäisimme sen ruukkuun. Nainen, joka kehittyy täyteen potentiaaliinsa, on kuin valtava, varjoa antava puu, joka suojaa perhettä, yhteiskuntaa, ja valtiota.

Miehestä ja vaimosta olisi tultava yksi. Sellaista asennetta meidän olisi kehitettävä. Elämä on jakamista, ei omistamista varten. Tästä Amma muistaa erään tarinan. Miehelle oli kehittynyt himo vedonlyöntiin. Hän pelasi kaikki rahansa hevosiin, ja hänen omistamansa yritys kaatui. Hän tuli kotiin ja sanoi vaimolleen: "Yritys on nurin. Mitä me nyt teemme?"

Vaimo vastasi: "Vältä tästä lähtien hevoskilpailuja. Pärjäämme sillä, mitä meillä nyt on."

"Selvä, mutta sitten sinun on lopetettava kalliiden vaatteiden ostaminen", sanoi mies.

"Sopii", sanoi vaimo. "Meillä ei ole enää varaa myöskään autonkuljettajaan, mutta osaathan sinä ajaa itsekin."

"Totta. Ajan tästä lähtien autoa itse", mies myöntyi. "Meillä ei ole varaa myöskään kokkiin. Autan sinua keittiössä, kun tarvitset apua."

Vaimo myöntyi tähän onnellisena. Tällä tavoin he kävivät läpi elämänsä osa-alueet. He leikkasivat pois tarpeettomat menoerät ja hyvittivät menetykset jollakin toisella tavalla. Sellainen elämä meidän tulisi rakentaa itsellemme.

Tulkaa yhdeksi sydämeksi – tulkaa yhdeksi. Elämä ei ole sitä varten, että tulisimme erilliseksi toisistamme, syyttäisimme toisiamme ja sanuislmme: "Kuka sinä olet kertomaan minulle, mitä tehdä?"

Rakkaus on Intian rikkaus. Rakkaus on elämän todellinen perusta. Yhdeksänkymmentä prosenttia kaikista kohtaamistamme fyysisistä ja henkisistä ongelmista on peräisin menneisyyden kivuista ja suruista. Jokainen meistä elää elämäänsä monen parantumattoman haavan kanssa. Lääketiede ei ole kehittänyt lääkettä, joka parantaisi nuo haavat. Mutta niihin kaikkiin on yksi parannuskeino: sydämiemme avaaminen toisillemme. Jakakaa toistenne kanssa ajatuksenne ja tunteenne. Yrittäkää tunnistaa ja täyttää toistenne tarpeet. Rakkaat lapseni, kun keskinäinen rakkaus ja kunnioitus kehittyvät, ongelmanne poistuvat. Rakkaus on elämän todellinen perusta. Kaikkien nykyisten ongelmiemme syy on, että joko tietoisesti tai tiedostamattomasti sivuutamme tämän tosiasian. Jos keho tarvitsee kasvaakseen ruokaa, niin sielu tarvitsee rakkautta. Rakkaus antaa lapselle voimaa ja vireyttä, joita edes rintamaito ei voi antaa.

Joten lapseni, rakastakaa toisianne ja tulkaa yhdeksi. Tämä on Amman toive. Tätä ihannetta Amman lasten tulisi vaalia.

Itsenäisyyspäivän lupaus

Intia juhlisti äskettäin viidettäkymmenettä itsenäisyyspäiväänsä. Amma oli tuolloin ulkomailla. Noustessamme lentokoneisiin eri kaupunkien lentokentillä Amman kanssa matkustaneet lukivat sanomalehtiä ja kertoivat: "Amma, katso, mitä he ovat kirjoittaneet Intiasta! He sanovat, ettei Intiassa ole kehitystä lainkaan, ja että joka puolella on nälänhätää ja saasteita. He paisuttelevat ongelmat suhteettoman suuriksi."

Aina viivyttyämme yhdessä kaupungissa kolme päivää matkustimme seuraavaan. Ja sanomalehdissä joka puolella oli negatiivisia ja tuomitsevia juttuja Intiasta. Kukaan ei kirjoittanut mitään positiivista. Saavuttuamme Eurooppaan oli yksi sanomalehti vihdoin kirjoittanut: "Ei voida sanoa, etteikö Intiassa olisi kehitystä. Jos vertaamme tämän päivän Intiaa itsenäistymisen ajan Intiaan, on kehitystä tapahtunut jonkin verran." Monen päivän jälkeen saimme vihdoin lukea edes sen. Mitä siis on tehtävissä viettäessämme viidennettäkymmenettä Intian itsenäisyyden vuotta? Niiden teistä, jotka tupakoivat, tulisi tehdä lupaus lopettaa tupakointi. Niiden, jotka juovat, tulisi tehdä päätös lopettaa juominen. Jos sitten yhdistätte ja rahastoitte varat, jotka aiemmin käytitte tarpeettomiin asioihin, voimme korvata huterat majat kylissä oikeilla taloilla. Voimme antaa köyhille lapsille koulutuksen. On niin monia lapsia, jotka ovat joutuneet jättämään koulunsa kesken, koska heillä ei ole siihen varaa. Ja Amman teini-ikäiset lapset voivat puhdistaa kylien katuojia ja auttaa ilman puhdistamisessa kylissä ja niiden ulkopuolella. Jos jokainen meistä yrittää tällä tavoin, Bharatastamme[25] tulee yltäkylläisyyden maa. Voimme muuttaa tämän kaiken taivaaksi. Jos rikkaat ihmiset tässä maassa haluavat pelastaa toisia, heidän on helppo tehdä niin. Mutta me tuskin näemme kenenkään yrittävän tätä, joten teidän on otettava ohjat käsiinne, lapseni!

Kuten Amma on sanonut aikaisemminkin, olkaa valmiita toimimaan ilman ennakko-odotuksia tuloksista. Tämä ei tarkoita, että kaikesta olisi luovuttava. Syökää, puhukaa ja nukkukaa tarpeidenne mukaan. On itsekästä tehdä näitä asioita kohtuuttomasti. Sanotaan, että ihmiset tupakoivat ja juovat kokeakseen onnea. Mutta todellinen onni on sisällämme, eikä sitä löydy mistään ulkoisista kohteista. Kun ymmärrämme tämän, riippuvuutemme sellaisista asioista lakkaa. Silloin voimme ohjata säästyneet rahat köyhien auttamiseen. Meistä tulee silloin kelvollisia vastaanottamaan Jumalan armo ja myötätunto. Elämämme muodostuu silloin hyödylliseksi toisille. Lapseni, älkää ainakaan tästä lähtien luoko toisten maiden ihmisille tilaisuuksia moittia meitä sanomalehdissään! Tehkää tämä lupaus tänään!

---

[25] Intian perinteinen nimi.

Ammalla ei ole kiinnostusta näitä syntymäpäiväjuhlia kohtaan. Ymmärtäkää syntymänne tarkoitus, lapseni! Se on, mitä tarvitaan. Se, että joku on aidosti kiinnostunut löytämään syntymänsä tarkoituksen, on paljon suurempi ilon aihe Ammalle kuin mikään syntymäpäiväjuhla. Monet ovat tulleet Amman luo ja tehneet päätöksen luopua maallisesta elämästä. Monet ovat lopettaneet juomisen tai lakanneet viettämästä ylenmääräistä luksuselämää. Tuloksena tästä meillä on ollut onni saada suorittaa paljon palvelutyötä. Jos jokainen teistä Amman lapsista ajattelee samalla tavoin, voimme muuttaa tämän kaiken taivaaksi. Olkaa mielen lujuudella siunattuja tehdäksenne tämän.

Näe jokainen elävä olento omana Itsenäsi

Amman syntymäpäiväpuhe 1998

Tervehdys teille kaikille, jotka todella olette rakkauden ja Perimmäisen Itsen ruumiillistumia! Lapseni, aloittakaamme laulamalla yhdessä mantraa *Lokah samastah sukhino bhavantu*. Monet ihmiset kuolevat nykyään tulvissa, myrskyissä, maanvyöryissä ja niin edespäin. Tätä ei tapahdu pelkästään Intiassa, vaan eri puolilla maailmaa. Tuhannet ihmiset kokevat kauheita kärsimyksiä sotien takia. Emme ole onnistuneet löytämään vapautta sellaisista tuskista. Näiden olosuhteiden takia Amma ei pidä juhlimisen ajatuksesta. Kuitenkin Amma näkee tämän juhlan tilaisuutena kokoontua yhteen rukoilemaan. Yhteisrukous on kallisarvoista. Yhteisrukouksella voimme ehdottomasti saada aikaan muutoksia tämän päivän surkeisssa oloissa. Joten sulkekaa silmänne ja toistakaa mantraa *Om lokah samastah sukhino bhavantu*, rukoillen mielessänne, että kaikki elävät olennot kaikkialla saavat rauhan ja tulevat onnellisiksi.

Jakaminen elämässä

Rishit, esivanhempamme, antoivat meille tämän mantran. Sitä ei toisteta vain omaksi tai perheen hyödyksi. Mantra tarkoittaa: "Oi Kaikkein korkein, saakoon kaikki olennot maailmassa kokea rauhan ja onnen!" Mutta lapseni, meidän tulisi kysyä itseltämme, olemmeko tarpeeksi avaramielisiä kyetäksemme lausumaan tämän rukouksen.

Amma muistaa kertomuksen. Erään miehen vaimo kuoli. Aviomies kutsui papin paikalle suorittamaan rukoukset vaimonsa sielunrauhan puolesta. Seremonian aikana pappi lausui mantraa

Om lokah samastah sukhino bhavantu. Aviomies ei tuntenut mantran merkitystä, joten hän kysyi papilta: "Mitä juuri lausumasi mantra tarkoittaa?" Pappi vastasi: "Saakoon kaikki olennot maailmassa kokea rauhan ja onnen!" Kuultuaan tämän aviomies sanoi: "Enkö kutsunut sinut tänne rukoilemaan vaimoni sielun puolesta? Kuitenkaan lausumasi mantra ei sisällä pienintäkään viittausta vaimoni nimeen tai sieluun!" Pappi vastasi: "Tämä on rukous, jonka henkinen mestarini opetti minulle. Tosiasiassa silloin, kun rukoilet koko maailman puolesta, vaimosi sielu kokee kohotusta ja rauhaa. En tunne mitään toista tapaa rukoilla."

Aviomies ei voinut väittää tähän vastaan, mutta sanoi: "Etkö voisi jättää kuitenkin tilamme pohjoisrajalla asuvat naapurit pois rukouksesta? He ovat olleet hyvin vihamielisiä meitä kohtaan. Voit rukoilla kaikkien muiden kuin heidän puolestaan!"

Lapseni, tällainen on nykyinen asenteemme. Mutta meidän ei ole syytä vaalia tällaista asennetta. Ei, sen on muututtava. Meidän on vaihdettava koko katsantokantamme. Näitä mantroja ei ole tarkoitettu toistettavaksi vain suullisesti. Niiden sisältämiä periaatteita on tarkoitus harjoittaa elämässämme. Vain silloin esivanhempiemme toiveet toteutuvat. Vain silloin kantavat rukouksemme hedelmää.

Meditaatio on hyväksi niin aineellisen hyvinvoinnin kuin rauhan ja vapautumisenkin kannalta. Yrittäkää unohtaa meditoidessanne kaikki muu. Unohtakaa kaikki istuessanne täällä hetken aikaa meditaatiossa. Mitä saavutat, jos ajattelet perheasioitasi täällä? Tuhlaat vain aikaasi. Jos soudat venettä, joka on sidottu kiinni rantatörmään, et pääse toiselle rannalle.

Unohda 'minä' ja 'minun', ja luovuta kaikki Jumalalle. Jumala on kaikki. "Asiat eivät suju minun suunnitelmieni mukaan; eikö tämä kaikki tapahdukin Sinun tahtosi mukaan?" Tunnistakaa tämä ja jättäkää kaikki Jumalalle. Eläkää nykyhetkessä. Emme tuo mukanamme mitään tähän maailmaan, emmekä ota mitään mukaamme poistuessamme täältä. Meidän on oltava tietoisia tästä ja harjoitettava meditaatiota. Alat hyötyä mantrasta heti sillä hetkellä kun alat toistaa sitä. Mantran toistaminen on kuin tallettaisi rahaa pankkiin. Korkoa alkaa kerääntyä heti talletushetkestä lähtien. Älkää luulko, että meditaatio tarkoittaa vain silmät kiinni istumista. Hymyilevät kasvot, ystävällinen sana, myötätuntoinen katse, kaikki tämä on osa meditaatiota. Sydämiemme olisi tultava myötätuntoisiksi meditaation avulla. Vain sellaisessa sydämessä voi Jumala loistaa! Meidän tulisi tuntea muiden kärsimys ja ottaa osaa heidän kärsimykseensä. Tästä Ammalle muistuu mieleen eräs tarina.

Poika näki kaupan edessä kyltin: "Koiranpentuja myytävänä!" Hän halusi kovasti ostaa koiranpennun, joten hän meni sisään. Kun hän kysyi, paljonko pentu maksaa, hänelle vastattiin, että sadan ja kahdensadan dollarin väliltä. "Minulla ei ole niin paljoa rahaa, mutta voinko edes katsoa pentuja?" hän kysyi. Kauppias ei voinut kieltäytyä. Hän vihelsi, ja kaupan takaosasta tuli juosten pesue koiranpentuja emonsa kanssa. Poika katseli niitä kiinnostuneena. Kun hän näki viimeisen pennuista ontuvan muiden jäljessä, hän huudahti: "Oi, katso! Mitä tuolle on tapahtunut?" Kauppias vastasi: "Tämä pentu syntyi jalka viallisena. Eläinlääkäri sanoi, että se ei parane." Poika katseli säälien pienen pennun ontumista ja kysyi: "Saanko ostaa sen? En voi maksaa koko hintaa heti. Maksan osan nyt, ja loput kuukausierissä." Kauppias oli yllättynyt. "Miksi haluat ostaa juuri tuon pennun? Se ei voi juosta ympäriinsä ja leikkiä kanssasi. Etkö haluaisi mieluummin jonkun toisen pennun?"

Mutta poika vaati saada ostaa ramman pennun. "Siinä tapauksessa sinun ei tarvitse maksaa mitään", sanoi kauppias. "Saat sen ilmaiseksi!"

"Ei, tahdon ostaa sen samaan hintaan kuin mitä pyydät muistakin pennuista", sanoi poika päättäväisesti. Kun kauppias kysyi, miksi poika vouhotti niin paljon rammasta pennusta, poika nosti oman jalkansa pöydälle. Hän nosti lahjettaan ja näytti kauppiaalle tekojalkaansa. "Katso tätä! Minullakaan ei ole toimivaa jalkaa. Joten jaan sydämeni pennun kanssa ja se jakaa sydämensä minun kanssani! Ymmärrän sen kivun ja se ymmärtää minun kipuni."

Vaikka Amman tarina oli tämän kaltainen, toisten kärsimysten ymmärtämiseksi ei ole tarpeen käydä läpi samoja kärsimyksiä. Me voimme tuntea toisten tuskan tarvitsematta kokea samoja asioita kuin he. Joten yrittäkää ajatella toisten kärsimystä omananne ja toisten onnea omananne. Tällainen asenne meillä olisi oltava ja tätä asennetta olisi kehitettävä. Amma tietää, että se on vaikeaa. Mutta yrittäkää, lapseni!

Intiassa on miljardi ihmistä. Vain neljäsosalla heistä on taloudelliset asiat kunnossa. Jäljelle jäävistä puolet ovat pienviljelijöitä ja loput ovat todella köyhiä. Ei ole mitään syytä, miksi tässä maassa täytyisi todella olla köyhyyttä. Lapseni, nykytilanne voidaan muuttaa, jos kaltaisenne ihmiset yrittävät auttaa. Te tiedätte, että me emme ole pyytäneet keneltäkään apua, kuten emme ole suorittaneet rahankeräystä ashramin kehittämiseksikään. Täällä tapahtunut kasvu on tapahtunut ponnistelujenne ansiosta. Tekemänne kova työ on tasoittanut tietä palveluprojekteillemme. Teidän kaltaisenne ihmiset ja ashramin asukkaat ovat työskennelleet vuorokaudet läpeensä. Olette työskennelleet ilman palkkaa ja toivomatta itsellenne mitään vastineeksi, rajoittaen vaatimuksenne vain kahteen vaatekertaan ja syöden kolmen aterian sijasta vain kaksi. Olette omistaneet kaikki tällä tavoin säästämänne rahat maailman palvelemiseksi. Ashramin ulkopuolella elävät lapset antavat käyttöömme ilmaiseksi kaikki ne palvelut, joita he vain voivat tarjota. Monet naiset, jotka ostivat aiemmin kymmenen *saria* vuodessa, ostavat enää vain kahdeksan. Ihmiset, jotka aiemmin joivat ja tupakoivat, ovat luopuneet noista tavoista. Vain ihmisten epäitsekkyyden ansiosta meidän on mahdollista palvella köyhiä ja kärsiviä, kuten nyt teemme. Jos kaikki paneutuisivat asiaan samalla tavoin, voisimme ilman epäilyksen häivääkään saada aikaan tässä maassa ainakin osittaisen, jollei täydellisen tilanteen muutoksen. Saatatte sanoa: "Mutta jos otat valtamerestä pisaran vettä ja kaadat sen kuivalle maalle, ei sillä ole mitään vaikutusta." Mutta kyllä sillä on, koska nyt meressä on yksi tippa vähemmän vettä! Samalla tavoin, jos jokainen meistä yrittää tehdä jotakin hyvää, näemme varmasti muutoksen yhteiskunnassa. Tällaista asennetta teidän tulisi kehittää, lapseni!

Luopukaa itsekkyydestä

Koska kaikki Amman lapset ovat halukkaita elämään lausumamme mantran merkityksen mukaista elämää, voimme tehdä niin monia yhteiskuntaa hyödyttäviä epäitsekkäitä tekoja. Mutta nykyaikana itsekkyys hallitsee maailmaa. Itsekkyys on maailmassa näkemämme rakkauden takana. Erään perheen kaksi poikaa menivät isänsä luokse ja sanoivat: "Isä, me lapset huolehdimme sinusta. Etkö siirtäisi talosi ja kaiken omaisuutesi meidän nimiimme?" Luottaen lastensa suloisiin sanoihin isä siirsi kaiken heille. Hän ajatteli, että pojat vuorottelisivat ja että hän olisi kummankin luona kaksi kuukautta kerrallaan. Kun omaisuudenjako poikien välillä oli suoritettu, hän meni toisen luokse asumaan. Vain kahden viikon jälkeen pojan ja tämän vaimon suhtautuminen isään alkoi muuttua, jolloin hän meni toisen pojan luokse. Miniänsä teräväkielisten kommenttien takia hän ei voinut jatkaa asumista enää silläkään, vain viiden päivän jälkeen. Hän itki koko ajan. Lopulta hän hakeutui ashramiin. Kuultuaan miehen tarinan palkan henkinen mestari antoi hänelle joitakin neuvoja. Kuukauden päästä isä palasi poikiensa luokse laatikko mukanaan. Pojat olivat innokkaita tietämään, mitä laatikko sisälsi. Painostuksen jälkeen vanha mies lausui: "Vaihdoin osan omaisuuttani kultaan, jota säilytän tässä laatikossa. Mutta en anna sitä kenellekään ennen kuolemaani. Kun olen kuollut, jompi kumpi teistä saa kullan." Poikien asenne isäänsä kohtaan muuttui heti heidän kuultuaan tämän. Heillä ei ollut sanoja, joilla ilmaista heidän häntä kohtaan äkisti tuntemansa rakkaus. He anoivat yhdessä vaimojensa kanssa: "Tule meidän luoksemme asumaan, isä! Tule meidän taloomme!" He olivat hänelle aina vain vieraanvaraisempia. Lopulta vanha mies kuoli. Hautajaisten jälkeen pojat kiirehtivät avaamaan laatikon. Innoissaan he poistivat laatikon kannen. Laatikko olikin täynnä tavallisia kiviä!

Lapseni, tällaista rakkautta me saamme maailmalta. Jos odotamme maailmalta jotakin, päädymme väistämättä kyyneliin.

Lapseni, teidän kaikkien ponnistelut ovat saavuttamamme menestyksen lähde. Te olette minun lapsiani! Ainoastaan te olette Amman rikkaus. Ammalla ei ole mitään omaa. Kaikki, mitä näemme täällä tänään, kumpuaa teidän epäitsekkyydestänne. Joten muistakaa erityisesti yksi asia, rakkaat lapseni. Jos vain pienikin itsekkyyden siemen ujuttautuu mieleenne, hankkiutukaa siitä eroon jollakin tavoin. Yksi kipinä riittää sytyttämään palon, joka polttaa kokonaisen metsän poroksi – ja itsekkyys on juuri sellainen. Pienikin määrä itsekkyyttä riittää viemään meiltä mielenrauhan täysin.

Tänne saapuu silloin tällöin itkeviä naisia, jotka kannattelevat kahta tai kolmea lasta lanteillaan. Kun Amma kysyy heiltä heidän ongelmistaan, he sanovat: "Amma, lähdin liikkeelle lasteni kanssa tarkoituksenani tehdä itsemurha. Kuulin silloin Ammasta, joten tulimme tänne." Kun Amma kyselee enemmän, he vastaavat: "Mieheni juo. Hän on riippuvainen huumeista. Juomisen takia hän ei ollut milloinkaan ajoissa töissä, joten hän menetti työpaikkansa. Juomista hän ei kuitenkaan lopettanut. Lopuksi hän myi talomme, omaisuutemme, koruni, kaiken. Meillä ei ollut rahaa edes yhteen ateriaan. En nähnyt kenenkään hymyilevän missään. Kaikki vihasivat meitä. Näin kaikkialla vain halveksuvia katseita. Lopulta näin selvästi enää tien kuolemaan. Lähdimme lasteni kanssa liikkeelle sitä tarkoitusta varten. Mutta sen sijaan päädyimmekin tänne sinun luoksesi, Amma!"

Amma kertoo teille jotakin: Nuo miehet käyttävät läheistensä kyyneleitä ja verta, eivät alkoholia tai huumeita.

Kalastaja heittää siiman veteen ja odottaa. Kala nappaa syötin ja ajattelee: "Hienoa! Olen löytänyt tarpeeksi ruokaa tälle päivälle!" Se ei ymmärrä olevansa kuoleman kynsissä.

Koira ottaa luun suuhunsa, pureskelee sitä innokkaasti ja maistaa, kuinka veri valuu sen suuhun. Vasta myöhemmin se tajuaa, että veri oli peräisin sen omista rikkoutuneista ikenistä. Onni ei ole löydettävissä aistikohteista. Onnellisuus on sisällämme. Lapseni, teidän on ymmärrettävä tämä. Niiden teistä, jotka tavoittelevat vain omaa onneaan, pitäisi ajatella perheitään, ainakin edes hetken! Ne teistä, jotka poltatte viisi savuketta päivässä, yrittäkää polttaa kaksi savuketta vähemmän! Vähentämällä määrää pikkuhiljaa voitte päästä tavasta kokonaan. Samalla tavoin niiden, jotka juovat, tulisi pysytellä poissa siihen kannustavasta ilmapiiristä. Hankkikaa voimanne takaisin tietämällä, että onnellisuus ei todellisuudessa ole juomisessa. Rohkea ihminen on sellainen, joka etsii iloa sisältään. Lapseni, älkää olko savukkeiden tai alkoholin orjia. Niillä, joista tulee sellaisten asioiden orjia, ei ole rohkeutta. He ovat pelkureita. Todella rohkeat ihmiset ovat sellaisia, jotka ovat saaneet mielensä hallintaan. Meidän ei tarvitse nojautua mihinkään ulkoiseen. Meidän tulisi kyetä olemaan omillamme. Meidän tulisi tehdä jokaisesta hengenvedostamme toisia hyödyttävä. Teidän tulisi tehdä tämä sisäinen päätös. Vain tätä Amma haluaa.

Miten kohdata kokemukset

Kohtaamme kokemuksemme elämässä kolmella eri tavalla:

1. Yritämme paeta tilannetta.
2. Yritämme muuttaa olosuhteita uskoen, että sellainen muutos ratkaisee kaikki ongelmamme.
3. Kiroamme olosuhteita ja jatkamme jollakin tavalla eteenpäin.

Emme voi välttää ongelmia pakenemalla niitä; tosiasiassa ongelmat saattavat silloin vain kasvaa. Eräs kertomus tulee mieleen. Mies kuuli, että hänen setänsä on tulossa vierailulle. Hän päätti paeta talosta, koska hänen sedällään, joka oli sotilas, oli tapana kertoa tuntikaupalla sotajuttuja. Koska hän ei halunnut tuhlata kaikkea sitä aikaa, veljenpoika livahti äkkiä talon takana olevalle polulle. Mutta astellessaan polkua pitkin hän törmäsikin setäänsä, joka tuli toisesta suunnasta häntä vastaan! Kun setä kohtasi veljenpoikansa, hän lopetti kävelemisen ja alkoi heti siltä seisomalta puhumaan. Keskustelu jatkui ja jatkui tauotta, siinä polulla. Jonkin ajan kuluttua veljenpojalle tuli kuuma ja häntä alkoi janottaa. Lisäksi hänen jalkojaan alkoi särkeä. Mutta vettä ei ollut saatavilla ja varjoakaan ei ollut missään, kuten ei myöskään istumapaikkaa. Hänen mieleensä juolahti, että jos hän olisi jäänyt kotiin, hän istuisi nyt viileässä varjossa setänsä kanssa, ja vettä olisi runsaasti saatavilla. Tästä tarinasta voimme nähdä, että tilanteista pakenemisen yrittäminen voi lisätä ongelmien määrää.

Toinen lähestymistapa on ympäristön muuttaminen. Eräs talo oli täysin rauhaton. Perheenjäsenet ajattelivat, että talossa oli jotakin vikaa. "Ehkä meidän pitäisi purkaa talo ja rakentaa se uudelleen. Vai pitäisikö ostaa uusi talo? Tai ehkä meidän pitäisi hankkia uusi televisio ja muutamia muita asioita talon koristelemiseksi. Voisimme asentaa tänne ilmastointijärjestelmän." Mutta mikään näistä ei ratkaise ongelmia. Jotkut ihmiset eivät voi nukkua edes ilmastoidussa luksustalossa. Heidän on otettava unilääkkeitä. Tämä johtuu siitä, että ongelmat ovat heidän mielessään. Henkisyys on mielen ilmastoinnin taitoa. Elämän

116

ongelmat eivät katoa vain tekemällä joitakin muutoksia ympäristöön. Tämä ei tarkoita sitä, etteikö ulkoista ympäristöä saisi muuttaa. Amma sanoo vain, että meidän on muutettava asioita myös mielessämme. Tämä on henkisyyden sanoma. Ympäristön muuttaminen ei lopeta ongelmia. Pariskunnalla oli tapana nahistella keskenään jatkuvasti. Lopulta he eivät voineet enää jatkaa yhdessä elämistä ja he erosivat. Jonkin ajan kuluttua molemmat menivät uusiin naimisiin. Mutta pian molemmat tajusivat, että he olivat menneet uusiin naimisiin entisen aviopuolisonsa kanssa, joka oli vain uudessa hahmossa. Aviopuolisoiden hahmot olivat vaihtuneet, mutta heidän omat mielensä eivät olleet muuttuneet lainkaan. Niin kauan kuin mielessämme ei ole tapahtunut muutosta, emme kykene vapauttamaan itseämme ongelmista ulkoista ympäristöä muuttamalla.

Kolmas tapa kohdata vaikeat tilanteet on valittaa niistä, ja jatkaa elämistä. Vatsanväänteistä kärsivä valittaa jokaiselle kotona olevalle: "Äiti! Isä! Vatsani on kipeä! Veli, sisko, en kestä tätä kipua!" Lopulta jokainen, joka menee hänen lähelleen, saa myös vatsakivun. Valittamalla loputtomasti ongelmistamme päädymme tuhoamaan myös muiden rauhan.

Mutta on olemassa neljäskin tapa. On olemassa tapa ylittää vaikeat tilanteet, ja se tapa on oman mielentilamme muuttaminen. Se on todella ainoa tie ilon löytymiseen. On mahdotonta muuttaa ulkoinen ympäristö täysin tarpeitamme vastaavaksi, joten meidän on muutettava mielentilamme vastaamaan ympäristöä. Tämä on mahdollista ainoastaan henkisyyden kautta.

Tässä kohtaa henkiset tekstit tulevat oleellisiksi. Mitä Krishna näytti Arjunalle?[26] Krishna ei muuttanut ulkoisen maailman tilaa, vaan hän muutti Arjunan mielentilan. Jos hän olisi tahtonut,

---

[26] Arjuna oli yksi viidestä Pandavan veljeksestä. Krishnan antamat neuvot Arjunalle Mahabharatan sodan alussa tunnetaan Bhagavad Gitana, joka sisältää jokapäiväiseen elämään sovellettavan henkisen viisauden ytimen.

hän olisi voinut synnyttää pyörremyrskyn tai vedenpaisumuksen ja tuhota väärämielisen Duryodhanan seuraajineen. Hän olisi voinut tuhota heidät millä menetelmällä tahansa. Hän olisi voinut varmistaa, että Pandavat voittavat kaiken. Krishnalla oli vallassaan tehdä tämä. Mutta hän ei muuttanut ulkoisia olosuhteita lainkaan, sen sijaan hän muutti Arjunan asenteen maailmaa kohtaan. Hän opetti Arjunan ymmärtämään elämän luonteen ja sen, kuinka kohdata kaikki asiat elämässä. Meidän on kehitettävä mieltämme niin, että voimme rukoilla koko maailman rauhan ja harmonian puolesta.

Muistakaa tämä kohtaus Ramayanasta: Rama saapui saliin, jossa Sita oli valitsemassa aviomiestä.[27] Heti kun mithilalaiset näkivät Raman, he alkoivat rukoilla: "Kuinka komea ja vahva hän onkaan, ja hän on siunattu kaikilla hyvillä ominaisuuksilla! Jumala, anna hänelle voimaa asettaa jänne tuohon jouseen!" Sen sijaan kaikki paikalla olleet kuninkaat, jotka toivoivat voittavansa Sitan käden itselleen, alkoivat kirota Ramaa mielessään heti hänen saavuttuaan saliin. "Miksi hänen täytyi tulla tänne nyt? Menetänkö mahdollisuuteni hänen takiaan? Näyttää siltä, että en saa Sitaa puolisokseni. Menisipä Rama nyt vain pois!" Ja kun Sita näki Raman, hän alkoi rukoilla: "Jumala, miksi sinun täytyi tehdä niin painava jousi? Etkö voisi keventää sitä hieman?" Hänen rukouksensa pyrki muuttamaan olosuhteita.

Mutta Mithilan asukkaiden rukous oli oikeanlainen. Heillä oli oikea asenne. He eivät rukoilleet olosuhteiden muuttumista. He rukoilivat: "Anna Ramalle voimaa asettaa jänne tuohon jouseen!" Samoin meidän tulisi kaikissa tilanteissa rukoilla vain

---

[27] Sitan isä, Mithilan kuningas Janaka, oli ilmoittanut, että hän antaa tyttärensä puolisoksi vain sille prinssille tai kuninkaalle, joka kykenee asettamaan jänteen alun perin Shivalle kuuluneeseen suureen jouseen. Monet kuninkaalliset kilpakosijat olivat tulleet paikalle toivoen voivansa suorittaa vaaditun uroteon ja voittaa itselleen Sitan käden.

rohkeutta kohdata tilanne. Mutta rukouksemme ei tulisi olla lapsellinen.

Poika meni temppeliin ja rukoili: "Jumala, tee Kiinasta Amerikan pääkaupunki!" Aikuinen, joka kuuli tämän, kysyi häneltä: "Miksi rukoilet tuolla tavalla, poika?" Tämä vastasi: "Vastasin maantiedon kokeessa, että Kiina on Amerikan pääkaupunki. Mutta vastaus oli väärin, joten rukoilen, että Jumala tekisi vastauksestani oikean!"

Tämä on lapsellista. Meidän ei tulisi viljellä sellaista lapsellisuutta. Mutta meidän tulisi kehittää lapsenkaltainen sydän, lapsenkaltainen viattomuus. Lapsellisuus on erottelukyvyn puutetta; se tekee meistä epäkypsiä. Oletetaan, että olet uimakoulussa. Jos uimaopettajasi on aina aivan vieressäsi, et opi itse uimaan. Meidän itsemme täytyy löytää voima selviytyä kaikissa tilanteissa elämässämme, ja ainoa keino tähän on muuttaa mielemme olosuhteita. Älä tuhlaa elämääsi syyttäen ulkoisia olosuhteita ja tuntien itsesi lannistuneeksi sen vuoksi, että et voi muuttaa niitä. Jotkut ajavat hienolla autolla, mutta jos heillä ei ole mielenrauhaa, mitä hyötyä on hienolla autolla ajamisesta?

Ulkoisten olosuhteiden muuttaminen ei riitä. Jotkut tekevät itsemurhan jopa ilmastoidussa talossaan. Toisalta, jos muunnamme mielemme, voimme kohdata minkä tahansa tilanteen hymyillen. Sen sijaan, että nojaisimme toisiin saadaksemme lohtua, meidän tulisi kehittää uskoa itseemme. Vain siten voimme löytää hyvinvoinnin ja tyydytyksen. Nykyisen asenteemme muuttaminen on ensimmäinen askel. Sitä meidän tulisi rukoilla.

Jakakaa hyvyys

Lapseni, emme ole erillisiä saarekkeita. Jokainen meistä on lenkki elämän ketjussa. Jokainen tekomme vaikuttaa toisiin, olemmepa siitä tietoisia tai emme. Ja vastavuoroisesti, toisten teot vaikuttavat meihin. Siksi sanotaankin, että meidän on harjoitettava tarkkaavaista tietoisuutta jokaisessa sanassamme ja teossamme.

Mies nousi bussiin ja yllättyi havaitessaan rahastajan olevan niin tyyni ja iloinen. Rahastaja hymyili jokaiselle ja varmisti, että bussi pysähtyi jokaisella pysäkillä. Hän odotti, että jokainen oli päässyt kunnolla sisään bussiin, ennenkuin soitti kuljettajalle kelloa liikkeellelähdön merkiksi. Hän myi liput sujuvasti ja tehokkaasti. Täpötäysi bussi ja sen matkustajien käyttäytyminen ei vaikuttanut hänen mielentilaansa lainkaan. Matkustaja huomasi kaiken tämän ja kysyi rahastajalta: "Miten voit toimia noin tyynesti ja hymyillä niinkuin hymyilet tällaisessa täyteen ahdetussa bussissa? En ole tavannut kaltaistasi rahastajaa missään muualla. Mikä on salaisuutesi?" Rahastaja hymyili ja sanoi: "Ei ole mitään suurta salaisuutta. Elämä on vain opettanut minulle tämän. Työskentelin aiemmin toimistossa, ja minun täytyi matkustaa bussilla töihin. Bussi pysähtyi usein jonkun matkan päähän siitä, missä bussipysäkin oikea paikka oli. Juoksin kiireen vilkkaa bussin luo, mutta päästyäni sinne bussi olikin lähtenyt jo liikkeelle ja myöhästyin kyydistä. Tai rahastaja saattoi soittaa kelloa lähdön merkiksi juuri ehdittyäni bussin luo, ja kyytiin kiipeäminen putoamatta oli vaikeaa. Tavallisesti rahastaja ei vaivautunut palauttamaan vaihtorahoja lipun hinnasta, ja jos pyysin sitä, hän teki sen happamasti. Rahastaja saattoi myös suuttua, jos minulla ei ollut tasarahaa. Näiden asioiden sattuessa olin lähellä menettää malttini. Muistutin itseäni kuitenkin siitä, että minun on matkustettava samalla bussilla seuraavanakin päivänä. Näin onnistuin jotenkin hillitsemään itseni. Joten saavuin toimistoon kaiken tämän tukahdutetun vihan kanssa.

Toimistossa en ollut lainkaan ystävällinen, enkä hymyillyt kenellekään. Kaikki alkoivat sitten puolestaan olla epäystävällisiä minulle. Sen tähden en voinut keskittyä kunnolla työhöni. Olin niin kireä, että tein paljon virheitä, ja johtaja nuhteli minua siitä. Kaikki tämä oli sisälläni, kun saavuin illalla kotiin töistä. Perheeni sai kärsiä siitä. Suutuin lapsilleni ja riitelin vaimoni kanssa. Rauha oli mennyttä. En osoittanut lapsille hellyyttä enkä avannut vaimolle sydäntäni. Minusta tuli yksinäinen susi sekä kotona että ulkona yhteiskunnassa. Sitten eräänä päivänä saapuessani bussipysäkille bussi oli juuri lähdössä. Kun rahastaja näki minut, hän soitti kelloa ja pysäytti bussin. Hän odotti, kunnes olin päässyt kokonaan sisään bussiin, ennen kuin antoi lähtösignaalin. Bussissa ei ollut vapaita istuimia, mutta rahastaja antoi minulle oman paikkansa. Tunsin sanoinkuvaamatonta iloa. Olin hyvin väsynyt, ja nukahdin matkalla. Juuri ennen kuin saavuimme pysäkille, jossa minun piti jäädä pois, rahastaja herätti minut. En ollut tavannut tuota rahastajaa milloinkaan aiemmin. En voi kuvata, kuinka hyvältä hänen ystävällisyytensä tuntui. Kuvittele helpotuksen tunnetta, jonka saat, kun jano piinaa sinua ja joku antaa sinulle lasillisen viileää vettä. Tuntemani helpotus oli jopa sitäkin suurempi. Astuin bussista ulos tuntien iloa, jollaista en ollut milloinkaan ennen kokenut, ja kävelin toimistolle. Siellä jokainen hymyili minulle, mikä oli sangen epätavallista. Sinä päivänä pystyin olemaan työssäni huolellinen, ja johtaja kehui minua. Olin myös hyvin ystävällinen omille alaisilleni. Se teki heidät onnellisiksi ja he avautuivat minulle. He puolestaan olivat hyvin ystävällisiä niitä kohtaan, jotka kävivät sinä päivänä toimistossa. Kotona kykenin olemaan rakastava ja avoin vaimoani ja lapsiani kohtaan. Kotona oli juhlan tuntua. Nautin siitä niin paljon, että unohdin kaiken muun. Tulin tietoiseksi muutoksista, joita ympärilläni olevissa ihmisissä oli tapahtunut minussa tapahtuneen muutoksen takia – yhdessä ihmisessä tapahtuneen muutoksen takia.

Siitä lähtien aloin kiinnittää erityistä huomiota omaan käyttäytymiseeni. Vakuutuin siitä, että saamme takaisin sitä mitä annamme. En voi vaatia muita tulemaan hyviksi ennenkuin itsestäni on tullut hyvä. Opin, että voin tehdä itsestäni paremman, vaikkeivät muut niin tekisikään. Jos minusta tulee hyvä, myös muut alkavat muuttua. Kun myöhemmin otin vastaan tämän bussirahastajan pestin, muistin rahastajaa, joka oli opettanut minulle tämän tärkeän opetuksen. Lupasin itselleni osoittaa ihmisille kunnioitusta asioidessani heidän kanssaan. Tein lujan päätöksen tehdä osani rakkauden ja ystävyyden tunnun kasvattamiseksi tässä maailmassa. Kokemus, jonka sain sinä päivänä, jolloin kaikki muuttui, pysyy edelleen suurena opetuksena minulle." Sellainen oli siis rahastajan kertoma kertomus.

Lapseni, yhteiskunta muodostuu yksilöistä. Jokaisen yksilön ajatukset ja teot muovaavat kulttuuria. Sen sijaan, että ajattelisimme: "Ryhdyn hyväksi muiden muututtua ensin", meidän tulisi yrittää muuttaa ensin itsemme. Jos mielemme maisema todella muuttuu, kykenemme näkemään hyvää kaikkialla maailmassa. Kun meissä tapahtuu muutos, se heijastuu myös muissa. Lapseni, muistakaa aina, että saamme vain sitä, mitä annamme.

Sydän pumppaa verta kehon kaikille soluille. Solut saavat tällä tavoin ravintoa. Veri virtaa sitten takaisin sydämeen. Jos tässä on joitakin esteitä, elämä itse on uhattuna. Meidän on opittava sydämen lailla paitsi ottamaan, myös antamaan. Vain jos annamme, saamme jotakin takaisinkin. Vika yhdessä elämän ketjun lenkissä vaikuttaa muihin lenkkeihin. Meidän on ymmärrettävä, että jokaisella hymyllämme, sanallamme ja teollamme on voimaa levittää auringonpaistetta monien muiden elämiin. Sen vuoksi meidän on varmistettava, että tekomme luovat iloa ja tyytyväisyyttä, ja ei vain meille, vaan myös muille. Meidän ei pitäisi perääntyä pettyneenä nähdessämme pahaa maailmassa, eikä meidän pitäisi myöskään antaa toisten tekemien vääryyksien vaikuttaa meihin niin, että itse teemme vääryyksiä.

Lapseni, sen sijaan, että syyttäisitte pimeyttä, yrittäkää sytyttää edes yksi pieni lamppu. Jos se ei ole mahdollista, yrittäkää olla tuottamatta kärsimystä tai vaikeuksia muille. Saatatte ihmetellä, kuinka sillä tavoin voidaan menetellä. Helppo tapa on suorittaa jokainen teko uhrauksena Korkeimmalla. Ajatelkaa jokaista tekoa palvonnan muotona. Silloin tekomme tekevät itsemme ja toiset onnelliseksi, ja ne hyödyttävät itseämme ja muita.

Amma muistaa mitä eräs hänen poikansa sanoi hänelle muutama vuosi sitten. Hän halusi opiskella lääketiedettä, mutta ei päässyt sisälle kouluun, koska hänen pääsykoetuloksensa jäi yhden pisteen alle vaaditun. Jonkin aikaa sen jälkeen hän ei tehnyt mitään. Sitten hän haki perheensä vaatimuksesta työpaikkaa pankista ja saikin sen. Hänestä tuli pankkivirkailija. Myöhemmin hän tuli Amman luo ja sanoi: "Amma, olen aina hyvin vihainen. En kykene hymyilemään enkä osoittamaan rakkautta asiakkaille riippumatta siitä, keitä nämä ovat. Sen vuoksi en usko enää voivani jatkaa työssäni." Hän sanoi tämän piinatun oloisena.

Amma kysyi häneltä: "Poikani, jos paras ystäväsi lähettäisi jonkun luoksesi, miten käyttäytyisit häntä kohtaan?"

"Hymyilisin ja olisin häntä kohtaan ystävällinen."

"Käyttäytyisit siis hyvin. Ja entäpä jos Amma itse lähettäisi jonkun tapaamaan sinua pankissa, miten silloin toimisit?"

"Koska hän olisi Amman lähettämä, olisin hyvin rakastava!"

Silloin Amma sanoi hänelle: "Yritä tästä lähtien kuvitella, että jokainen, joka tulee luoksesi, on Jumalan lähettämä. Jos voit tehdä sen niin muutut varmasti!"

Jonkin ajan kuluttua tuossa pojassa tosiaan tapahtui muutos. Hän alkoi nähdä työssään tavan palvella Jumalaa. Hän oli onnellinen ja levitti tyytyväisyyttään niihin, jotka tulivat hänen luokseen. Kun suoritamme tekomme Jumalan palvontana, hyötyy itsemme lisäksi myös yhteiskunta. Tätä asennetta meidän tulisi vaalia.

Ponnistelu yhdistyneenä armoon

Lapseni, elämässä tapahtuu kahdenlaisia asioita: teemme tekoja ja koemme tekojen hedelmiä. Elämästämme tulee suhteellisen rauhallista ja harmonista, jos tiedämme, millaisella asenteella meidän pitäisi toisaalta tehdä tekomme ja toisaalta nauttia niiden hedelmistä.

Huomaamme usein, että se mitä odotamme, ei tapahdu, ja se mitä emme odota, käy toteen. Tekojen hedelmät eivät riipu pelkästään teoista itsestään, vaan myös monista muista tekijöistä. Vain jos kaikki nuo tekijät yhdessä sallivat, on lopputulos odottamamme kaltainen. Vain teon suorittaminen on omassa hallinnassamme. Meidän tulisi suorittaa teko parhaamme mukaan, huolehtimatta lopputuloksesta. Krishna ohjeistaa näin Bhagavad Gitassa. Tämä ei tarkoita, että meidän tulisi tehdä työtä ilman palkkaa. Se tarkoittaa, että jos teemme tekomme odottamatta jotakin tiettyä seurausta, kykenemme suorittamaan tekomme hyvin. Silloin tekojemme hedelmät tulevat luonnollisella tavalla luoksemme.

Vaikka suoriutuisimme kokeesta erittäin hyvin, tulos ei ehkä ole odottamamme kaltainen, jos koetta arvosteleva opettaja tai arvosanoja kopioiva toimistotyöntekijä ei ole tarpeeksi huolellinen. Eräs poika opiskeli ahkerasti ja pärjäsi hyvin kokeessa. Hän odotti saavansa huippupisteet. Mutta kun tulokset julkistettiin, hän oli juuri ja juuri läpäissyt. Hän ei kuitenkaan antanut tämän lannistaa itseään, vaan hän sai kokeensa arvosteltua toistamiseen. Toisella arvostelukerralla hän sai paljon paremmat pisteet. Kun asiaa tutkittiin, paljastui, että ensimmäisen arvostelun tehnyt opettaja oli ollut tuolloin poissa tolaltaan. Hänen vaimonsa oli karannut toisen miehen kanssa, ja koska hän oli tästä niin järkyttynyt, hän ei ollut kyennyt tekemään arvostelua kunnolla. Tämän vuoksi Amma sanoo, että menestystä kokeessa ei ratkaise pelkästään oma yrityksemme ja se, kuinka paljon opiskelemme ja kuinka hyvin vastaamme kysymyksiin.

Vaikka olisimme kuinka tarkkaavaisia risteyksessä, voimme silti loukkaantua, jos toinen henkilö on huolimaton. Tämän vuoksi sanotaankin, että tarvitsemme Jumalan armoa saadaksemme kaikki lopputulosta ohjaavat tekijät meille suosiol-lisiksi. Helpoin tapa tämän saavuttamiseksi on suorittaa jokainen tekomme palvontana Jumalalle.

Kun suoritamme *pujan*, yritämme luonnollisesti varmistaa, että kaikki käyttämämme ainesosat ovat korkeinta laatua. Emme milloinkaan käytä mätiä hedelmiä, kuihtuneita kukkia tai likaisia välineitä. Kun teemme kaiken tällä asenteella, kykenemme ajan myötä tekemään vain positiivia tekoja. Negatiiviset teot lakkaa-vat, sillä miten voisimme tehdä negatiivisen teon, jos omistamme sen Jumalalle?

Suoritettaessa *pujaa* tärkeintä on nöyryys. Jos suoritamme jokaisen teon *pujana*, oikealla asenteella, emme kykene ilmen-tämään lainkaan ylimielisyyttä tai ylpeyttä. Jos onnistumme jossakin teossa, näemme sen Jumalan armona. Emme kersku ja väitä, että onnistuminen johtuu omista kyvyistämme.

Pujan lopuksi saamme *prasadia.*[28] Jos asennoidumme tekoi-himme palvonnan muotona, hyväksymme tekojemme hedelmät *prasadina.* Myös kokiessamme tekojemme hedelmät meillä täytyy olla sama nöyryys, joka meillä oli teot tehdessämme. Emme etsi *prasadista* vikoja tai puutteita.

Tämä ei tarkoita sitä, että epäonnistuessamme meidän pitäisi vain jäädä istumaan laiskana paikoillemme ja hyväksyä epäonnis-tumisemme Jumalan *prasadina.* Jos onnistumisen mahdollisuus on olemassa, meidän tulisi yrittää uudestaan. Jos silloinkin epä-onnistumme, voimme hyväksyä sen jumalallisena tahtona. Kun ajattelemme menestystämme jumalallisena armona, emme ole pöyhkeitä: emme ratkea riemusta menestyksemme takia, emme-kä innostu liikaa kaiken muun kustannuksella. Ja jos satumme epäonnistumaan, emme tunne itseämme muserretuksi tahtoen vajota maan alle. Niissä, jotka ajattelevat epäonnistumisensa ole-van Jumalan tahto, ei herää tunnetta "minusta ei ole mihinkään".

---

[28] Esimerkiksi siunattua ruokaa tai kukkia.

Kun epäonnistumme, meidän tulisi ajatella vain, että se on se, mitä tällä hetkellä ansaitsemme. Meidän tulisi ajatella, että jokin toinen *prarabdha* (jonkin menneen teon hedelmä) on tällä tavoin vältetty. Meidän on ajateltava tuota kokemusta elämän oppituntina. Meidän on hyväksyttävä, että siihen sisältyy jokin opittava asia.

Käyttämällä erottelukykyämme voimme muuttaa minkä tahansa toiminnan meille suosiolliseksi. Kun tarkastelemme toimiamme oikealla asenteella, voimme välttää myös ikävystymisen. Kun innokkuutemme yhdistyy jumalalliseen armoon, voitto on varmasti meidän. Mitä ikinä tapahtuukaan, meidän ei tulisi milloinkaan luopua toivosta. Jumala on aina niiden puolella, jotka ponnistelevat. He ovat myös voittajia.

Henkisyys käytännön elämässä

Amman syntymäpäiväpuhe 1999

Tervehdys kaikille Amman lapsille, jotka todella ovat rakkauden ja perimmäisen Itsen ruumiillistumia! Nykyaikana pidetään puheita ja esitelmiä joka puolella maata. Henkisiä ja kulttuurisia esitelmiä, poliittisia ja uskonnollisia puheita, puheita uskontoa vastaan – jokaisella on jokin aihe, josta puhua. Jokaisella on valtuudet puhua mistä tahansa aiheesta auringon alla. Tämä näyttää olevan yleinen asenne. Mieleen tulee tarina eräästä opiskelijasta, joka sanoi ystävilleen: "Meillä on fantastinen professori. Annatpa hänelle minkä aiheen tahansa, niin hän puhuu siitä tunteja. Vaikka antaisit hänelle jonkin täysin merkityksettömän aiheen, hän voisi puhua siitä yli viisi tuntia." Tämän kuultuaan eräs hänen ystävänsä vastasi: "Professorisi siis puhuu yli viisi tuntia, jos hänelle annetaan aihe. Mutta meidän naapurimme puhuu päivät päästään ilman mitään aihetta!"

Monet puheet ovat nykyään tämän kaltaisia. Emme tarvitse puheita, tarvitsemme tekoja! Meidän tulisi todistaa omalla elämällämme se, mitä meillä on sanottavana. Hyvät sanat ja teot ovat tottakai hyödyllisiä; ne eivät voi milloinkaan olla merkityksettömiä. Mieleen tulee kertomus Mahabharatasta.

Tapaus ajoittuu aikaan, jolloin Pandavat ja Kauravat olivat nuoria ja suuri opettaja Dronacharya opetti heitä. Ensimmäinen oppitunti oli kärsivällisyydestä. Eräänä päivänä opettaja kutsui kaikki oppilaat koolle ja pyysi heitä resitoimaan siihen mennessä oppimansa säkeet. Jokainen heistä resitoi opetukset ulkomuistista. Lopulta tuli Yudhisthiran vuoro. Hän toisti vain yhden säkeen. Opettaja kysyi häneltä: "Onko siinä kaikki, mitä olet oppinut?" Yudhisthira vastasi vastahakoisesti: "Antakaa minulle anteeksi. Olen kutakuinkin oppinut ensimmäisen säkeen, mutta toista en ole oppinut lainkaan." Drona ei kyennyt hillitsemään vihaansa kuullessaan tämän. Hän oli odottanut Yudhisthiran suoriutuvan tehtävästä muita paremmin, ja kuitenkin, kun muut resitoivat oppitunnin koko sisällön, Yudhisthira sanoi hädin tuskin kykenevänsä muistamaan kahta riviä. Kiukuissaan Drona tarttui keppiin ja takoi sillä Yudhisthiraa, kunnes keppi meni kappaleiksi. Mutta näiden iskujen jälkeenkin Yudhisthira oli yhä iloinen ja hymyilevä. Tämän nähdessään Drona lauhtui ja katui sitä, mitä oli tehnyt. Hän sanoi liikuttuneena: "Lapseni, sinä olet prinssi! Tahtoessasi olisit voinut rangaista minua heittämällä minut tyrmään. Mutta et tehnyt niin. Et ollut vihainen lainkaan! Onko tässä maailmassa ketään toista, jolla on sinun kärsivällisyytesi? Sinussa on sellainen suuruus!" Drona kääntyi ympäri ja näki palmunlehden, jolle Yudhisthiran opetukset oli kirjoitettu. Ensimmäinen rivi kuului: "Älä milloinkaan menetä malttiasi", ja toisella rivillä luki: "Kerro kaikissa tilanteissa vain totuus!"

Kun Dronan katse osui jälleen Yudhisthiran kasvoihin, hän ajatteli palmunlehden säkeiden loistavan nuoren prinssin silmistä. Hän tarttui Yudhisthiran käteen ja sanoi kyynelten täyttämin silmin: "Yudhisthira! Kun opetin sinua, lausuin vain sanoja. Ja toiset pojat toistivat noita sanoja kuin papukaijat. Sinä olit ainoa, joka todella sisäisti nuo opetukset. Kuinka suuri oletkaan, poikani! Vaikka olen opettanut näitä niin kauan, en ole itse kyennyt oppimaan ainoatakaan riviä. En kyennyt hillitsemään kiukkuani, enkä ollut kärsivällinen!" Yudhisthira vastasi: "Antakaa minulle anteeksi, Mestari, mutta minä *tunsin* hieman vihaa teitä kohtaan." Drona oivalsi, että hänen oppilaansa oli oppinut myös toisen opetuksen.

Ne, jotka eivät kompastele kehuihin saadessaan sellaisia, ovat hyvin harvinaisia. Ja vaikka heissä olisi vähän vihaakin, he eivät halua näyttää sitä. Mutta katsokaa Yudhisthiraa. Hän ei ollut lainkaan vastahakoinen myöntämään, että hän oli ollut vähän vihainen. Tämä tarkoittaa, että hän oli oppinut myös toisen läksyn. Opetus täydellistyy vasta, kun sitä harjoitetaan elämässä. Todellinen oppilas on sellainen, joka todella yrittää tehdä niin. Tarvitsemme kärsivällisyyttä elämässä myös, koska kärsivällisyys on elämän todellinen perusta. Jos avaamme nupun väkipakolla, emme saa milloinkaan tietää, kuinka kaunis tai tuoksuva kukka siitä olisi tullut. Vain jos nuppu aukeaa luonnollisesti, saamme kokea sen. Samalla tavoin tarvitsemme kärsivällisyyttä, jos haluamme nauttia elämän kauneudesta. Niille, jotka haluavat elää onnellisuuden täyttämää elämää, kärsivällisyys on kaikkein tärkein tarvittava ominaisuus.

Joskus sanotaan, että tuli on puheen jumaluus. Lämpö, valo ja savu ovat osa tulen luonnetta. Kuten tuli antaa meille lämpöä ja valoa, jokaisen sanamme tulisi antaa muille energiaa ja tietoa. Mutta puheen ei tulisi saastuttaa muiden mieliä niinkuin savu mustaa huonetta. Kun kuuntelemme nykyaikana sanojamme, havaitsemme, että tuli todellakin on puheen takana oleva jumaluus, sillä sanamme syytävät vain kuumuutta ja savua. Viisaus ja valo loistavat poissaolollaan. Jokaisen sanamme tulisi saada kuulijoissa aikaan muutos. Niiden pitäisi tuottaa muille autuutta. Meidän tulisi olla muille esikuvana. Jokaisessa lausumassamme sanassa tulisi olla tuo voima. Yksinkertaisuuden ja nöyryyden tulisi loistaa sanoissamme. Mutta nykyään, jos käymme sanojamme läpi, emme löydä niistä jälkeäkään nöyryydestä.

Sanamme ovat kyllästettyjä asenteella, että haluamme olla parempia kuin muut. Alhaisinkin ihminen yrittää näyttää muiden edessä suuruudelta. Emme kiinnitä huomiota siihen tosiseikkaan, että ihmisen suuruus on itse asiassa hänen nöyryydessään. Emme ymmärrä, että käyttäytyessämme pöyhkeästi vaikutamme muiden silmissä typerykseltä.

Armeijan majuri oli ylennetty everstiksi. Päivänä, jolloin hän aloitti uudessa virassaan, mies tuli käymään hänen luonaan. Heti tämän astuttua everstin toimistoon eversti nosti puhelimen luurin tärkeän tuntuisena ja alkoi puhua siihen: "Onko presidentti Clinton? Kuinka voitte? Aloitin juuri tänään. Kansioita on todella paljon läpi käytäväksi. OK, soitan myöhemmin uudestaan. Kertokaa Hillarylle terveiseni." Puhuttuaan jonkin aikaa tähän tapaan hän laski luurin alas. Vieras seisoi vain aloillaan ja odotti kohteliaasti. Eversti kysyi häneltä ylimieliseen sävyyn: "Niin? Mitä haluatte?" Mies sanoi kohteliaasti: "Pyydän anteeksi, arvon herra. Tulin yhdistämään puhelimen. Tuo on uusi puhelin. Se tuotiin tänne eilen, ja linjaa ei ole vielä yhdistetty."

Kuka oli typerys? Emme huomaa, kuinka useita kertoja päivässä teemme itsestämme samalla tavoin naurettavan. Siinä koko juttu. Niistä, jotka yrittävät korostaa omaa tärkeyttään, tulee muiden silmissä naurettavia.

Suuttumuksen hallinta

Toinen asia, johon meidän tulisi kiinnittää erityistä huomiota elämässämme, on suuttumuksen hallinta. Kiukku on kuin kahvaton veitsi. Sellainen veitsi haavoittaa sekä sitä, jota vastaan veitsellä hyökätään, että sitä, jonka kädessä veitsi on. Kuinka myrskyisä mielestämme tuleekaan ollessamme vihainen jollekin! Mieli häiriintyy niin pahoin, ettemme voi istua, seistä, emmekä maata rauhassa. Veremme kuumenee. Tämä avaa väylän kaikille sairauksille, joita meillä ei ole tähän mennessä ollut. Kiukun puuskassa emme tunnista muutoksia, jotka tapahtuvat sisällämme.

Monet hymyilevät toiselle vasta laskelmoituaan ensin: "Jos hymyilen, tuleeko hänestä sen vuoksi tuttavani? Pyytääköhän hän minulta rahaa? Tarvitseekohan hän rahaa juuri nyt?" He hymyilevät vasta mietittyään perusteellisesti sellaisia asioita. Mutta suuttumuksen kanssa asia ei ole näin. Kiukku tempaisee meidät mukaansa hetkessä. Yritämme kuitenkin hillitä itseämme tietyissä tilanteissa. Yleensä ihmiset eivät tulistu esimiehelleen, koska tietävät, että joutuisivat maksamaan siitä. Esimiehesi saattaa puhua siirrostasi muualle, tai hän saattaa evätä ylennyksen, joka sinun oli tarkoitus saada, tai puhetta saattaa olla jopa työsuhteesi lopettamisesta. Sellaisissa tilanteissa suurin osa ihmisistä harjoittaa äärimmäistä itsehillintää. Ne, jotka eivät kykene siihen, joutuvat vaikeuksiin, ja muut näkevät sen oppiläksynä itselleen. Mutta vain harva harjoittaa mitään itsehillintää suuttuessaan alaisilleen. Silloinhan sitä todella tarvittaisiin, koska alaiset eivät voi vastata kunnolla. He ovat riippuvaisia meistä. He eivät ehkä reagoi ulkoisesti, mutta tuntevat itsensä loukatuiksi ja ajattelevat: "Voi Jumala, tässä minua haukutaan virheistä, joita en ole tehnyt, ja minun täytyy vain kuunnella. Etkö näekin, kuinka asiat todellisuudessa ovat, Jumala?" Heidän sydämistään säteilevistä surun aalloista muodostuu meille kirous, ja sitä ei ole helppo paeta.

Jotkut eivät pääse läpi kokeista, vaikka ovat opiskelleet hyvin ahkerasti. Ja sitten on sellaisia, jotka kiertävät työpaikkahaastattelusta toiseen, mutta eivät saa töitä. Syynä voi olla, että he ovat satuttaneet jotakuta todella pahasti. Uhrin harras rukous on muodostunut kirouksen kaltaiseksi tukokseksi, joka estää jumalallisen armon virtaamisen satuttajaan silloinkin, kun sen pitäisi virrata häneen.

Tämä ei tarkoita, ettemme saisi torua ketään silloin, kun se on tarpeen. On tärkeää oikaista virheet, kun näemme niitä. Ulkoinen rakkaudellisuus ja lempeys ei ehkä toimi kaikkien kohdalla, jolloin meidän on toimittava ankarammalla tavalla. Mutta kritiikkiä ei pitäisi kohdistaa henkilöön itseensä, vaan ainoastaan väärään toimintaan. Meidän ei pitäisi tarpeettomasti olla jyrkkiä ketään kohtaan. Meidän on oltava tarkkoja siitä, että sanamme ja tekomme eivät haavoita ketään

Näemme, kuinka joissakin suvuissa sattuu kuolemantapauksia peräkkäisinä vuosina. Toisissa suvuissa tapahtuu sarja onnettomuuksia. Joillekin nuorille naisille käy niin, että vaikka he saisivat kuinka monta kosintaa, yksikään niistä ei ole sopiva. Joissakin suvuissa ei saada lapsia, kun taas joissakin toisissa suvuissa ihmiset kuolevat nuorella iällä. On olemassa sukuja, joissa kaikki naiset tulevat leskiksi kolme-nelikymppisinä. Tähän voidaan antaa syyksi vain se, että nämä olosuhteet ovat tulosta aiemmasta *karmasta*.

Tämän vuoksi Amma sanoo yhä uudestaan ja uudestaan, että meidän on oltava hyvin varovaisia jokaisessa teossamme, sanassamme ja katseessamme ja jopa jokaisessa ajatuksessamme. Jokaisella ajatuksellamme, sanallamme ja teollamme on omat seurauksensa. Jokaisella hyvällä ja huonolla teollamme on vaikutuksia moniin muihin. Amma muistaa tähän liittyvän tarinan.

Hovinarri kertoi kuninkaalle tarinaa. Hän vitsaili kertomuksen edetessä, mutta kuningas ei ymmärtänyt vitsejä. Hän ajatteli, että narri teki luultavasti pilaa hänestä. Kuningas suuttui ja löi narria kovaa. Narriraukka oli kovissa tuskissa. Hän narskutti hampaitaan suuttumuksesta, mutta koska lyöjä oli kuningas, hän ei uskaltanut sanoa sanaakaan puolustuksekseen. Yrityksestään huolimatta hän ei kuitenkaan pystynyt hillitsemään kiukkuaan, koska lyömiseen ei ollut ollut mitään todellista syytä. Joten hän kääntyi ympäri ja läpsäisi vieressään seisovaa miestä. Mies kysyi hovinarrilta: "Miksi sinä tuon teit? En ole tehnyt sinulle mitään, joten miksi läpsäisit minua?"

"Mitä sitten!", sanoi narri. "Välitä se vain eteenpäin vieressäsi olevalle henkilölle! Elämä on iso pyörä. Sen pyöriessä voimme nähdä jokaisen meistä saavan sen, mitä ansaitsee. Joten älä epäröi jatkaa läpsimistä!"

Rakkaus – elämän tuoksu

Tätä näemme ympärillämme tänäänkin. Suuntaamme kiukkumme ja kostonhimomme niihin, jotka sattuvat olemaan lähellämme, vaikka he eivät edes tietäisi mitään koko asiasta. Ei ole epäilystäkään siitä, etteikö se, mitä annamme, tulisi takaisin meille joko tänään tai huomenna. Jos läntisessä maailmassa aviomies lyö vaimoaan, hän saa itse heti samalla mitalla takaisin. Mutta näin ei ole Intiassa. Esivanhempamme opettivat meille, että aviomies on Jumalan näkyvä muoto. Mutta mitä on vaimo aviomiehelle? Monet miehet näkevät vaimonsa kaatopaikkana kiukulleen. Vaimo sietää hakkaamisen ja suullisen kaltoinkohtelun, ja tukahduttaa oman vihansa. Juuri silloin hänen poikansa palaa koulusta kotiin. Poika juoksee ja hyppii innoissaan ylös ja alas, koska hän aikoo lähteä kavereidensa kanssa pelaamaan illalla. Mutta kun äiti näkee poikansa, hänen kiukkunsa kasvaa. Hän tarttuu pojasta kiinni ja sanoo: "Etkö osaa kävellä? Onko sinun pakko juosta? Ja lopeta tuo hyppiminen! Miten olet onnistunut likaamaan vaatteesi?"

Ja äiti lyö poikaansa, kunnes hänen suuttumuksensa asettuu. Lapsiparka! Mitä hän teki väärin? Hänen maailmassaan oli vain iloa ja naurua. Mutta ymmärsikö hänen äitinsä tämän? Itsekkyyden ja egon täyttämässä yhteiskunnassa pienten lasten maailma – leikin ja naurun täyttämä maailma – murskaantuu.

Elämän tulisi kukoistaa täydessä naurussa. Tämä on uskontoa. Tämä on henkisyyttä. Tämä on todellista rukousta. Jumala on viaton, spontaani hymy, jonka kukinto on lähtöisin sisältämme. Tämä on suurin palkinto, jonka voimme antaa maailmalle. Mutta nykymaailmassa ihmiset ovat vieraantuneet naurusta. Nykymaailma tuntee vain hymyn, joka on täynnä itsekkyyttä, pahansuopaisuutta ja teennäisyyttä. Ei sellainen ole hymyilyä. Sellainen on vain huulten vääntämistä johonkin asentoon, koska mukana ei ole sydäntä. Se on syntiä, väkivallan eräs muoto, Itsen pettämistä. Meidän on elvytettävä lapsen maailma, naurun ja leikkisyyden täyttämä maailma. Meissä jokaisessa uinuu lapsi sisällämme. Emme voi kehittyä, ellemme herätä tätä lasta.

Tänään kehomme on kasvanut pituutta ja ympärysmittaa, mutta mielemme ei ole kasvanut. Meidän on tultava lasten kaltaiseksi, jotta mielemme voisi kasvaa ja tulla laajaksi kuin maailmankaikkeus – koska ainoastaan lapsi voi kasvaa. Meillä on oltava lapsen puhtaus ja nöyryys. Nöyryys on ominaisuus, joka saa meidät kasvamaan laajaksi kuin maailmankaikkeus. Siksi sanotaankin, että sinusta voi tulla sankari vain, jos sinusta tulee ensin "nolla" ("you can become a hero only if you first become a 'zero'").

Monet valittavat, että on mahdotonta kehittyä yrittämällä tehdä hyvää nykypäivän maailmassa. Mutta jokainen hetki elämässä on tilaisuus hyvän tekemiseen. Jokainen hetki voi olla hyödyllinen niille, jotka tahtovat tehdä hyvää, kun taas ne, jotka lykkäävät hyvän tekemistä, pettävät itseään.

Kuka aviomies sanoisi vaimolleen: "Rakastan sinua huomenna kymmeneltä aamupäivällä tai viideltä iltapäivällä."?

Jos joku sanoisi tuolla tavalla, tekisivät hänen sanansa selväksi vain sen, että sitä rakkautta ei ole ollenkaan. Rakkaus ei ole jotakin, joka ilmestyy tai jota lisätään myöhemmin. Rakkaus on täällä *nyt*. Rakkaus ja usko ovat elämän kauneutta. Mutta ihmisen luonteeseen kuuluu heitellä kiviä rakkauden ja uskon päälle, missä ikinä noita ominaisuuksia löydetäänkään. Tämän on muututtava. Rakkaus on ruusu, joka antaa elämälle puhtaan tuoksun. Kenenkään ei pitäisi heitellä kiviä sitä kohti.

Nykyajan ihmiset keskittyvät järkeen ja älyyn ja he ajattelevat usein rakkauden ja uskon olevan sokeita. Mutta Amma sanoo, että järki on sokea, sillä siellä missä on pelkkää logiikkaa ja järkeä, elämä itse kuihtuu pois. Siksi meidän tulisi kohdentaa mielemme kohti rakkautta, keskinäistä luottamusta ja uskoa. Kuvitelkaa yhteiskuntaa, joka on rakennettu yksin järjen ja älyn varaan! Sellaisessa yhteiskunnassa on tyylikkäitä koneita, jotka liikkuvat itsenäisesti ja puhuvat. Siksi Amma sanoo, että rakkaus ja usko ovat elämän perusta.

Lannoite tulisi lisätä ruusupensaan juurille. Älä kasaa sitä tuoksuvien kukkien päälle ja pilaa niiden suloista tuoksua! Käytä järkeä ja älyä niillä alueilla, joihin ne kuuluvat. Älä anna järjen ja älyn tuhota rakkautta ja uskoa, jotka antavat elämälle sen kauneuden ja tuoksun!

Pyhiinvaellusmatka Sabarimalaan[29] on esimerkki siitä, kuinka rakkaus ja usko kohottavat lukemattomia ihmisiä. Pyhiinvaeltajat jättävät juomisen ja huonon seuran neljänkymmenenyhden päivän ajaksi. Tuona aikana he myös ovat kerskailematta, elävät selibaatissa tunnustellen eroa oikean ja väärän välillä sekä toistavat yhtä ainoaa mantraa, *Swamiye Sharanam* (Jumala on ainoa turvani!). Ainakin tuona aikana perheet ja yhteiskunta kokevat vapautta alkoholin ja huumeiden vaikutuksesta. Ja silti ihmiset pyrkivät kohdistamaan kritiikin nuolia tähänkin pyhiinvaellukseen ja sen sisältämiin perinteisiin. He väittävät, että ihmisiä vain huijataan, heidän uskoaan käytetään hyväksi ja niin edelleen. Mutta he eivät näe asian käytännöllistä puolta. Meidän on tutkittava asioita huolella ja kritisoitava niitä vain, kun siihen on aihetta. Ja kritiikin ei tulisi olla sokeata: sen ei tulisi olla sellaista, joka tappaa asioiden positiiviset puolet. Voimme oivaltaa Itsen vain rakkauden ja uskon kautta.

Rakkaus on nykyään satojen elokuvien, romaanien ja laulujen aiheena. Se on kirjoittajien eniten suosima aihe, mutta rakkaus ei synny pelkästään lukemisesta tai kirjoittamisesta. Tämän päivän maailmassa on vaikeaa löytää todellista rakkautta. Jopa aviomiehen ja vaimon suhde on tulossa mekaaniseksi. Elämästä itsestään on tullut tympeää.

---

[29] Jokavuotinen pyhiinvaellusmatka Ayyappa-temppeliin Sabarimalassa, Keralassa.

Amma muistaa tarinan. Mies ja vaimo nukkuivat talonsa edustalla olevassa pihamajassa. Yhtäkkiä paikalle saapunut pyörremyrsky nosti heidät ilmaan majoineen päivineen ja kuljetti heidät sadan kilometrin päähän. Kaikeksi onneksi he eivät loukkaantuneet. Heidän laskeuduttuaan maahan vaimo alkoi itkeä. Mies kysyi: "Miksi itket, kulta? Katso! Me laskeuduimme turvallisesti, emmekö vain? Mitään vahinkoa ei ole tapahtunut. Emme saaneet naarmuakaan. Miksi siis itket?"

Vaimo vastasi: "En itke surusta. Itken, koska olen niin onnellinen!"

"Miksi olet niin onnellinen?"

"Eikö tämä olekin ensimmäinen kerta, kun matkustamme naimisiinmenomme jälkeen? Vihdoinkin, niin pitkän ajan jälkeen! En voinut olla itkemättä, kun ajattelin sitä."

Tällaista perhe-elämä on nykyään!

Rakkaus on sydänten liitto. Rakkaus on sydänten sulautumista ja tulemista yhdeksi. Rakkaus on tunne: "Minä ja elämäni kuulumme rakkaalleni!" Rakkaus on täydellistä antautumista. Mutta mitään muuttuvaa kohtaan ei voida tuntea täydellistä antautumista ja ikuisesti kestävää rakkautta. Rakkautta ja antautumisen tunnetta on mahdollista tuntea vain muuttumatonta perimmäistä henkeä kohtaan.

Todellinen rakkaus on perimmäiseen henkeen kohdistuva sydämen tunne, tukahduttamattomissa oleva kaipaus Jumalaa kohtaan. Vain antautumalla Jumalalle voimme kokea tämän rakkauden, tämän epäitsekkyyden ja täydellisen autuuden. Meidän on omistettava elämämme kokonaisuudessaan Jumalalle. Tämä on täydellistä antautumista, ja ilman tätä todellinen onnellisuus ei ole mahdollista.

Olosuhteet ovat monimutkaisia

Onnistumisemme ei perustu teoillemme, koska vain jumalallisen armon kautta onnistumme missään. Pyrkiessämme jotakin päämäärää kohti liittyy asiaan omien tekojemme lisäksi aina monia muita tekijöitä. Vain kaikkien asiaan liittyvien tekijöiden ollessa suosiollisia voimme saavuttaa haluamamme tuloksen. Tiedämme, että vaikka olisimme kuinka huolellisia ylittäessämme tietä, voimme silti tulla yliajetuksi, jos joku autoilija on huolimaton. Jos ajamme autoa ja noudatamme huolellisesti liikennesääntöjä, voi silti vastakkaisesta suunnasta tuleva rattijuoppo törmätä meihin.

Nykyään tiedetään lukuisia asioita, mutta emme silti ymmärrä maailman todellista luonnetta. Vain maailman todellisen luonteen ymmärtämisen kautta koemme mielenrauhan. Ympärillämme on kaikkea, mitä tarvitaan fyysisen mukavuuden lisäämiseen, mutta vaikka muuttaisimme kuinka paljon materiaalisia olosuhteita, sisällämme ei tapahdu perustavanlaatuisia muutoksia.

Amma muistaa erään tapauksen. Intialainen herrasmies oli kutsuttu vierailulle Amerikkaan. Kaikki järjestelyt vierailua varten oli tehty. Kun hän saapui taloon, jossa hänen oli määrä yöpyä, talon emäntä toivotti hänet tervetulleeksi. Emäntä kysyi: "Mitä haluaisitte juoda?" Vieras vastasi: "Kuppi teetä voisi olla paikallaan." "Millaista teetä haluaisitte? Kofeiinillista vai kofeiinitonta? Vai haluaisitteko sitruunateetä? Tai ehkä inkivääritee sopisi paremmin." Emäntä nimesi monia erilaisia teelaatuja, joista vieras ei ollut koskaan kuullutkaan. Hän oli maistanut elämänsä aikana vain tavallista mustaa teetä maidon ja sokerin kanssa. Hän oli hyvin hämmentynyt. "Miksi hän kysyy kaikkea tätä?", hän ajatteli.

"Haluaisin tavallista teetä", hän sanoi.

Emäntä meni keittiöön ja tuli pian takaisin. "Anteeksi, mutta haluaisitteko teenne sokerin vai keinotekoisen sokerin kanssa, vaiko ilman sokeria? Täysin luonnollista sokeriakin on saatavilla!"

Tässä vaiheessa vieras oli lähes menettänyt malttinsa. "Tahdon vain teetä."

Emäntä jatkoi kyselyä. "Haluatteko teenne maidon kanssa vai ilman? Ja pitäisikö maidon olla täysmaitoa, kevytmaitoa vai rasvatonta maitoa?"

Vieras alkoi tässä vaiheessa jo kihistä. "Voi hyvä Jumala! Lasi vettä riittää!"

Emäntä kysyi pikaisesti: "Tahdotteko suodatettua vettä vai lähdevettä? Vai tahdotteko mieluummin kuplivaa vettä?"

Vieraan kärsivällisyys oli tässä vaiheessa loppunut tyystin. Hän käveli keittiöön, otti itselleen hanasta lasillisen vettä ja joi sen. Siinä oli kaikki mitä hän tarvitsi. Mutta kuinka monta kysymystä hänelle esitettiinkään!

Pienenkin tarpeen tyydyttämiseen saattaa olla monta tapaa. Ja nykyaikana noiden keinojen määrä on jatkuvassa kasvussa. Johonkin paikkaan voidaan esimerkiksi päästä monella eri tavalla. Saatavilla on erilaisia kulkuvälineitä, ja voimme matkustaa sinne nopeammin tai hitaammin. Mutta mikään noista vaihtoehdoista ei auta meitä joutuessamme kohtaamaan jonkin vaikeuden tai kärsimystä tai surua. Voimme vain kärsiä, mitään muuta vaihtoehtoa ei ilmaannu eteemme. Tässä kohden tulee henkisyys tähdelliseksi. On olemassa tapa saavuttaa vapaus kärsimyksestä ja surusta. Miksi tämä kärsimys tuli osaksemme? Mikä on syynä kurimukseemme? Meidän pitäisi yrittää ymmärtää todellinen syy, sillä jos emme tavoita sitä, kärsimys jatkuu.

Nuoren naisen poikaystävä tulee tämän luokse ja sanoo: "Kuinka kaunis oletkaan! Lähelläsi oleminen tekee minusta niin onnellisen. En voi edes kuvitella elämää ilman sinua!" Tyttö tuntee itsensä ikionnelliseksi kuullessaan nämä sanat. Mutta jonkin ajan kuluttua poika sanoo: "Älä tule lähellekään! Olen allerginen sinulle!" Kuullessaan tämän tyttö romahtaa surusta. Hän ei ymmärrä, että maailman luonne on tällainen, ja siksi hän kärsii.

Mikä on maailman luonne? Rakkaus on sidottu kohteeseensa. Rakastamme lehmää sen antaman maidon takia. Kun lehmältä ehtyy maito, myymme sen teurastajalle. Meillä on ongelma, jos olemme riippuvaisia maailmasta. Maailma ei ole kanssamme surun hetkinä. Surun tullessa kysy itseltäsi: "Miksi tämä tapahtui minulle?" Jos löydämme vastauksen tähän kymykseen jokaisessa kriisissä, tiedämme kuinka edetä. Sellainen, joka kykenee nyt ylittämään joen, kykenee myöhemmin ylittämään koko valtameren, jos hän ylläpitää pyrkimyksensä. Elämässä esiin tulevat ongelmat tekevät meidät tosiasiassa vahvemmiksi. Jumala tuo ne eteemme vahvistaakseen meitä. Jos pieni piikki lävistää jalkamme, olemme kävellessämme huolellisempia ja saatamme sen ansiosta välttää putoamisen syvään kuoppaan. Meidän tulisi muistaa tämä ja yrittää pitäytyä korkeimmassa totuudessa.

Et voi tulla mestariksi painonnostossa, jos et milloinkaan nosta raskaita painoja. Mestariksi tullaksesi sinun on ponnisteltava – sinun on nostettava ensin 25 kiloa, sitten 30, 40, 50 ja niin edelleen, lisäten koko ajan painojen määrää. Sama pätee mihin tahansa elämän osa-alueeseen: vain ne jotka ylläpitävät yrittämistä, saavuttavat voittoja. Jos harjoittelet vain kevyillä painoilla, liukastut ja kaadut raskaiden painojen kanssa. Tällä hetkellä emme osaa seistä omilla jaloillamme. Jos se mihin nyt nojaamme, sattuu liikahtamaan hieman, kaadumme varmasti. Henkisyys harjoittaa meitä juurtumaan tiukasti omaan itseemme.

Anna jumalallisen tahdon vallita

Lapseni, sanomme usein: "Se tapahtui vain koska ajattelin sitä, se tapahtui oman tahtoni ansiosta!" Mutta tapahtuuko todellisuudessa mitään oman tahtomme vuoksi?

"Tulen heti ulos!", huutaa joku talon sisäpuolelta. Sitten hän ottaa vain yhden askeleen, saa sydänkohtauksen, ja kaatuu maahan! Jos pelkällä tahdollamme olisi mitään todellista voimaa, eikö hän olisi silloin kyennyt menemään lupaamallaan tavalla ulos? Meidän on ymmärrettävä tämä ja jätettävä kaikki jumalallisen tahdon varaan.

Seuraava tarina Radhasta ja *gopeista* liittyy tähän asiayhteyteen.[30] Krishnan lähtö Vrindavanista Mathuraan sai *gopit* tavattoman surullisiksi, koska he eivät olisi halunneet erota hänestä. He istuivat Yamuna-joen rannalla puhuen surustaan.

"Krishna ei ottanut meitä mukaansa. Jos hän tulee takaisin, meidän ei pitäisi päästää häntä enää uudestaan menemään", sanoi yksi *gopeista*.

"Kun herramme tulee takaisin, pyydän häneltä lahjaa", sanoi toinen *gopi*.

"Mitä aiot pyytää häneltä?"

"Että saan leikkiä hänen kanssaaan ikuisesti – se on minun pyyntöni."

Kolmas *gopi* sanoi: "Voinko minäkin pyytää lahjaa?"

"Millaista?"

"Että hän söisi voita käsistäni![31] Sitä lahjaa minä pyydän."

Eräs *gopi* sanoi: "Hänen pitäisi viedä minut Mathuraan. Minä pyydän sitä."

"Minä haluan saada tuulettaa häntä viuhkalla aina", sanoi vielä eräs.

Gopit huomasivat, että Radha ei ollut sanonut sanaakaan, ja eras heistä kysyi: "Radha, miksi et sano mitään? Mitä lahjaa sinä pyydät? Kerro meille, Radha!"

He vaativat Radhaa kertomaan, kunnes tämä lopulta suostui: "Mitä ikinä haluankin, tarjoan sen mielihalun Jumalani jalkojen

---

[30] Gopit olivat lehmipaimen- ja maitotyttöjä, jotka elivät Vrindavanissa. He olivat Krishnan lähimpiä seuraajia, ja heidät tunnettiin korkeimmasta antaumuksellisuudestaan Jumalaa kohtaan.

[31] Lapsena Krishna jumaloi voita ja jugurttia. Hän varasti viattomasti voita *gopeilta*, ja oli tunnettu "pienenä voivarkaana".

juureen. Hänen tahtonsa on myös minun tahtoni. Hänen onnellisuutensa on minun onnellisuuteni." Joten, jättäkää kaikki Jumalan tahdon varaan. Emme voi olla varmoja edes siitä, että seuraavana hetkenä vielä hengitämme. Se ei ole meidän hallinnassamme. Jumalan tahto ratkaisee. Me voimme ponnistella ja mennä eteenpäin käyttäen Jumalan meille suomia kykyjä. Älkää milloinkaan lakatko yrittämästä. On ensisijaisen tärkeää yrittää parhaan kykymme mukaan kaikessa, mitä teemme.

Prakrti, vikrti, samskrti

Millä lailla meidän pitäisi elää tämä Jumalan meille antama elämä? Tähän kysymykseen liittyy yleinen sanonta: *Prakrti, vikrti, samskrti.* Neljä miestä saa kukin palan leipää. Ensimmäinen miehistä syö oman palansa heti saatuaan sen. Toinen miehistä pihistää kolmannen miehen leipäpalan ja syö sen oman palansa lisäksi. Neljäs mies antaa puolet omasta palastaan kolmannelle miehelle, joka on kadottanut omansa.

Ensimmäisen miehen käytös on *prakrtia* – hänen luontonsa. Hän ajattelee vain omaa onnellisuuttaan. Hän ei sen enempää vahingoita kuin autakaan ketään. Toisen miehen käyttäytyminen on *vikrtia* – normaalin luonnon vääristymää. Hän ylittää jopa toisten loukkaamisen rajan toteuttaessaan omia itsekkäitä mielihalujaan. Neljännen miehen käytös on *samskrtia* – todellista jalostuneisuutta. Hän antaa toisille omastaan ja asettaa maailman hyvinvoinnin oman onnellisuutensa edelle. Myös meidän pitäisi kyetä antamaan omasta elämästämme muiden hyväksi. Tämä on *samskrtia*, todellista kulttuuria, todellista ylevyyttä.

Jotkut sanovat: "Sen mitä olen kerännyt itselleni, olen kadottanut; ja sen minkä olen antanut pois, on minulla vielä." Mitä tämä tarkoittaa? Jos annamme jotakin toisille, saamme sen taatusti takaisin huomenna, ellemme tänään. Toisaalta menetämme jonkin ajan kuluttua kaiken sen, mitä itsekkyydessämme kasaamme itsellemme. Mitä ikinä tapahtuukaan, emme saa kuollessamme mukaamme mitään. Mutta antaessamme sydämemme täyttyvät samalla tavoin kuin niiden sydämet, jotka meiltä saavat. Amma muistaa tähän liittyvän tarinan.

Pojan koulumatka kulki orpokodin ohitse. Hän näki orpolasten onnettomat kasvot, ja tämä sulatti hänen sydämensä. Onam-

juhla oli tulossa, ja hänen isänsä antoi hänelle jonkin verran rahaa. Hän ajatteli: "Minulla on isä ja äiti, jotka ostavat minulle leluja ja vaatteita. Mutta kuka tekisi näiden lasten elämästä onnellista? Heillä ei ole vanhempia. Heillä ei ole ketään, jota kutsua omakseen. Kuinka surullisia heidän täytyy ollakaan!" Sitten hän sai idean. Hän meni ystäviensä luokse ja sanoi: "Kerätään yhteen rahat, jotka saamme Onamia varten, ja ostetaan niillä leluja ja naamareita. Voimme myydä ne edelleen kaupungissa, ja ansaita lisää rahaa sillä tavoin. Niillä rahoilla voimme ostaa lisää tavaroita ja myydä sitten puolestaan ne. Ansaitsemillamme rahoilla voimme ostaa tarpeeksi leluja ja antaa ne orpokodin lapsille." Mutta muut lapset eivät pitäneet ajatuksesta. He halusivat ostaa rahoillaan leluja itselleen. He ajattelivat vain omaa onneaan. Lopulta yksi pojista kuitenkin päätti osallistua. He ostivat rahoillaan leluja ja naamareita. Naamarit päässään he menivät kaupungin vilkkaaseen keskustaan ja panivat pystyyn esityksen. Ihmiset purskahtivat nauruun nähdessään heidän hupailunsa. Pojat sanoivat jokaiselle: "Ostakaa meiltä naamareita ja leluja ja antakaa ne omille lapsillenne. Ne saavat heidät nauramaan ja tekevät heidät onnelliseksi, ja tekin olette silloin onnellisia. Nauroitte, kun näitte meidän leikkivän näissä naamareissa, mutta on monia, jotka eivät voi nauraa. Auttakaa meitä auttamaan heitä nauramaan ja ostakaa jotakin meiltä!"

Poikien sanat ja teot miellyttivät ihmisiä, ja he ostivat pojilta heidän koko varastonsa. Niillä rahoilla pojat ostivat lisää tavaroita, jotka he myivät edelleen. Näin he saivat ostettua paljon leluja ja naamareita. Onam-päivänä pojat veivät kaikki lahjat orpokotiin. Heidän saapuessaan orvot olivat onnettomia eivätkä kyenneet edes hymyilemään. Pojat kutsuivat kaikki koolle ja laittoivat naamarit päähänsä. He sytyttivät sädetikut (*poothiri*) ja antoivat yhden jokaiselle lapselle. Lapset unohtivat surunsa. He tanssivat iloisina ja juoksivat ympäriinsä nauraen ja leikkien. Poika, joka oli järjestänyt tämän kaiken, unohti laittaa naamarin ja sytyttää *poothirin* itselleen. Hän katseli muiden hauskanpitoa, riemuitsemista ja naurua, eikä ollut tietoinen mistään muusta. Heidän onnellisuudessaan hän unohti itsensä täysin, ja hänen silmänsä täyttyivät ilon kyynelistä. Hänen kokemansa onnellisuus oli paljon suurempaa kuin hänen ystäviensä. Hän ei ottanut mitaan itselleen, mutta hän sai antamalla kaiken. Tässä on myötätunnon suuruus. Saamme takaisin vain sitä, mitä annamme – rakkaudesta rakkautta, ja vihasta vihaa.

Katsokaa maailmaa, lapseni! Niin monet ihmiset kärsivät. Lukemattomat ihmiset ovat niin köyhiä, ettei heillä ole varaa edes yhteen ateriaan. Jotkut kärsivät kauheista kivuista, koska heillä ei ole varaa ostaa edes yhtä särkylääkettä. Ja samaan aikaan muut tuhlaavat rahojaan tupakkaan, alkoholiin ja kalliisiin vaatteisiin. Kymmenen prosenttia tämän maan varakkaista voisi nostaa muut ihmiset kurjuudesta, jos tahtoisivat. Jos he ottaisivat asian omakseen, tässä maassa ei olisi enää köyhyyttä. Tosiasiassa todella köyhiä ovat ne, jotka ovat rikastuneet kasaamalla itselleen muille kuuluvan osuuden. He eivät vain oivalla sitä.

Elämän tarkoitus on katsoa sisäänpäin ja tuntea Itse. Vain ne, jotka tuntevat Itsen, ovat todella rikkaita. Heidän omaisuutensa on todellista. Heillä ei ole enää murheita. Myös heidän lähelleen tulevat ihmiset voivat ottaa osaa ja nauttia siitä rikkaudesta.

Yhdeksänkymmentä prosenttia kaikista fyysisistä ja henkisistä ongelmista on peräisin menneisyyden vaivoista. Nykyisellään kannamme nuo haavat mukanamme läpi koko elämämme. Ainoa keino parantaa ne on rakastaa toinen toistamme avoimin sydämin. Aivan kuten keho tarvitsee ruokaa kasvaakseen, sielu tarvitsee rakkautta. Siitä rakkaudesta saamme voimaa ja vireyttä, jota edes rintamaito ei anna. Yrittäkäämme tulla yhdeksi keskinäisen rakkauden kautta! Olkoon se lupauksemme!

Osa 2

Turvaa yksin minuun

Luovu kaikista dharmoista ja turvaa yksin minuun.
Minä vapautan sinut kaikista synneistä.
Älä murehdi!

— Bhagavad Gita 18, 66

Lapseni, Itseoivallus on kyky nähdä itsensä
kaikissa elävissä olennoissa.

— Sri Mata Amritanandamayi

Luovuta kaikki Jumalan käsiin

Lapseni, mielemme ovat kiintyneet materiaalisiin asioihin. Mielemme ovat täynnä itsekkyyttä. Tämän vuoksi sisällämme ei ole tilaa Jumalalle. Tästä tilasta vapautuminen ja mielen puhdistaminen ovat syy mennä ashramiin ja hakea suojaa henkiseltä mestarilta. Mutta näinä päivinä jopa tällaisissa paikoissa ihmiset rukoilevat aineellista vaurautta. He sanovat: "Rakastan Jumalaa suuresti", mutta se mitä todella tarvitaan, on luopuminen mieltä sitovista asioista. Vasta sitten voimme selkeästi kokea antaumusta ja rakkautta Jumalaa kohtaan.

Eräs tyttö kirjoitti ystävälleen kirjeen tämän syntymäpäivänä: "Olin onnellinen ajatellessani syntymäpäivääsi. Käytin ikuisuuden etsiessäni sinulle kaunista lahjaa. Löysin sen lopulta eräästä liikkeestä, mutta se maksoi kymmenen rupiaa, joten en ostanut sitä. Ehkäpä ostan sen sinulle joskus toiste." Tyttö rakasti ystäväänsä suuresti; hän sanoi jopa antavansa henkensä tämän puolesta. Silti hän ei ollut valmis käyttämään kymmentä rupiaa hänen vuokseen. Tällaista on meidän rakkautemme ja antaumuksemme Jumalaa kohtaan. "Olen luovuttanut kaiken Jumalalle" ovat pelkkiä sanoja.

Jotakin tavoitellessamme lupaamme temppelin jumaluudelle kookospähkinän. Kun sitten saamme haluamamme, etsimme halvimman ja pienimmän kookospähkinän Jumalalle uhrattavaksi. Lapseni, todellinen rakkaus ja antaumus eivät ole lainkaan tämän kaltaisia. Meidän tulisi olla valmiita luopumaan jopa hengestämme. Antaessamme jotakin Jumalalle, me itse hyödymme siitä. Muuten on kuin täyttäisi vesiämpärin viemäristä ja antaisi sen joelle sanoen: "Joki, sinä olet varmaankin janoinen! Juo tämä!" Jumala ei halua meiltä mitään. Jumala antaa meille kaiken. Jumala puhdistaa meidät Olemalla yhteydessä Jumalaan, me itse puhdistumme.

Lapseni, ainoastaan mieli, jolla on käsitys *dharmasta* pääsee Jumalan läheisyyteen. Millaisia olivat entisajan ihmiset? He olivat valmiita antamaan henkensä linnunpoikasen puolesta. Tämänkaltainen ymmärrys *dharmasta* vie meidät lähemmäksi Jumalaa, perimmäistä totuutta. Avartunut mieli tekee meidät kelvollisiksi olemaan Jumalan lähellä ja se saa Jumalan ominaisuudet heijastumaan meistä. Tällainen mieli vaalii jo valmiiksi sisällämme olevia jumalallisia ominaisuuksia. Hyvät tekomme ja myönteiset ominaisuutemme ovat kuin lannoitetta, joka ravitsee siementä auttaen sitä kasvamaan puuksi. Jumalan armo ei tavoita itsekästä mieltä. Itsekkyydestä luopuminen on edellytys Jumalan armolle. Saavutamme sen kulkemalla *dharman* tietä. Kylvämällä yhden siemenen, saamme kymmenen siementä. Antaessamme Jumalalle, meille annetaan tuhatkertaisesti takaisin. Antautuessamme Jumalalle, saamme myös tuhatkertaisesti takaisin. Jumala on voima, joka suojelee meitä, eikä joku, jota meidän pitäisi suojella. Tämä tulee ymmärtää selkeästi.

Jos emme voi luovuttaa kehojamme tai mieliämme Jumalalle, voimmeko ainakin luopua haluistamme? Aluksi kuitenkin meidän on luovutettava esteenä oleva itsekkyys.

Kun olet noussut junaan, tarvitseeko sinun jatkaa tavaroidesi kantamista? Laske ne alas! Juna kuljettaa tavarasi päämäärään. Päästä irti taakasta. Sinun ei enää tarvitse kantaa sitä itse.

Uskomalla Jumalaan, luopumisen asenne kasvaa sisimmässämme ja koemme rauhaa ja sopusointua. Niin kauan kun henkilössä on vielä itsekkyyttä, hänen on itse kannettava taakkansa. Jumala ei ole siitä vastuussa. Ei riitä, että luotat lääkäriisi. Sinun on otettava lääkkeesi ja noudatettava lääkärin ruokavaliosuosituksia. Näin me paranemme *samsaran* (loputon elämän, kuoleman ja jälleensyntymän kiertokulku) taudista ja saavutamme päämäärämme.

Lapseni, laskekaa kaikki taakkanne Jumalan jalkojen juureen ja eläkää rauhassa ja sopusoinnussa!

Antaumus on positiivista toimintaa

Eivät he, jotka pelkästään ylistävät Jumalaa, vaan he, jotka elävät Hänen periaatteidensa mukaan, kykenevät ottamaan vastaan Jumalan armon. He ovat niitä, jotka saavuttavat jotakin elämässään.

Rikkaalla miehellä oli kaksi palvelijaa. Toinen heistä seurasi häntä ympäriinsä sanoen: "Mestari! Mestari!" Hän ylisti mestariaan jatkuvasti, mutta ei tehnyt mitään työtä. Toinen apulainen ei mennyt juuri koskaan mestarin lähelle. Hän oli täysin keskittynyt saamaan hänelle annetut työt valmiiksi. Hän työskenteli mestarilleen laiminlyöden syömisen ja nukkumisen. Kumpaa apulaista mestari rakasti?

Raman armo virtaa enemmän niille, jotka elävät hänen opetustensa mukaan kuin niille, jotka kutsuvat: "Oi Rama! Rama!". Jumalaa miellyttävät enemmän ne, jotka tekevät *tapasia* ja pyyteetöntä palvelutyötä. Tämä ei tarkoita sitä, etteikö meidän tulisi kutsua Jumalaa. Jumalan kutsuminen tuottaa kuitenkin hedelmää vain, jos siihen liitetään hyviä tekoja. Kielteiset teot mitätöivät jumalallisten nimien toistamisesta saadut suotuisat tulokset ja tuhoavat hyvät *samskaramme*.

Ihmiset menevät temppeleihin ja kiertävät jumalan patsaan ympäri kolme kertaa. Temppelistä lähtiessään he kuitenkin kohtelevat kaltoin ovella seisovaa kerjäläistä; he huutavat tälle ja ajavat hänet tiehensä. Rakkaat lapseni, tämä ei ole antaumusta lainkaan. Myötätunto köyhiä kohtaan on velvollisuutemme Jumalaa kohtaan. Lapseni, te teette hyviä, mutta myös huonoja tekoja. Tämän ansiosta menetätte kaikki hyvien tekojen hedelmät. Koltcile pitää sokerikasaa toisella ja suurta muurahaislaumaa toisella puolella – tarvitsetko muuta sokerin katoamiseksi? Vain muutama mantran toisto riittää, jos siihen liitetään hyvät teot. Tämä vastaa mantran toistamista koko päivän ajan. Elämiemme pitäisi olla siunatut hyvillä ajatuksillamme ja teoillamme. Tätä ei ole kovin vaikea saavuttaa. Yritä nähdä hyvää kaikessa. Älä kadehdi ketään. Elä ilman tarpeetonta ylellisyyttä. Jos olet tottunut ostamaan kymmenen saria vuodessa, aloita vähentämällä määrää seitsemään ja sitten viiteen. Vähennä tarpeettomia ostoksia tähän tapaan ja osta vain mitä tarvitset. Käytä tällä tavoin säästämäsi rahat hyvään tarkoitukseen. On lapsia, jotka eivät voi mennä kouluun, koska heillä ei ole rahaa koulumaksuihin. Voimme auttaa heitä maksamalla ne. Antakaamme yhteiskunnalle vähintään sen verran. Näin toimivien ihmisten lausumat mantrat ovat rakkaimpia Jumalalle, sillä hyvät teot ovat tie Jumalan luo.

Saatat kysyä: "Eikö Ajamila[1] valaistunutkin lausumalla jumalallisen nimen vain kerran?" Niin, itse asiassa se ei ollut vain tuo yksi lausahdus, joka vei hänet Jumalan luo, vaan se tapahtui kaikkien hänen menneisyydessä tekemiensä hyvien tekojen ansiosta.

Oli eräs kauppias, joka eli elämänsä kohdellen huonosti kanssaihmisiään. Hän ei ollut tehnyt ainuttakaan hyvää tekoa. Luettuaan Ajamilan tarinan, hän antoi jokaiselle lapselleen jumalan nimen, jotta hän voisi kuolinvuoteellaan kutsua heitä ja näin saavuttaa vapautuksen. Kuoleman lähestyessä hänen lapsensa ympäröivät hänet. Hän avasi silmänsä, katsoi heitä ja näki, että he olivat kaikki paikalla. Häntä huolestutti se, että he olivat kaikki siinä, eikä kukaan ollut vahtimassa hänen liikettään. "Kuka on kaupassa?" hän sai sanottua ja samalla otti viimeisen

---

[1] Ajamilan tarina on Shrimad Bhagavatamissa. Hän oli Brahmiini, joka joutui huonoon seuraan, nai prostituoidun ja eli turmeltunutta ja väkivaltaista elämää. Hän oli hyvin kiintynyt nuorimpaan kymmenestä pojastaan. Tämän nimi oli Narayana, joka on Vishnu-jumalan nimi. Kuolinvuoteellaan Ajamila kutsui poikaansa nimeltä ja välittömästi Vishnun palvelijat ilmestyivät ja ajoivat Ajamilan sielua noutamaan tulleet kuoleman jumalan käytyrit tiehensä.

hengenvetonsa. Tällainen on jokaisen kohtalo, joka elää elämänsä muistamatta Jumalaa, mutta kuitenkin toivoo saavuttavansa vapautuksen kutsumalla Jumalaa viime hetkellä. Ne ajatukset, jotka tulevat mieleen aivan elämän lopussa vastaavat elämän aikana tehtyjä tekoja. Henkilön teot vaikuttavat hänen viimeisiin ajatuksiinsa. Jos elämä on ollut täynnä hyviä tekoja, aivan lopussa mieleen tulee hyviä ajatuksia.

Tekemällä epäitsekkäitä tekoja toistaen samalla jumalallisia nimiä, perheelliset ihmiset pääsevät samaan tulokseen kuin askeetikot *tapasillaan*. Meditaatiossa *tapasin* harjoittaja kokoaa tavallisesti eri suuntiin harhailevan mielen yhteen pisteeseen. Askeetikot, jotka elävät henkisten periaatteiden mukaan, omistavat itsekuriharjoituksistaan saamansa voiman maailmalle. Maailman palveleminen on tie, jota mestarit suosittelevat perheellisille, jotka eivät voi käyttää koko päivää meditoimiseen ja mantran toistamiseen. He saavat vapautuksen mestarin armosta. Mestarin sydän sulaa hänen nähdessään heidän pyyteettömän palvelutyönsä. *Satguru* (valaistunut mestari) on kuin kilpikonna. Sanotaan, että kilpikonna hautoo munansa ajatuksen voimalla. Samaan tapaan perheelliset ihmiset voivat saada vapautuksen *satgurun* ajatuksen kautta. Se, mitä saavutetaan epäitsekkäällä palvelutyöllä, ei ole millään tapaa alempiarvoista kuin se, mitä saavutetaan *tapasilla*. Tämä ei kuitenkaan tarkoita sitä, ettei meidän tarvitse kutsua Jumalaa. Se tarkoittaa sitä, että rukouksiimme tulisi liittää hyviä tekoja. Jumala ei kuuntele nimiensä tyhjää toistoa - mukaan pitää liittää hyviä tekoja. Ilman tätä emme saa osaksemme Jumalan myötätuntoa.

Krishna kannusti Arjunaa taistelemaan. Hän ei sanonut: "Minä tuhoan nuo ihmiset ja pelastan sinut! Istu sinä vain tässä!" Sen sijaan hän sanoi: "Arjuna, sinun pieäisi taiotella! Minä olen kanssasi." Tämä osoittaa inhimillisen ponnistelun välttämättömyyden.

Henkisen mestarin tarve

Lapseni, *tapasin* harjoittamisen etu täytyy ymmärtää kohtaamiemme tilanteiden kautta. Joutuessamme vaikeisiin tilanteisiin, meidän on jatkettava eteenpäin horjumatta ja vahvoin mielin. Tämä on todellista suuruutta. Henkisen etsijän ei pitäisi kokea rauhaa vain istuessaan meditaatiossa, jos mieli on kuitenkin muulloin levoton. Jokainen voi laulaa ilman säestystä, mutta laulajan kyky käyttää ääntään ja pysyä nuotissa tulee ilmi vasta harmoniumin säestyksellä ja musiikin tahdissa laulettaessa. Samaan tapaan todellista kestävyyttä etsijälle on mielen rytmin ja harmonian ylläpitäminen kaikissa olosuhteissa. Tämä on todellista *tapasia*. Kiukun noustessa pintaan meidän ei pitäisi joutua sen valtaan. Suuttuminen ja olosuhteiden orjaksi joutuminen eivät sovi etsijälle lainkaan.

Himalajan alakukkuloiden kupeessa eli seppä. Hän taivutti metallitankoja hakkaamalla niitä työpajansa läheisyydessä olevaa kiveä vasten. Eräänä päivänä tullessaan kivelle, hän näki kobran. Se makasi siellä myös seuraavana päivänä, kylmästä kankeana. Seppä sohi käärmettä, mutta se ei liikahtanutkaan. Säälien käärmettä hän vei sen työpajaansa ja antoi sille maitoa ja hedelmiä. Seppä palasi työhönsä. Hän kuumensi rautakankea tulessa ja takoi sitä muotoon. Hänen ottaessaan tankoa tulesta, se kosketti käärmettä. Kobra nosti päänsä, valmiina puremaan häntä. Hän oli ajatellut käärmeen olevan hyvin lauhkea, eikä satuttavan ketään. Mutta tuntiessaan pajan kuumuuden, se ei ollut enää kylmissään ja sen luonne muuttui. Samoin henkilön tehdessä *tapasia*, mieli on "jäässä" - mutta jos ei ole varovainen, niin piilevät sisäiset taipumukset nousevat esiin heti sinä hetkenä, kun ilmapiiri on niille sopiva. Näin ollen henkisen etsijän tulisi vahvistaa mieltään, jotta hän voi kohdata ja ylittää minkä tahansa tilanteen horjumatta. Henkisen mestarin tehtävä on kohottaa oppilas tuolle tasolle. Mielemme pitäisi nähdä kaikki

Jumalana, Itsenä, missä tahansa tilanteessa. Vasta sitten voimme sanoa olevamme vahvoja.

Meidän tulisi kouluttaa mielemme näkemään ainoastaan hyvää ja jumalallista kaikessa sekä nauttia Itsen autuudesta kuten mehiläinen, joka etsii kukista pelkästään hunajaa ja maistaa vain hunajaa. Jos opetuslapsessa on piilevää vihaa tai egoa, on mestarin velvollisuus paljastaa se ja kitkeä se pois. Mestarin läheisyydessä vietetty lyhytkin aika antaa oppilaalle sellaisen kypsyyden, jota ei saavuteta edes pitkään jatkuneilla henkisillä harjoituksilla. Antaessaan oppilaalleen mitä tahansa työtä, olipa tehtävä sitten helppo tai vaikea, mestarin aikomus on tuhota oppilaan ego ja valmistaa hänet Itsen oivallusta varten. Oppilas tarvitsee "todistuksen" mestarilta. Oppilaan velvollisuus on totella mestarin jokaista sanaa. Kuin vasara sepän kädessä, oppilaan pitäisi tulla välineeksi mestarin käsissä. Oppilaan pitäisi hyväksyä mestarinsa jokainen käsky. Vasta sitten kun oppilas antaa itsensä tulla mestarin välineeksi, hän edistyy.

Eräs oppilas jäi luokalleen neljä tai viisi kertaa. Lopulta hän jotenkuten onnistui pääsemään kymmenennelle, eli koulun ylimmälle luokalle. Poika oli varma siitä, ettei hän läpäisisi kymmenennen luokan kokeita, vaikka ottaisi ne kymmenen kertaa. Luokan opettaja kuitenkin päätti, että hän auttaisi sinä vuonna poikaa läpäisemään kokeet. Öin ja päivin, lepäämättä, hän opetti pojalle kaikki aineet. Hän piti tarkasti huolta siitä, että pojan huomio ei vaeltanut pois opiskelusta. Lopulta tuli kokeiden aika. Poika meni kokeeseen ja läpäisi sen heti ensimmäisellä kerralla. *Satguru* on kuin opettaja, joka toi menestystä oppilaalle, jonka kaikki muut olivat leimanneet kyvyttömäksi menestymään. On erittäin vaikeaa saavuttaa Itsen maailma, vaikka yrittäisimme tuhannen elämän ajan. Kuitenkin mestarin avulla oppilas voi saavuttaa valaistumisen vain yhdessä elämässä.

Se, että saa asua mestarin kanssa ei tarkoita sitä, että henkilö on hyväksytty opetuslapseksi. Mestari hyväksyy henkilön oppilaaksi vasta tarkkailtuaan häntä ja testattuaan hänet läpikotaisin. Todellinen opetuslapsi uskoo täysin mestarin jokaista sanaa ja vastaa niihin tarkkaavaisella tietoisuudella. Opetuslapsella on myös antautunut asenne mestaria kohtaan.

Vain luopumalla voidaan saavuttaa kuolemattomuus

Lapseni, olemme usein kuulleet mantran: Tyagenaike amritatvamanashuh (Vain luopumalla voidaan saavuttaa kuolemattomuus). Tämä ei ole mantra, jota tulee vain toistaa tai kuunnella; se on periaate, jota tulee toteuttaa elämässä. Toistamisen lisäksi, se pitää elää todeksi.

Kun vauvamme sairastuu, viemme hänet sairaalaan. Jos emme saa kyytiä, niin kävelemme vaikka sairaala olisi kaukana. Olemme valmiita heittäytymään vaikka kuinka monen ihmisen jalkojen juureen, jotta lapsemme otettaisiin sairaalaan. Ja jos tarjolla ei ole yksityishuonetta, vanhemmat, olivatpa he kuinka korkea-arvoisia ja mahtavia henkilöitä tahansa, ovat valmiita olemaan yötä yleisellä osastolla ja jopa nukkumaan likaisella lattialla. He ottavat töistä vapaata päiväkausiksi vahtiakseen lastaan. He kuitenkin tekevät tämän kaiken oman vauvansa ja oman mielenrauhansa vuoksi. Näin ollen sitä ei voida kutsua todelliseksi luopumiseksi tai uhraukseksi.

Olemme valmiita kiipeämään oikeustalon portaat useita kertoja pienen maatilkun eteen, mutta teemme tämän oman omaisuutemme tähden. Luovumme unesta ja teemme ylitöitä öisin, mutta vain tienataksemme rahaa itsellemme. Mitään näistä ei voida kutsua luopumiseksi.

Luopumista on auttaa muita välittämättä omasta mukavuudestaan ja onnestaan. Luopumista on se, kun käytämme vaivoin tienatut rahamme kärsivien kanssaihmisten hyväksi. Kun naapurin lapsi on sairaalassa ilman apua ja me tarjoudumme viettämään yöt osastolla hänen kanssaan[2], odottamatta siitä mitään vastineeksi, edes hymyä keneltäkään, on se luopumista.

Luopumiseksi voidaan kutsua myös sitä, kun käytämme hyvään tarkoitukseen rahat, jotka olemme säästäneet luopumalla joistakin omista mukavuuksistamme.

Tällaisilla teoilla me koputamme Itsen maailman ovea ja epäitsekkäät tekomme avaavat tuon oven meille. Vain tällaiset teot ovat *karmajoogaa* (epäitsekkäiden tekojen tie). Epäitsekkäät teot johtavat yksilöllisen sielun Itsen maailmaan, kun taas muut teot johtavat kuolemaan. Mikään "minä" ja "minun" asenteella tehty teko ei voi auttaa meitä.

Tapaamme ystävän, jota emme ole nähneet pitkään aikaan ja annamme hänelle rakkaudella kukkakimpun. Kuitenkin me itse ensin nautimme kimpun kauneudesta ja tuoksusta ja koemme tyydytystä sen antamisesta. Samaan tapaan me koemme iloa ja tyydytystä toimiessamme epäitsekkäästi.

Kehomme ympärillä on aura ja aivan kuten äänemme voidaan tallentaa nauhalle, kaikki tekomme jättävät jälkensä auraan. Kun henkilön teot ovat epäitsekkäitä, aurasta tulee väriltään kultainen. Kaikki esteet häipyvät tällaisten ihmisten tieltä, mitä he sitten päättävätkään tehdä. Kaikki on heille suotuisaa. Kuoltuaan he sulautuvat perimmäiseen autuuteen, absoluuttiseen todellisuuteen, aivan kuin virvoitusjuomapullossa oleva kaasu sulautuu ilmaan pullon hajotessa. Toisaalta negatiivisia tekoja tekevien aura muuttuu pimeäksi, eivätkä he tule ikinä olemaan vapaita ongelmista ja esteistä. Kun he kuolevat, heidän auransa pysyy maanpäällisellä tasolla ja siitä tulee hyönteisten ja muiden ötököiden ruokaa. Heidän on myös synnyttävä tänne uudelleen.

---

[2] Eri tapaan kuin länne006, intialaisissa sairaaloissa sairaanhoitajat antavat ainoastaan lääketieteellistä apua. Näin ollen potilas tarvitsee ystävän tai sukulaisen olemaan kanssaan sairaalassa; ostamaan lääkkeet ja pitämään huolta hänen henkilökohtaisista tarpeistaan.

Lapseni, vaikka epäitsekkäitä tekoja tekevällä henkilöllä ei olisi aikaa toistaa mantraa, hän saavuttaa kuolemattomuuden. Tällainen henkilö on hyväksi muille. Hän on kuin nektaria. Epäitsekäs elämä on suurin henkinen opetus, jonka kukaan voi antaa. Muut voivat nähdä sen ja jäljitellä sitä.

Hyväntekeväisyys

Lapseni, jos meillä ei ole tietoisuutta ja erottelukykyä antaessamme hyväntekeväisyyteen, on meidän kärsittävä niiden teoista, jotka ottavat meiltä apua vastaan. Jos terve mies kerjää sinulta, älä anna hänelle rahaa. Voit kuitenkin antaa hänelle ruokaa. Kehota häntä tekemään töitä elääkseen. Antamalla rahaa terveille ihmisille, teemme heistä laiskoja. He saattavat käyttää rahat viinaan ja huumeisiin. He saattavat tehdä monia negatiivisia asioita. Antamalla heille rahaa, edesautamme heitä tekemään näitä negatiivisia asioita ja silloin myös meidän on kannettava seuraamukset. Jos tällaiset ihmiset pyytävät rahaa, tarjoudu maksamaan heille työstä. Voit tarjota heille työtä pihallasi tai mitä tahansa muuta työtä. Maksa heille vasta sitten kun työ on tehty. Ota selvää, onko henkilö halukas tähän. Työtä vieroksuvat ihmiset ovat tuhoisia. Sellaista henkilöä auttamalla luomme laiskan ihmisen ja siten aiheutamme vahinkoa maailmalle. Kun ruokimme jonkun ilmaiseksi, tämä vain istuu tekemättä mitään, sairastuu liikunnan puutteesta ja muodostuu taakaksi sekä itselleen että maailmalle. Suurin joukko laiskoja ihmisiä löytyy sellaisten hyväntekeväisyysjärjestöjen edestä, missä jaetaan ilmaista ruokaa.

Voimme silti auttaa köyhiä, jotka eivät voi tehdä työtä huonon terveydentilansa vuoksi. Voimme auttaa orpoja, joilla ei ole varaa koulutukseen. Voimme auttaa tällaisia lapsia maksamalla heidän koulunkäyntinsä ja muut kulunsa. Meidän tulisi auttaa leskiä, joilla on vaikeuksia selvitä, koska heillä ei ole elinkeinoa. Voimme auttaa jäsenensä menettäneitä, jotka eivät voi mennä edes kerjäämään. Voimme ostaa lääkkeitä hyvin köyhille ja sairaille, joilla ei ole varaa ostaa lääkkeitä. Voimme lahjoittaa rahaa ashrameille ja muille instituutioille, joilla on palveluhankkeita, mutta meidän tulisi ensin ottaa selville käyttävätkö he rahat todella köyhien ja kärsivien auttamiseen. Ashramit ja vastaavat laitokset voivat tuottaa palveluja, jotka hyödyttävät yhteiskuntaa yleisellä tasolla. Auttamalla niitä, autamme koko yhteiskuntaa. Näin ollen meidän on hyväntekeväisyyteen antaessamme harjoitettava mitä suurinta valppautta ja erottelukykyä. Ystävällisyytemme ja antamamme avun ei pitäisi koskaan johtaa sen vastaanottajan väärinkäytöksiin. Ketä sitten autammekin, ei meidän koskaan tulisi odottaa vastalahjaksi minkäänlaista ystävällisyyttä. Sen sijaan meitä saatetaan joskus kiitokseksi kohdella kaltoin. Odotukset toisten ystävällisyydestä aiheuttavat vain surua. Mielemme pitäisi olla kuin suitsuketikku, joka palaa itse loppuun samalla antaen tuoksuaan kaikille, jopa sen polttajalle. Tämä vie meidät Korkeimman jalkojen juureen. Meidän tulisi olla hyödyksi jopa niille, jotka aiheuttavat meille vahinkoa. Mielemme asenteen tulisi olla kuin kukkien antamista meitä kohti heitettyjen okaiden vastalahjana. Kehittämällä mieltämme tähän tapaan, voimme elää rauhassa ja sopusoinnussa.

Naura täydestä sydämestä

Lapseni, onko joukossamme ketään joka ei pitäisi nauramisesta? Ei tietenkään. Jos joku ei naura, se johtuu heidän sydämessään olevasta kivusta ja surusta. Tämän kärsimyksen poistuessa he nauravat spontaanisti. Kuka meistä näinä päivinä kykenee nauramaan täydestä sydämestään? Hymyilemme vitsaillessamme ja nähdessämme ystävämme, mutta samaan aikaan sisällämme on kipua. Todellinen hymy lähtee sydämestä. Vain aito hymy valaisee kasvomme ja ympärillämme olevien sydämet.

Monelle ihmiselle nauraminen ei ole sen enempää kuin tiettyjen kasvolihasten supistamista ja laajentamista. Tällaisessa naurussa ei ole sydämen puhtautta. Toisten virheille nauraminen ei ole oikeaa naurua. Meidän pitäisi kyetä nauramaan hilpeästi omille virheillemme. Meidän tulisi kyetä nauramaan syvästi, unohtaen kaiken, muistaen vain perimmäisen totuuden. Tämä on oikeaa naurua, autuasta naurua. Kykenemmekö tähän? Tänä päivänä nauramme enimmäkseen muistellessamme muiden vikoja tai sanoessamme heistä negatiivisia asioita. Lapseni, pahan puhuminen muista on itsemme panettelua. Amma muistaa erään tarinan. Mestarilla oli kaksi oppilasta. Molemmat heistä olivat yhtä täynnä egoa ja aina arvostelemassa toisiaan. Heidän käytöksensä ei muuttunut, vaikka mestari kuinka ojensi heitä. Lopulta mestari keksi ratkaisun. Eräänä yönä, kun molemmat oppilaat olivat täydessä unessa, hän maalasi heidän kasvonsa kirkkailla väreillä pellemäisen näköisiksi. Kun toinen heistä heräsi aamulla ja näki toisen kasvot, hän alkoi nauraa kovaan ääneen: "Hah, hah, haa!" hän hohotti. Kuullessaan tämän myös toinen oppilas nousi ylös. Heti nähtyään toisen miehen kasvot, myös hän purskahti nauruun. Nyt molemmat olivat ratketa naurusta. Joku toi heille peilin, piteli sitä toisen oppilaan kasvojen edessä ja sanoi: "Katsohan tätä!". Molempien nauru tyrehtyi nopeasti. Lapseni, tällaisia me olemme. Puhumme pahaa muista ymmärtämättä, että myös he tekevät pilaa meidän virheistämme.

Lapseni, on helppoa nähdä vikoja muissa ja nauraa heille, mutta meidän ei pitäisi tehdä niin. Meidän pitäisi löytää omat vikamme ja virheemme ja nauraa sen sijaan niille. Tämä kohottaa meitä henkisesti.

Sitten onnesta: voimme saavuttaa onnea kahdella tavalla. Iloitsemme silloin, kun jotakin hyvää tapahtuu meille, tai sitten iloitsemme toisten epäonnesta. Myös surua on kahdenlaista: meillä on oma surumme ja muiden onnesta johtuva suru.

Kauppias lähetti täydessä lastissa olevan laivan ulkomaille. Laiva kuitenkin upposi. Mies oli niin suunniltaan surusta, että hän joutui vuoteenomaksi. Hän ei enää syönyt, nukkunut, eikä edes puhunut. Hän hautoi jatkuvasti menetystään. Monet lääkärit ja psykiatrit antoivat hänelle hoitoa, mutta hänen surunsa ja sairautensa eivät hellittäneet. Hän vain jatkoi makaamista. Sitten eräänä päivänä hänen poikansa juoksi paikalle ja sanoi: "Isä, kuulitko uutiset? Kilpailijasi yrityksessä syttyi tulipalo! Mitään ei ole jäljellä – hän menetti kaiken!" Sinä hetkenä kun hän kuuli uutisen, sama mies, joka oli maannut hiljaa niin kauan, hyppäsi äkkiä ylös ja purskahti nauruun. Hän sanoi: "Mahtavaa! Ajattelinkin aina, että jotakin tuollaista pitäisi tapahtua hänelle hänen egonsa vuoksi! Poika, tuohan minulle jotakin syötävää! Nopeasti!" Tässä oli henkilö, joka ei ollut kyennyt siihen mennessä syömään tai nukkumaan, ja kuitenkin hän oli yhtäkkiä suunniltaan ilosta kuultuaan jonkun toisen menettäneen kaiken.

Lapseni, tällaista meidän onnemme on. Tällä hetkellä naurumme on kiinni toisten surusta. Se ei ole aitoa naurua. Meidän pitäisi surra surevien kanssa ja iloita iloitsevien kanssa. Meidän tulisi nähdä jokainen osana omaa Itseämme. Vasta sitten kun sydämemme ovat puhdistuneet rakkautemme ja epäitsekkyytemme ansiosta, alamme nauttia todellisesta luonnostamme, joka on autuus. Vasta sitten voimme nauraa täysillä. Siihen saakka naurumme on vain näytös, koska emme kykene kokemaan todellista iloa.

Rakasta takertumatta ja palvele ilman odotuksia

Rakkaat lapseni, monet teistä saattavat ihmetellä, miksi ashramilla on sairaala. Eikö Jumala syntynytkin Dhanvantarina (lääketieteen luojana) Eikö hän osoittanutkin meille, että lääkkeet ja lääketieteellinen hoito ovat välttämättömiä? Pyhissä kirjoituksissa sanotaan, että meidän on huollettava kehoa. Tutkiessamme menneisyyden suurten sielujen elämiä, näemme miten totta tämä on. Sri Ramakrishna, Swami Vivekananda ja Ramana Maharshi hekin hakivat sairastuessaan hoitoa. Sairastuttuaan he eivät vain istuneet paikoillaan ilman hoitoa ja julistaneet: "Minä olen

Brahman (absoluuttinen todellisuus), enkä keho." Koska kehon ominaisuus on sairastua, on välttämätöntä mennä hoitoon ja pitää huolta kehosta. Tulta ei voi olla ilman polttoainetta. Samaan tapaan, tunteaksemme Itsen, on tarpeen huoltaa välinettä. Henkisyys ei ole ristiriidassa sairaaloiden tai lääketieteellisen hoidon kanssa. Päinvastoin. Tällaiset asiat auttavat ylläpitämään kehoa, mikä on käyttämämme väline Itsen tuntemiseen.

Monet ihmiset tulevat ashramiin tavattuaan Amman. He tulevat Intiasta ja ulkomailta. Monet heistä ovat lääkäreitä. He haluavat olla Amman kanssa. Niinpä Amma ajatteli antaa heille mahdollisuuden tehdä *sevaa* (epäitsekäs palvelutyö) alalla, jonka he tuntevat. Kuinka monet ihmiset voivat meditoida vuorokauden ympäri? Mikäli he vain istuskelevat tekemättä mitään, monenlaisia ajatuksia tulee mieleen. Myös se on toimintaa, mutta se ei hyödytä ketään. Tehdessään jotakin käytännöllistä, he ovat hyödyksi maailmalle.

Jotkut saattavat sanoa haluavansa vapautuksen, eivätkä mitään muuta. He eivät halua edes tarvittavaa lääkehoitoa ja sanovat olevansa valmiita kuolemaan, jos sairaus johtaa siihen. Vapautuakseen he kuitenkin tarvitsevat myös Jumalan armoa ja saadakseen armon, he tarvitsevat sisäistä puhtautta. Tämän puhtauden kehittämiseen tarvitaan epäitsekkäitä tekoja. Niitä tekemällä henkilö tulee otolliseksi ottamaan vastaan Jumalan armon. Epäitsekkäiden tekojen tekemistä varten on oleellista pitää kehoa yllä ja hoitaa sairaudet.

Jnana (perimmäinen tieto) ja *bhakti* (antaumus) ovat kuin kolikon kaksi puolta ja *karma* (toiminta) on kolikon kaiverrus. Kaiverrus antaa kolikolle sen arvon. *Bhaktia* ja *karmaa* voidaan kuvailla linnun kahdeksi siiveksi, kun taas *jnana* on sen pyrstö. Vain näiden kolmen avulla voi lintu liitää korkeuksiin.

Jopa entisaikojen *gurukuloissa* opetuslapset tekivät töitä. He eivät pitäneet sitä *karmana*. Heille se oli *guru sevaa*, henkisen mestarin palvelua. Henkiselle mestarille tehty teko ei ole toimintaa, se on meditaatiota. Sanotaan, että *sevaa* pitäisi tehdä asennoituen ashramiin mestarin kehona. Myöhemmin tulisi nähdä koko maailma mestarin kehona ja palvella sitä. Tämä on todellista meditaatiota. Todellakin, tämän periaatteen muistaminen on myös meditaatiota.

Useimmat ihmiset tuntevat tarinan oppilaasta[3], joka makasi rikkoutuneen padon edessä pysäyttääkseen mestarinsa pelloille tulvivan veden. Tälle oppilaalle pelto ei ollut vain pelto. Hän oli valmis uhraamaan jopa kehonsa estääkseen mestarin sadon tuhoutumisen. Tätä ei voida pitää tavallisena tekona. Tila, jossa henkilö unohtaa itsensä täydellisesti, on korkein meditaation muoto. Entisaikaan opetuslapset tekivät kaikki *gurukulan* työt. He keräsivät metsästä polttopuita, paimensivat lehmiä ja tekivät muitakin hommia. He eivät pitäneet sitä pelkkänä työnä. Heille se oli henkinen harjoitus. Se oli mestarin palvelua ja yksi tapa meditoida.

Sadat Amman lapset, joilla on koulutusta ja työkokemusta tulevat tänne. Kuinka he heti tänne tultuaan voisivat alkaa meditoida kokopäiväisesti? On paljon parempi tehdä jotakin maailmaa hyödyttävää työtä, kuin istua kykenemättä meditoimaan oikein ja sallia samalla yhä useampien ajatusten tahrata mieltä. Kaikki voivat tehdä kykyjään vastaavia töitä ja toistaa samalla mantraa. Tämä hyödyttää niin heitä kuin maailmaakin. Se puhdistaa sisäisesti ja vie meitä kohti päämäärää.

Kukaan ei pääse päämäärään ponnistelematta. Ponnistelu on välttämätöntä sekä maallisessa että henkisessä elämässä. Kuitenkin jumalallinen armo täydentää ponnistelun ja antaa sille kauneutta. Epäitsekäs asennoituminen tekee henkilön otolliseksi Jumalan armolle.

---

[3] Tarina Mabhrata-eepoksesta. Opetuslapsi oli Aruni, josta henkisen mestarinsa siunauksella tuli suuri pyhimys.

Lapseni, palvellessasi maailmaa saatat ajatella: "Tämän työn takia minulla ei ole hetkeäkään aikaa ajatella Jumalaa. Kaikki aikani menee työntekoon. Tuleeko elämäni olemaan hyödytöntä?" On kuitenkin niin, että epäitsekkäitä tekoja tekevien ei tarvitse väsyttää itseään etsiessään Jumalaa, koska Jumalan todellinen pyhäkkö on epäitsekkäästi palvelevan henkilön sydämessä.

Näin jokainen instituutio täällä on kehittynyt. Kun ne Amman lapset, joilla oli kokemusta koulutuksen alalta saapuivat, he perustivat kouluja. Tietotekniikan asiantuntijat tulivat ja liittyivät mukaan ja he perustivat tietokoneinstituutteja. Tänne tuli lapsiani, jotka ovat insinöörejä ja he rakensivat laitosten tarvitsemat rakennukset. Lääkärit tulivat ja he auttoivat perustamaan sairaaloita. Heille mikään näistä ei ole työtä, vaan henkistä harjoitusta, meditaatiota ja *guru sevaa*. Lapseni, Amma sanoo teille, että on hyödyllistä olla kosketuksissa jopa sellaisten henkilöiden hengityksen kanssa, jotka unohtaen itsensä työskentelevät maailman hyväksi.

Jotkut vedantan tien seuraajat sanovat, että toiminta lisää mielen taipumuksia, vaikka se tehtäisiinkin maailman hyväksi. Laiskat ihmiset sanovat niin. Gitassa Krishna sanoo: "Arjuna, minulla ei ole mitään saavutettavaa missään kolmesta maailmasta. Silti toimin kaiken aikaa."

Toimi takertumatta. Toimi ilman "Minä teen"- ajatusta. Toimi sen sijaan asenteella: "Jumala saa minut tekemään tämän." Tällainen työ ei koskaan sido, vaan johtaa vapautukseen. Kaikkialla Gitassa korostetaan inhimillisen ponnistelun tärkeyttä.

Jopa vedantistit[4], jotka sanovat: "Minä olen Brahman, miksi minun pitäisi tehdä töitä?" menevät sairastuessaan hoitoon. He vaativat saada lounaansa täsmälleen kello yhdeltä ja heidän sänkyjensä pitää olla valmiina iltakymmeneltä. Jos he itse tarvitsevat kaikki nämä palvelut, miksei heidän mieleensä tule se, että

---

[4] Vedantan tien seuraajat

myös maailma tarvitsee apua? Jos henkilö näkee kaiken yhtenä Itsenä, silloin mitään ei voida torjua; kaikki pitää hyväksyä. Voit määritellä henkilön henkisen tilan tarkkailemalla hänen epäitsekkyytensä tasoa. On niitä, jotka ajattelevat, että *sanjaasin* tarvitsee vain mennä Himalajalle asumaan. Lapseni, epäitsekäs maailman palveleminen on todellista Itsen tavoittelua. Se on myös saman etsinnän päämäärä. Velvollisuutemme Jumalaa kohtaan on olla myötätuntoinen köyhiä ja kärsiviä kohtaan. Korkein ja tärkein velvollisuutemme tässä maailmassa on auttaa kanssaihmisiämme. Jumala ei tarvitse meiltä mitään. Korkein Itse on aina täydellinen. Aurinko ei tarvitse kynttilänvaloa. Jumala on koko maailmankaikkeuden suojelija. Jumala on rakkauden ja myötätunnon ilmentymä. Me voimme avartua ainoastaan omaksumalla tuon rakkauden ja myötätunnon. *Sanjaasit* opettelevat rakastamaan takertumatta ja palvelemaan ilman odotuksia. Heidän on luovutettava itsekkyyden taakka ja nostettava selkäänsä koko maailman palvelemisen painolasti.

Tulemme kelvollisiksi Jumalan armolle vasta sitten, kun kykenemme rakastamaan ja palvelemaan kaikkia olentoja ilman mitään itsekkäitä haluja. Meditaatio, ilman epäitsekkäällä palvelulla saavutettua sisäistä puhtautta on samanlaista tuhlausta kuin maidon kaataminen likaiseen astiaan. Unohdamme tämän totuuden. Unohdamme velvollisuutemme palvella vaikeuksissa olevia. Käymme temppelissä ja suoritamme palvontamenoja. Tulemme ulos ja kohtaamme sairaita ja työhön kykenemättömiä, jotka ojentavat kätensä meitä kohti vähäisen ruoan toivossa. Kuitenkin me vältämme heitä tai huudamme heille ja ajamme heidät tiehensä. Lapseni, todellista Jumalan palvelua on kärsiviä kohtaan osoittamamme rakkaus ja ystävällisyys.

Niinpä lapseni, meidän pitäisi mennä kärsivien keskuuteen. Palvelutoiminnan lisäksi meidän tulisi myös yrittää välittää ihmisille henkisiä arvoja. Ruoan antaminen nälkäisille on tärkeää, mutta se ei riitä. Vaikka täyttäisimme heidän vatsansa, nälkä palaa jonkin ajan kuluttua. Meidän tulisi selittää heille henkisiä periaatteita. Meidän tulisi saada heidät ymmärtämään elämän tarkoitus ja maailman luonne. Silloin he oppivat olemaan onnellisia ja tyytyväisiä kaikissa olosuhteissa. Vasta sitten apumme on todella hedelmällistä.

Näinä päivinä kaikki tähtäävät korkeampaan asemaan elämässään. Kukaan ei vaivaudu ajattelemaan itseään vähempiosaisten tilannetta.

Amma muistaa erään tarinan. Oli kerran köyhä leski, joka oli palvelijana rikkaan miehen talossa. Hänen ainut tyttärensä oli liikuntavammainen. Nainen toi tyttärensä mukanaan töihin. Myös rikkaalla miehellä oli tytär. Tämä piti paljon palvelijan tyttärestä. Hän hoivasi tätä, syötti hänelle makeisia ja kertoi tarinoita. Hänen isänsä ei kuitenkaan pitänyt tästä. Päivä toisensa perään hän moitti tytärtään sanoen: "Sinun ei pitäisi leikkiä hänen kanssaan! Miksi kanniskelet likaista, rampaa lasta ympäriinsä?" Hänen tyttärensä ei vastannut. Isä ajatteli, että ehkä hän leikki lapsen kanssa, koska hänellä ei ollut muitakaan leikkikavereita. Joten eräänä päivänä hän toi kotiin ystävänsä tyttären. Hänen oma tyttärensä näki tytön, hymyili ja puhui hänelle ystävällisesti ja nosti sitten syliinsä palvelijan tyttären ja alkoi hoivata tätä. Nähdessään tämän, hänen isänsä kysyi; "Kultaseni, etkö pidä tästä tytöstä, jonka isä toi leikkikaveriksesi?" Hän vastasi: "Pidän hänestä oikein paljon, mutta haluaisin sanoa jotakin. Vaikka en pitäisikään tuomastasi tytöstä, häntä rakastamaan olisi paljon muita ihmisiä. Mutta isä, jos en rakastaisi tätä toista lasta, kuka rakastaisi häntä? Hänellä ei ole muita ystäviä.

Lapseni, meidän pitäisi asennoitua tällä tavalla. Teidän tulisi rakastaa köyhiä ja kärsiviä täydestä sydämestänne. Myötäeläkää

heidän kanssaan ja ylentäkää heidän tilaansa. Tämä on velvolli-
suutemme Jumalaa kohtaan.

Saatat kysyä: "Jos epäitsekäs työ on niin hienoa, mihin sitten
tarvitaan meditaatiota ja *tapasia?*" Lapseni, jos tavallinen ihmi-
nen on kuin sähkötolppa, *tapasin* harjoittaja on kuin muuntaja.
Tapasilla voi saavuttaa mahtavia voimia. Se on kuin valjastaisi
voimaa rakentamalla padon yhdeksänhaaraisen joen yli. Meidän
pitäisi olla valmiita antamaan kaikkemme, kuin suitsuketikku,
joka palaessaan loppuun levittää tuoksua kaikkialle. Jumalan
armo virtaa automaattisesti niihin, joilla on näin avara sydän.

Lapseni, meidän pitäisi yrittää kehittää myötätuntoa. Mei-
dän pitäisi kokea polttavaa tarvetta palvella kärsiviä. Meidän
pitäisi olla valmiita työskentelemään maailman hyväksi kaikissa
olosuhteissa.

Monet ihmiset meditoivat pelkästään sulkemalla silmänsä
tai yrittämällä avata kolmannen silmän ohittaen kaksi maailman
näkevää silmää. He eivät tule onnistumaan. On hyvin tärkeää
istua meditoimassa, mutta se ei riitä. Emme voi sulkea silmiämme
maailmalta henkisyyden nimissä. Oman Itsen näkeminen kaikis-
sa elävissä olennoissa, avoimin silmin - tämä on Itsen oivallus.
Meidän täytyy nähdä itsemme muissa ja rakastaa ja palvella heitä.
Näin henkiset harjoitukset saavuttavat täyttymyksen.

Amma rukoilee syntymäpäiväjuhlissaan.

Osa 3

Hänen kätensä ja jalkansa kaikkialla

Hänen kätensä ja jalkansa ovat kaikkialla, Hänen
silmänsä, päänsä ja korvansa ovat joka puolella, Hän
on läsnä maailmassa, sulkien sisäänsä kaiken.

- Bhagavad Gita 13, 14

Lapseni, vain jos voimme luoda ihmisiä, joilla on
Itsen antamaa voimaa ja vireyttä ja antaumuksellinen
mieli, voi tämä maa kehittyä ja kukoistaa.

- Mata Amritanandamayi

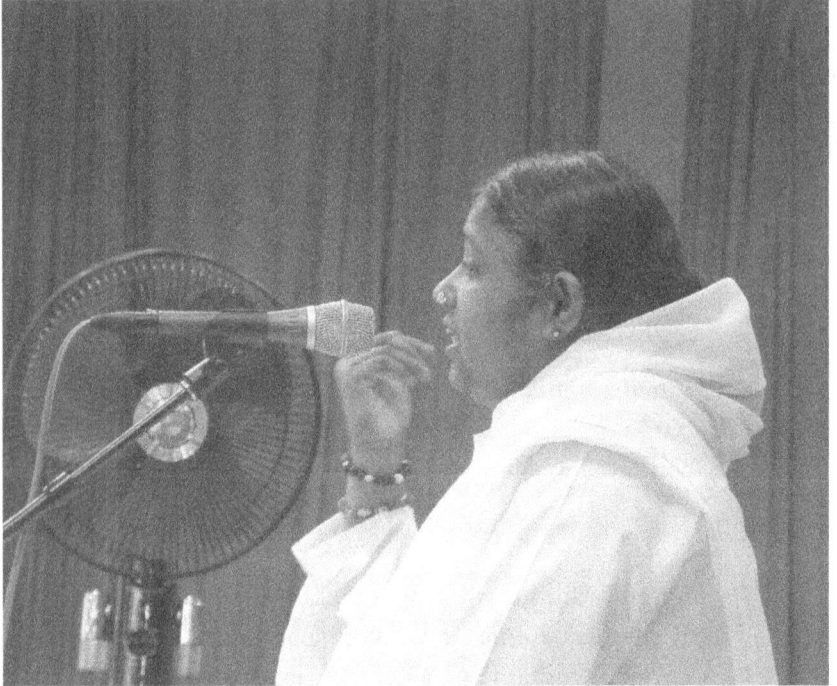

Amma puhuu lapsilleen Onam-juhlassa.

Universaali rakkaus – antaumuksen täyttymys

Amman viesti Onam-juhlassa Amritapurissa

Onam-juhla on päivä, jolloin meitä muistutetaan siitä, miten oppilas sulautuu Korkeimpaan. Vain antautumalla täydellisesti Jumalalle voimme sulautua Hänen jalkojensa juureen. Mutta kuinka saamme mielemme antautumaan täydellisesti? Kun luovumme siitä, mihin mieli on eniten kiinnittynyt, vastaa se mielen antautumista. Nykyään mielemme on vahvimmin kiinnittynyt varallisuuteemme. Emme ole valmiita luopumaan vähäisimmästäkään asiasta. Jos lähdemme hengelliselle pyhiinvaellusmatkalle, on meillä mukana hieman käteistä, jotta voimme antaa jotain kerjäläisille. Mutta kun vain mahdollista, annamme ainoastaan yhden tai kahden *paisan*[1] kolikoita, emmekä ainakaan suurempia kuin viiden *paisan* kolikoita. Hyväntekeväisyyden tarkoitus on muuttaa itsekkäät mielemme epäitsekkäiksi ja samalla antaa köyhille mitä he tarvitsevat. Mutta me olemme todella surkeita jopa tässä asiassa. Me olemme saitoja myös silloin kun uhraamme Jumalalle temppelissä. Todellinen antautuminen Jumalalle ei näy vain sanoissa, vaan myös teoissa. Vilpitön oppilas on sellainen, joka on täydellisesti antautunut Jumalalle. Tänä päivänä meillä ei ole edes oikeutta käyttää sanaa 'oppilas'. Mahabali oli erilainen. Hän antoi Jumalalle kaiken mitä omisti. Sen seurauksena hän saavutti välittömästi ylimmän tietoisuuden. Usein sanotaan, että Jumala työnsi Mahabalin jalallaan alas Patalaan, Tuonelaan. Mutta tämä ei ole totta. Jumala sulautti Mahabalin sielun itseensä. Ja keho, joka on tietämättömyyden tuotos, lähetettiin maailmaan, jonne se kuului.

---

[1] Yksi rupia on sata paisaa.

Vaikka Mahabali polveutui *asuroiden*[2] suvusta, hän oli oppilas, jolla oli paljon hyviä ominaisuuksia. Mutta hän oli myös ylpeä ja ajatteli," Minä olen kuningas! Olen riittävän varakas, jotta voin antaa minkä tahansa lahjan". Hän ei ymmärtänyt, että ylpeytensä vuoksi hän oli menettämässä kaiken sen, minkä hänen olisi tullut saavuttaa. Vaikka hän oli luonteeltaan antelias, hänen ylpeytensä esti häntä hyötymästä anteliaisuudestaan oikealla tavalla.

Jumalan tehtävä on oppilaan egon poistaminen. Jumala lähestyi Mahabalia Vamanan, eli jumalallisen kääpiöpojan hahmossa[3]. Hän pyysi Mahabalilta vain kolmen askeleen suuruista maapalaa. Mahabali ajatteli, että Jumala pyysi hyvin merkityksetöntä osuutta maata kuninkaalta, jolla oli valta antaa pois koko kuningaskunta. Mutta kun Vamana oli ottanut kaksi askelta, kaikki mitä Mahabali omisti, oli jo mennyttä, sillä nämä kaksi jättiläisaskelta kattoivat koko kuningaskunnan. Ja sen mukana katosi myös Mahabalin ego. "Kuinka vähäistä koko omaisuuteni on Jumalan edessä! Hänen vierellään minä en ole mitään!" Nöyryys kasvoi hänen sisällään. " Minulla ei ole mitään kykyjä. Kaikki voima on hänen!" Ylpeys katosi ja Mahabali kumartui Jumalan edessä. Hän sulautui täydellisesti korkeimpaan henkeen. Itse asiassa, kun hänen "minä" ja "minun" tunteensa hävitettiin Jumalan armosta, hän sulautui Jumalan jalkojen juureen. Joten Jumala ei työntänyt häntä jalallaan Tuonelaan kuten asia usein kuvataan.

Lopuksi Jumala kysyi Mahabalilta " Onko sinulla mitään toiveita?" Mahabali vastasi "Minulla on vain yksi toive – että kaikki tässä maailmassa, nuoret ja vanhat, voisivat syödä kyllikseen, pitää yllään uusia vaatteita, ja tanssia yhdessä ilosta; että tämä olisi ilon ja rauhan maailma." Tämä on todellisen oppilaan

---

[2] Demoni tai henkilö, jolla on demonisia ominaisuuksia.

[3] Vishnun inkarnaatio

pyrkimys. Oppilas ei toivo Itseoivallusta tai vapautusta. Hänen ainoa toiveensa on, että kaikki elävät olennot tässä maailmassa olisivat onnellisia. Kun alat kulkea Jumalan viitoittamaa tietä, jotkut ihmiset tulevat valittamaan, että olet hylännyt kaikki muut sen vuoksi, että tavoittelet omaa vapautusta tai pääsyä taivaaseen. "Eikö tuo ole itsekkyyttä?" he sanovat. Mutta oppilas turvautuu Jumalaan vain sen vuoksi, että hän voisi rakastaa ja palvella muita epäitsekkäästi. Siksi oppilas tekee askeesiharjoituksia. Hänen tavoitteensa on nähdä maailma, jossa kaikki iloitsevat jumalallisten nimien toistamisesta.

Tänään on täydellisen antautumisen päivä. Niin kauan kuin "Minä" tunne säilyy, korkeimpaan ei voi sulautua. Itsekkyytemme tulee hävitä kokonaan.

Amma muistaa tarinan. Magadhan muinaisessa kuningaskunnassa asui kuningas nimeltä Jayadeva. Hänellä oli kolme poikaa. Vanhetessaan kuningas päätti luopua kruunustaan ja aloittaa *vanaprastha* –elämänvaiheen. Tavallisesti vanhin poika perisi kruunun, mutta kuningas päätti antaa kruunun pojalle, joka todella rakasti ihmisiä epäitsekkäästi. Hän kutsui kolme poikaansa luokseen ja kysyi "Oletteko tehneet mitään hyvää viime aikoina?"

Vanhin poika vastasi, "Kyllä, minä olen tehnyt hyvän teon. Ystävä antoi minulle jalokiviä, jotta pitäisin ne turvassa. Kun hän myöhemmin pyysi niitä minulta, annoin ne kaikki hänelle takaisin." "Mitä tarkoitat?" kysyi kuningas. "Olisin voinut varastaa muutaman jalokiven hänen kokoelmastaan", sanoi prinssi.

"Mutta miksi siis et varastanut?"

"Jos olisin varastanut jotain, omatuntoni olisi soimannut minua siitä teosta, ja se olisi aiheuttanut minulle surua."

"Joten et varastanut välttääksesi surua," sanoi kuningas.

Hän kutsui toisen prinssin ja kysyi, "Oletko tehnyt mitään hyvää tekoa?"

"Kyllä. Matkustaessani satuin näkemään miten vauhdilla virtaava vesi vei lapsen mennessään. Hän oli hukkumaisillaan, ja joki oli täynnä krokotiileja. Vaikka lähistöllä oli paljon ihmisiä, kukaan ei yrittänyt auttaa häntä, koska he pelkäsivät krokotiileja. Mutta minä hyppäsin jokeen ja pelastin pojan."

"Miksi olit valmis uhraamaan oman henkesi pelastaaksesi hänet?" kysyi kuningas

"Ellen olisi tehnyt sitä, ihmiset olisivat sanoneet minun juosseen pois koska pelkäsin, vaikka olen kuninkaan poika. He olisivat kutsuneet minua pelkuriksi."

"Joten pelastit hänet ansaitaksesi ihmisten kunnioituksen ja oman maineesi vuoksi, " sanoi kuningas.

Hän pyysi paikalle kolmannen poikansa ja kysyi, " Oletko tehnyt mitään hyvää tekoa?" "En ole tietääkseni tehnyt yhtään hyvää tekoa, " sanoi nuorin prinssi. Kuningas huolestui kun kuuli tämän. Hän ei uskonut poikaansa.

Jokainen heistä vastasi, " Hän aina kyselee hyvinvoinnistamme ja onnellisuudestamme. Hän antaa meille rahaa kun tarvitsemme sitä ja auttaa meitä; kun näemme nälkää, hän lähettää meille ruokaa; hän rakentaa taloja kodittomille. Hän on tehnyt loputtoman määrän hyviä tekoja, mutta hän on neuvonut meitä olemaan kertomatta kenellekään hänen toimistaan."

Kuningas Jayadeva ymmärsi, että hänen nuorin poikansa oli paras hänen pojistaan ja antoi hänelle kruununsa.

Lapseni, mitä tahansa teettekin, asenteen "*Minä* teen tämän" ei pitäisi olla läsnä. Älkää tehkö asioita vain tehdäksenne vaikutuksen muihin. Pitäkää jokaista toimea tapana palvella Jumalaa. Ainoastaan Jumalan antaman voiman avulla voimme tehdä yhtään mitään. Kaivo sanoo, " Ihmiset juovat minun vettäni ja minun ansiostani he voivat kylpeä ja peseytyä!" Mutta kaivo ei pohdi mistä sen vesi tulee.

Lapseni, me olemme vain välikappaleita. Kaikki on Jumalan voiman ansiota. Älkää unohtako tätä! Antautukaa täydellisesti Jumalalle kulkiessanne eteenpäin elämässä. Jumala suojelee teitä. Lapseni, rakkautemme ja kiintymyksemme tulisi ohjautua Korkeimpaan. Kaikki ne, joita nyt kutsumme omiksemme, lapsemme ja sukulaisemme tulevat varmasti jättämään meidät, jos olosuhteet hiukankin muuttuvat. Jumala on meidän todellinen sukulaisemme. Ainoastaan Jumala on ikuinen. Meidän tulisi olla tietoisia tästä joka hetki. Tällöin meidän ei tarvitse murehtia.

"Oi Äiti, jos minä pidän kiinni sinun kädestäsi, voi olla, että päästän irti ja juoksen näkemäni leikkikalun perään! Joskus voin pudota tämän maailman ilojen ja surujen kuoppiin. Mutta jos sinä pidät minua kädestä kiinni, tätä ei tapahdu, sillä sinä olet minun kanssani aina. Olen turvassa sinun käsissäsi."

Rukoilkaa tällä tavoin lapseni. Huolehtikaa siitä, että ette lakkaa ajattelemasta Jumalaa. Antautukaa Hänelle täydellisesti! Silloin voitte varmasti saavuttaa korkeimman tietoisuuden tilan.

Amrita Kripa Sagar, syöpäsairaiden saattokoti Mumbaissa.

Myötätunto – henkisyyden ydin

*Amman siunauspuhe tilaisuudessa, jossa laskettiin
Amrita Kripa Sagar –talon peruskivi. Kyseessä on
Mumbaissa oleva saattokoti, jossa syöpäpotilaat
ovat terminaalihoidossa. Saattokodin avasi Amman
M.A. Math -organisaatio vuonna 1995.*

Lapseni, tarvitsemme tekoja, emme puheita. Tähän mennessä
Amma on matkustanut useimmissa maailman kolkissa. Hänellä
on ollut tilaisuus tavata satojatuhansia ihmisiä ja todistaa heidän
kokemaansa kärsimystä. Siksi Amma päätti luoda jotain tällaista.
Nykypäivän maailmasta puuttuu eniten rakkautta. Monet
pariskunnat tulevat Amman darshaniin (halaukseen). Vaimo
sanoo, "Amma, mieheni ei rakasta minua!" Jos Amma kysyy
mieheltä, " Poikani, miksi et rakasta häntä?" tavallisesti vastaus
on, " Mutta minä rakastan häntä! En vain näytä sitä, siinä kaikki!"
Lapseni, tämä ei riitä. Mitä hyötyä on hunajasta, jos se on
lukittuna kiven sisään? Mitä hyötyä on antaa jäätä ihmiselle,
joka on kuolemaisillaan janoon? Tilanne on tällainen sanoessasi,
" Sisälläni on rakkautta häntä kohtaan." Lapseni, sinun tulee
ilmaista rakkautesi selkeästi!

Ilman rakkauden passia, emme voi saada vapautumiseen
tarvittavaa viisumia. Kirjoitukset sanovat, että meidän tulee toi-
voa maailman saavan meiltä sen, mitä me toivomme saavamme
maailmalta. Haluamme saada muilta iloa, ja sen vuoksi meidän
ei tulisi koskaan tuottaa surua muille. Kristus sanoi, että sinun
tulee rakastaa naapuriasi niin kuin itseäsi. Koraani sanoo, että
jos vihollisen kameli on sairas, sinun tulee hoitaa sitä. Mutta
nykyinen tapamme ajatella on toisenlainen. Elämä on muuttunut
täysin. Enää ei ole myötätuntoa. Olemme iloissamme, jos naa-
purikaupalla menee huonosti tai jos naapurimme on onneton.

175

Ja jos he ovat onnellisia, me olemme onnettomia. Tämä on sitä myötätuntoa, jota tunnemme muita kohtaan! Lapseni, jos teillä on todellista rakkautta, se itsessään on totuus. Todellinen rakkaus on Jumala. Se on *Dharma*. Se on autuus. Siellä missä on todellista rakkautta, ei voi valehdella, sillä silloin on tilaa vain totuudelle. Emme vahingoita niitä, joita todella rakastamme. Tässä tilassa kaikki väkivalta loppuu. Siellä, missä on todellista rakkautta, kaikki kaksinaisuus häviää. Tulvapelloilla penkereet muodostavat rajat. Jos penkereet poistetaan, on vain vettä. Rakkaudessa kaikki eroavaisuudet häviävät automaattisesti. Rakkaus sulkee kaiken sisäänsä.

Joku voi tulkita rakkauden toisin ja tämä on sallittua. Mies, joka etsii lehmilleen ruokaa, näkee pelloilla ruohoa, kun taas henkilö, joka parantaa kasvien avulla, näkee samalla pellolla lääkekasveja. Ihmisillä on erilaiset luonteet ja asiat voidaan tulkita eri tavoin. Tämä kuitenkin on Amman tie.

Runsasvetinen joki ei tarvitse vettä. Toisaalta me tarvitsemme puhdasta jokivettä, jotta voimme puhdistaa viemärimme. Jumala ei halua meiltä mitään. Ympärillämme niin monet ihmiset kärsivät. Lohduttakaamme heitä. Antakaamme heille se apu, jonka he tarvitsevat. Tämä on todellista rakkautta Jumalaa kohtaan. Tämä on todellisen henkisyyden periaate.

Monet Amman lapset ovat tulleet hänen luokseen katkerasti itkien. Eräänä päivänä Amma kysyi itkevältä pojalta, "Poikani, mitä on tapahtunut?"

Hän vastasi, " Äidilläni on syöpä ja eilen hän itki kahdeksan tuntia kovien kipujen vuoksi, eikä meillä ollut varaa ostaa hänelle särkylääkkeitä!"

Kuvitelkaa tämä nainen itkemässä kahdeksan tuntia tuskissaan, koska hänen perheellään ei ollut kymmentä tai kahtakymmentä rupiaa, jonka pillerit olisivat maksaneet! Amma tuntee lukemattomia tällaisia ihmisiä. Amma päätti samana päivänä, että hän tekisi jotain auttaakseen näitä ihmisiä. Ja sen vuoksi tämä saattokoti on rakennettu.

Kun ajattelee noiden ihmisten tuskaa, tulee mieleen toinenkin asia. Kun mies tai nainen itkee huoneistossaan, koska hän kärsii sietämättömästä tuskasta, viereisessä asunnossa voi olla ihmisiä, jotka ovat täysin juovuksissa ja hajottavat kaiken. Jos he tuntisivat hieman myötätuntoa tuskissaan itkeviä kohtaan, heidän itsekkyytensä katoaisi.

Ne, jotka ovat myötätuntoisia, saavat kokea Jumalan, joka on Korkein Itse, myötätunnon ja tulevat juhlimaan oman Itsen autuudessa. Sankareita ovat ne, jotka löytävät ilon itsestään. Tämä on merkki rohkeudesta. Ne, joiden onni on riippuvainen muista kohteista, eivät ole rohkeita; he ovat heikkoja.

Lääkärit lopettavat syöpäpotilaan hoidon, kun mitään ei ole enää tehtävissä. Ymmärtäessään, että lääkäri ei voi enää auttaa, potilaan sukulaiset alkavat vihata lääkäriä ja he hylkäävät kuolevan henkilön. Kaiken tukensa menettäneenä potilas makaa vuoteellaan hiljalleen kuollen, odottaen kuolemaa minä hetkenä tahansa, yrittäen kestää niin ruumiillisen kivun kuin perheen hylkäämisen aiheuttaman henkisen ahdistuksen. Voimme nähdä tällaisia ihmisiä Mumbain kaduilla.

Me kaikki haluamme mahdollisuuden tehdä henkisiä harjoituksia ja epäitsekästä palvelutyötä. Auttakaamme ja lohduttakaamme sitten niitä, jotka kärsivät, ja puhukaamme heille myös henkisistä arvoista. Tämä on Amman toive. Monet sairauksista kärsivät ovat menettäneet toivonsa. Apu, jonka heille annamme, on todellista palvelutyötä.

Lapseni, rukous ei ole vain mantran toistamista. Ystävällinen sana, hymyilevät kasvot, myötätunto – tämä kaikki on osa rukousta. Ilman rakastavaa hyväntahtoisuutta, vaikka tekisimme kuinka paljon *tapasia* (itsekuriharjoituksia) tahansa, on se kuin kaataisi maitoa likaiseen astiaan.

Jotkut kysyvät," Kumpi on tärkeämpää, henkinen harjoitus vai toiminta?" Todellista *tapasia* on säilyttää sekä kehon että mielen tasapaino kaikissa olosuhteissa. Jotkut ovat hyviä henkisissä harjoituksissa, mutta leimahtavat vihaan vähäisistä syistä. Kun näin tapahtuu, heillä ei ole mitään käsitystä siitä mitä he sanovat tai tekevät. On ihmisiä, jotka touhuavat hyvin vilpittömästi ja innokkaasti, mutta romahtavat kohdatessaan vähäisiäkin vaikeuksia, menettäen täysin mielensä hallinnan. Niinpä vain toiseen keskittyminen – henkiseen harjoitukseen tai toimintaan – ei riitä. Molempia tarvitaan yhdessä. Normaali ihminen on kuin kynttilä, mutta hän voi loistaa kuin aurinko tekemällä *tapasia.* Kuitenkin, Amman silmissä todellinen *tapasvi* on se, joka omistaa *tapasinsa* myös maailmalle.

Saakoon tämä hanke siunauksen kaikilta teiltä. Tämä on Amman rukous.

Rakkaus on todellista vaurautta

Amman Onam-puhe 1995

Lapseni, tämä on yhtenäisyyden ja keskinäisen omistautumisen päivä. Jo pelkästään näin voimme saavuttaa todellisen onnen. Tänään on päivä, jolloin voimme nauttia todellisesta ilosta. Tämän vuoksi ihmiset tapasivat sanoa, "Juhli Onamin aikaan, vaikka sinun pitäisi myydä maasi!" Tähän sanontaan on kätkettynä merkittävä periaate. Olemme kiinnostuneita kahmimaan kaikkea elämässä. Haalimme kaikkea – jopa niin että emme syö emmekä nuku hamstraamisen vuoksi. Kilpailemme toistemme kanssa ja meillä on vain vähän rakkautta perhettä tai ystäviä kohtaan. Ajattelemme ainoastaan työtä ja rahaa. Mutta vaikka keräisimme miten paljon tahansa, emme saa mitään mukaamme lopussa. Jos tarkastelemme itsekkäästi elävien elämää, voimme nähdä, että he itse asiassa elävät helvetissä – ja helvettiin he myös joutuvat kuoltuaan. Lapseni, sillä yhdellä asialla, joka on kaiken yläpuolella ja kestää ikuisesti, ei ole mitään tekemistä omaisuuden, vallan, arvonimien tai aseman kanssa. Se on rakkaus.

Aviopari kävi keskustelua. Mies sanoi, "Aion perustaa suuren yrityksen. Tulemme olemaan hyvin vauraita tulevaisuudessa." Vaimo sanoi, " Mutta emmekö me ole jo rikkaita?"

"Mitä sinä tarkoitat? Meillä on hädin tuskin sen verran, että pärjäämme rahallisesti."

"Rakkaani, etkö sinä ole kanssani ja enkö minä ole täällä sinun kanssasi? Joten mitä meiltä puuttuu?" Kuullessaan nämä rakastavat sanat mies vuodatti rakkauden kyyneleitä ja halasi vaimoaan. Lapseni, rakkaus on todellista vaurautta. Rakkaus on todellista elämää. Nykyään, vaikka ihmiset olisivat kuinka varakkaita, he elävät helvetissä, koska heillä ei ole keskinäistä rakkautta. Vain itsekkyys kukoistaa heidän välillään. Tämä ei tarkoita sitä, ettei meidän tulisi tavoitella varallisuutta tai ettei sitä tarvita. Mutta meidän tulee muistaa, ettei mikään ole kanssamme ikuisesti; mikään ei seuraa meitä hautaan. Jos ymmärrämme tämän, emme ole ylenpalttisen onnellisia kun hankimme varallisuutta, tai vajoa loputtomaan synkkyyteen menettäessämme sen. Vaikka menettäisimme maallisen omaisuutemme, meidän loppumaton rakkaudellinen varallisuutemme säilyy, tuoden rauhaa ja harmoniaa elämäämme.

Onamia ajatellessaan monet ovat sitä mieltä, että Mahabalia kohdeltiin epäoikeudenmukaisesti. "Eikö Jumala työntänyt Mahabalin Manalaan jalallaan, vaikka Mahabali oli antanut hänelle kaiken?" he kysyvät. On totta, että Mahabali antoi pois kaiken maallisen omaisuutensa, mutta kaikessa mitä hän teki, hänellä oli asenne, *"Minä* teen tämän." Hän ei voinut luopua siitä. Tuo *'Minä'* oli lahja, jota Jumala pyysi. Jumalan tehtävä on suojella palvelijoitaan. Usein sanotaan, että ego sijaitsee päässä. Kun kumarramme jonkin edessä, luovumme egostamme. Tämä asenne ei ole helppoa kenellekään. Kumartaessaan Jumalan edessä Mahabali itse asiassa hylkäsi kehotietoisuutensa ja astui Itsen maailmaan. Tämä on se ihanne, joka tästä tarinasta tulee oppia.

Rikkaalla miehellä oli halu tulla *sanjaasiks*i. Hän antoi pois kaiken varallisuutensa. Hän pystytti kukkulan laelle pienen majan ja muutti sinne asumaan. Kuullessaan, että uusi *sanjaasi* asui kukkulalla, monet ihmiset tulivat tapaamaan häntä. Ainoa asia mitä hän osasi sanoa oli, "Tiedättekö kuka minä olen? Tiedättekö kuinka paljon minulla oli omaisuutta? Kaikki mitä näette tuolla, oli minun! Annoin kaiken sen pois eri ihmisille." Hän antoi kaiken pois ja lähti, mutta mikään ei poistunut hänen mielestään!

Mahabali oli myös tällainen. Mutta Jumalan tehtävänä on suojella seuraajiaan. Se mikä oli tämän laajakatseisen, anteliaan seuraajan kehityksen tiellä hänen edetessään kohti päämäärää, oli hänen "Minä" tunteensa – hänen egonsa. Nöyryys ja *mahatman* (suuri sielu) armon voittaminen ovat välttämättömiä egon poistamisessa.

Lapseni, minkä tahansa tarinan valitsette, perussanoma on yksin rakkaus. Rakastakaa toisianne! Rakastakaa avoimin sydämin! Rakastakaa odottamatta mitään vastineeksi. Tällöin ei tarvitse mennä minnekään etsimään todellista taivasta.

Rakkauden henkinen harjoittaminen

Eräässä ashramissa asui henkinen mestari oppilaidensa kanssa. Mestarin jätettyä kehonsa, hänen oppilaansa elivät alkuun sopusoinnussa keskenään. Vähitellen heidän henkiset harjoituksensa alkoivat kuitenkin laantua. He lopettivat meditaation ja mantran toistamisen. Keskinäinen inho ja kateus kasvoivat. Jokaisen päämääräksi tuli asema ja status. Ashramin koko ilmapiiri muuttui. Yhä vähemmän ihmisiä vieraili ashramissa. Kaikkialla oli hiljaista. Kun ihmiset rakastuvat valtaan ja kunniaan, heistä tulee hulluja. Tällöin ei ole enää mitään sääntöjä sen suhteen mitä pitäisi tehdä ja mitä ei pitäisi tehdä. Mutta eräs oppilas oli hyvin surullinen ashramin tilanteesta. Hän vieraili erään lähistöllä asuvan vanhan pyhimyksen luona ja selitti tälle tilanteen. Hän kuvaili miten ashram, jossa vieraili satoja ihmisiä päivittäin ja jossa oli aina ollut iloinen ilmapiiri, oli nyt kuin hautausmaa.

Pyhimys kuunteli ja sanoi, "Joukossanne on pyhimys. Mutta hän piilottaa todellisen olemuksensa. Jos seuraatte hänen ohjeitaan, niin ashraminne alkaa kukoistaa upeammin kuin koskaan aiemmin, ja sen maine alkaa levitä." Oppilas kysyi, " Kuka hän on?"

Mutta pyhimys oli jo vajonnut *samadhiin*[4]. Oppilas vei uutisen ashramiin ja pohti syvällisesti kuulemaansa. "Kuka meistä on tämä pyhimys?" hän sanoi toverilleen. "Onko se kokki? Todennäköisesti ei. Hän ei osaa edes tehdä kunnon ruokaa! Hänen

---

[4] Täydellisen ykseyden sisäinen tila Korkeimman hengen kanssa, Absoluuttinen Todellisuus, jossa kokija, kokemus, ja se mitä koetaan ovat yhtä.

vuokseen emme ole nauttineet pitkään aikaan siitä, mitä olemme syöneet. Kuinka hän voisi olla pyhimys? Olisiko se puutarhuri? Ei – hän ei välitä mistään. Hän on hyvin impulsiivinen. Entäpä hän, joka hoitaa lehmiä? Ei todennäköisesti. Hänellä on kaamea luonteenlaatu." Näin jatkaen hän kävi läpi kaikki. Toinen oppilas sanoi, "Miksi arvostella heidän toimiaan? Pyhimyksiä ei voi arvioida heidän toimiensa perusteella. Heidän toimensa on suunniteltu tulevaisuuden hyvinvointiamme varten. Meidän on oltava nöyriä heitä kohtaan jotta voimme hyötyä heistä, eikö niin? Meidän ei pidä etsiä heistä vikoja. Tehkäämme yksi asia. Olkaamme nöyriä kaikkia kohtaan täällä ashramissa. Yrittäkäämme rakastaa kaikkia etsimättä heistä vikoja. Noudattakaamme ashramin sääntöjä niin kuin meillä ennen oli tapana."

Joten he molemmat yrittivät rakastaa kaikkia muita ja he olivat kohteliaita ja käyttäytyivät nöyrästi. Kun muut näkivät tämän, myös he alkoivat käyttäytyä vastaavasti. Jokainen alkoi tuntea olonsa onnelliseksi, ja ashram sai takaisin entisen juhlallisen ilmapiirinsä. Paikasta tuli vielä aiempaakin hyväenteisempi. Ja kaikki ashramin asukkaat alkoivat olla soveliaita Itseoivallukseen.

Lapseni, rakkaus on kaiken perusta. Myötätunto muita kohtaan on samaa kuin antautuminen Jumalalle.

Lapseni, Jumala on sisällämme, mutta nykyään tämä sisäinen läsnäolo on ainoastaan piilevää. Jotta tämä siemen itäisi, tarvitaan myötätunnon vettä. Itsekkyyden liemi ainoastaan kuihduttaa sen – tämä on varmaa. Sitä, että tekee muiden hyväksi jotain eikä yksin itselleen, voidaan kutsua myötätunnoksi. Vain tällaisen lähteen vedessä voi siemen itää.

Meditaatio ei yksin riitä, lapseni. Myötätunto on myös olennaista. Saippualla voidaan pestä vaatteita, mutta tahrojen poistamiseen tarvitaan vahvempia aineita. Samalla tavoin tarvitsemme meditaation ohella myötätuntoa. Meillä tulee olla rakkautta ja myötätuntoa sydämissämme voidaksemme auttaa kärsiviä. Tämä on todellista palvelua. Jumalan armo virtaa vain sydämeen, jossa on tällaista myötätuntoa.

Sisäinen henkinen harjoitus

Amma sanoo aina, että meditaatio on yhtä arvokasta kuin kulta. Meditaatio on ihanteellista sekä henkisen että materiaalisen kehityksen kannalta. Tietyn maan valuuttaa voidaan käyttää vain kyseissä maassa, sillä ei ole mitään arvoa muissa maissa. Edes omassa maassaan setelillä ei ole mitään arvoa, jos siitä puuttuu sarjanumero. Mutta kultakolikko on eri asia. Vaikka kolikosta puuttuisi kaiverrus, sillä on silti arvoa missä tahansa maassa. Meditaatio on tällaista. Meditaatiossa vietetty aika ei koskaan mene hukkaan. Ajattele kuinka arvokasta kulta olisikaan, jos sillä vielä olisi huumaava tuoksu! Sellaista on kun meditoimme ja omaamme myös myötätuntoa. Silloin katoavat kaikki esteet tieltä, jota pitkin Jumalan armo virtaa meitä kohti.

Monet ihmiset tulevat tänne ja valittavat, "Tuo henkilö noitui minut! He harjoittivat jotain taikuutta minua vastaan," jne. Älkää uskoko mitään tällaista, lapseni! Se mitä koemme tällä hetkellä on seurausta aiemmista teoistamme. On hyödytöntä syyttää ketään toista tästä.

Elämä on täynnä sekä onnea että surua. Jotta voimme tasapainottaa nämä ja edetä, meidän on ymmärrettävä henkisyyden luonne. Niin sanottu kohtalo on aiempien tekojemme seurausta ja tämä tarkoittaa, että teoillamme on suuri merkitys. Joten sen sijaan, että tuhlaat rahasi noituuteen tai muuhun sellaiseen, yritä rukoilla keskittyneesti ja tee hyväntekeväisyyttä sitä ansaitseville. Tällaiset hyvät teot saavat varmasti aikaan halutun tuloksen.

Vain ne, jotka ovat tehneet intensiivistä *tapasia,* voivat osoittaa mantrojen voiman. Tällaiset ihmiset voivat itse asiassa aiheuttaa meille ikävyyksiä tietyillä mantroilla. Aivan kuten on olemassa hyviä mantroja, on myös olemassa pahoja mantroja. Mutta kenellä nykyään on kykyä kehittää tällaisia voimia tekemällä *tapasia*? Ei ole siis mitään syytä olla peloissaan. Riippuen syntymämme ajankohdasta, meidän on käytävä läpi kärsimyksiä tietyissä elämänvaiheissa. Kun on hyvin kuuma, emme voi tehdä keskittyneesti mitään. Humalassa oleva henkilö ei ymmärrä mitä hän sanoo ja voi joutua muiden hakkaamaksi sanojensa tähden. Vastaavasti elämässä on vaikeita vaiheita, jotka riippuvat syntymäajasta. Katsomme näiden vaiheiden johtuvan Marsin, Saturnuksen, Rahun jne. vaikutuksesta. Omaisuuden menetys, onnettomuudet, riidat, taudit, perheen ja ystävien kärsimykset, yleensä elämään tulevat esteet, syytökset virheistä, joita emme tehneet – kaikkea tätä voi tapahtua näinä ajanjaksoina. Tällaiset tapahtumat eivät ole seurausta jonkun noitavoimista tai mustasta magiasta. Rahalla, jonka käytät tällaisiin asioihin, voisit sen sijaan maksaa velkasi.

Tällaisina aikoina meidän ei pitäisi laiskotella. Meidän tulisi yrittää meditoida keskittyneesti Jumalaa. Meidän tulisi tehdä *sahasranama archana* joka päivä ja toistaa mantroja jatkuvasti. Tällä tavoin voimme merkittävästi vähentää kärsimyksen voimakkuutta. Yhdeksänkymmentä prosenttia niistä vaikeuksista, joita koemme, voidaan poistaa omin toimin.

Lapseni, on myös jotain muuta, joka teidän on syytä muistaa. Meidän ei tulisi koskaan tehdä mitään mikä saattaa aiheuttaa toisille tuskaa, koska tämä aiheuttaa paljon vahinkoa. Voimme loukata jotakuta, joka ei ole tehnyt mitään väärää. Kun hän itkee sydän murtuneena, "Oi Jumalani, en tiedä tästä mitään, siitä huolimatta he sanovat näitä asioita!", tämä epätoivo vaikuttaa meihin hienojakoisella tavalla ja voi olla meille vahingollista myöhemmin. Tämän vuoksi sanotaan, että meidän ei tulisi vahingoittaa toisia ajatuksin, sanoin tai teoin. Vaikka emme voisikaan tehdä muita onnellisiksi, meidän tulisi varoa ettemme vahingoita ketään. Tämä asenne tuo meille Jumalan armon.

Työpaikoista ilmoitellaan, testejä tehdään ja haastatteluja pidetään. Näemme työpaikkoja annettavan niille, jotka eivät menestyneet niin hyvin testeissä tai haastatteluissa. Jos asiat menisivät meidän tahtomme mukaan, eikö työpaikkojen kuuluisi mennä niille, jotka antoivat parhaat vastaukset? Mutta näin ei aina käy. Joten kaiken perustana on aina Jumalan tahto. Antautukaamme sen vuoksi Jumalan tahtoon. Huonommin menestyneet saivat työpaikat, koska haastattelut tehnyt henkilö tunsi heitä kohtaan myötätuntoa, jota hän ei tuntenut muita kohtaan. Tuo myötätunto heräsi ehdokkaan aiempien hyvien tekojen vuoksi. Tämä on Jumalan armoa. Jos menetämme jonkun tilaisuuden, meidän ei tulisi vain murehtia sitä; sen sijaan meidän tulisi tehdä hyviä tekoja, jotta voimme saada osaksemme jumalallisen armon. Me tarvitsemme muiden myötätuntoa, joka nousee Jumalan armosta – ja sen saamiseksi meidän tulee tehdä hyviä tekoja.

Me kylvämme siemenen ja lisäämme lannoitteen; me kaivamme kaivon ja pumppaamme kasteluveden kesällä; poistamme rikkaruohot säännöllisesti. Mutta juuri kun sadonkorjuun aika on käsillä, tulee tulva ja koko sato on menetetty. Näemme, että tätä tapahtuu uudestaan ja uudestaan. Täten, vaikka teemme kaikkemme, mikään ei kanna hedelmää jumalallisen armon puuttuessa.

Yritys ja armo kulkevat käsi kädessä. Tulemme kelvollisiksi Jumalan armolle vain tehdessämme hyviä tekoja. Joten, lapseni, antakaa mielessänne tilaa vain hyville ajatuksille, koska ajatuksemme määrittelevät tekojemme luonteen. Rukoilkaamme Jumalalta, että mieleemme nousee vain hyviä ajatuksia, joita seuraavat hyvät teot.

On Namah Shivaya!

AIMS-sairaalan pääsisäänkäynti. Cochin, Kerala.

Epäitsekäs palvelu on
ykseyteen pohjautuva totuus

Amman siunauspuhe hänen vihkiessään 1995
Amrita Kripa Sagar-saattokodin parantumattomasti
sairaille syöpäpotilaille Mumbaissa.

Tervehdys teille kaikille, jotka olette rakkauden ruumiillistumia.
Nähdessään saattokodin vihittävän täällä jotkut Amman lapset saattavat kysyä, " Mikä on palvelun tarkoitus *sanjaasin* elämässä, maailmasta luopuneen elämässä?" Lapseni, totuus on, että köyhiä kohtaan tunnettu myötätunto on velvollisuutemme Jumalaa kohtaan. Aurinko ei tarvitse kynttilän valoa. Aurinko antaa valoa koko maailmaan. Joen ei tarvitse harhailla ympäriinsä etsien vettä, jotta se voisi sammuttaa janonsa. Me tarvitsemme joen vettä sammuttaaksemme janomme. Samalla tavoin me tarvitsemme Jumalan armoa, jotta voimme nauttia rauhasta ja sopusoinnusta elämässä. Meidän täytyy ottaa vastaan Jumalan rakkaus ja myötätunto ja sitten jakaa se muiden kanssa. Ainoastaan tällä tavoin elämämme täyttyy valosta.

Menemme temppeliin palvomaan ja matkalla ulos ajamme sähisten pois rahattoman henkilön, joka seisoo ovella ja itkee, "Voi, minä olen niin nälkäinen!" Lapseni, tämä ei ole sellaista käytöstä, joka sopii Jumalan palvelijalle. Älkää unohtako, että myötätunnon osoittaminen köyhiä kohtaan on velvollisuutemme Jumalaa kohtaan.

Sanjaasi vaelteli joka puolella etsien Jumalaa. Hän meni metsään, vuorille, temppeleihin ja kirkkoihin - mutta mistään hän ei löytänyt Jumalaa. Lopuksi hän tuli autiolle paikalle ja oli hyvin väsynyt. Se oli tiheästi metsittynyt alue, ja hän viipyi siellä muutaman päivän.

Siellä hän näki avioparin kävelemässä joka päivä, kumpikin kantaen astiaa mukanaan. Hän ei nähnyt alueella ketään muuta. Hän oli utelias ja halusi tietää minne he olivat menossa. Joten eräänä päivänä hän seurasi heitä salaa ja sai selville mitä he tekivät. Pariskunta vieraili spitaaliyhteisössä. Spitaalisten kehot olivat tuon kauhean taudin aiheuttamien haavojen peitossa. Kukaan ei auttanut näitä ihmisiä ja he selvisivät ainoastaan ruoalla, jota he saivat ajoittain almuina. Jotkut heistä vääntelehtivät tuskissaan. Pariskunta meni heidän luokseen ja puhui heille rakastavasti. Mitä suurimmalla myötätunnolla he puhdistivat spitaalisten haavat ja antoivat heille lääkettä. Pariskunta ruokki heitä omin käsin ruoalla, jonka olivat tuoneet mukanaan. He kertoivat monia positiivisia asioita sairaille. He peittelivät heidät puhtailla lakanoilla. Näiden sairaiden, köyhien ihmisten kasvot kirkastuivat, kun he näkivät pariskunnan. Rakkaus, jolla pariskunta hoiti heitä oli sellaista, että näiden vierailuiden aikana spitaaliset unohtivat kaikki surunsa.

Sanjaasi lähestyi pariskuntaa ja pyysi heitä kertomaan tarinansa. He säästivät osan palkastaan ja käyttivät sen tämän palvelutyön tekemiseen.

Sanjaasille tämä oli ensimmäinen kerta hänen elämässään, jolloin hän koki mitään tällaista. Oltuaan todistajana tämän pariskunnan teoille hän huusi ääneen, "Tänään olen nähnyt Jumalan!" ja tunsi olonsa niin onnelliseksi, että alkoi tanssia. Ne, jotka kuulivat hänet, olivat yllättyneitä: "Onko hän järjiltään? Hän sanoo nähneensä Jumalan! Missä se Jumala on? Onko tuo spitaalinen hänen Jumalansa?" Ihmiset lähestyivät häntä ja kysyivät, " Sanot nähneesi Jumalan. Kuka Jumala on?". Hän vastasi, "Näettekö, Jumalan löytää sieltä, missä on myötätuntoa. Jumala asustaa myötätuntoisessa sydämessä. Todella, Jumala on henkilö, jolla on sellainen sydän."

Amma muistaa toisen tarinan. Oli nainen, joka oli täysin omistautunut toisten ihmisten auttamiselle. Mutta hänellä oli epäilys. Hän rukoili, "Rakas Jumala, kaiken tämän työn takia minulla ei ole aikaa muistaa Sinua tai keskustella kanssasi hetkeäkään. Joten, onko minulla paikkani Sinun lähelläsi?" Hänen silmänsä täyttyivät surun kyyneleistä. Äkkiä hän kuuli Jumalan äänen: "Tyttäreni, vaikka sinusta näyttäisi siltä, ettei sinulla ole paikkaa lähelläni, minä olen aina lähelläsi!"

Lapseni, siellä missä on epäitsekästä palvelutyötä, Jumala on aivan varmasti paikalla. Jotkut kulkevat ympäriinsä puhuen *advaitasta* (ei-kaksinaisuus) sanoen, "Eikö kaikki ole Itseä? Siispä kenen tulisi rakastaa ketä?" Vastaus heille on, että *advaitaa* ei voi ilmaista sanoin. *Advaita* on elämää. Nähdä jokainen ja rakastaa jokaista kuin Itseäsi, se on todellista *advaitaa*. Tällöin emme enää samaistu yksilölliseen itseen – näemme, että me ja universumi emme ole kaksi vaan yksi. Tämä on ei-kaksinaisuutta. Tämä on todellista elämää.

Siellä missä on epäitsekkäitä tekoja, sieltä löytyy taivas. Saatat kysyä, "Eikö se riitä, että tekee epäitsekästä palvelutyötä? Ovatko meditaatio ja mantran toistaminen tarpeellisia?" Jos tavallinen ihminen on kuin sähkötolppa, niin *tapasvi* (henkilö, joka tekee askeettisia harjoituksia) voi tuottaa niin paljon voimaa, että hänestä tulee kuin suuri muuntaja. Tekemällä henkisiä harjoituksia, keskittämällä mielensä yhteen asiaan sen sijaan, että ajattelee epätodellisia asioita, voimme nähdä voimamme todella kasvavan. Tällöin meidän ei ole tarpeen etsiä mistään muualta voimaa tehdä epäitsekästä työtä.

Meidän tulisi yrittää kehittää mielestämme suitsuketikun kaltainen. Se polttaa itsensä loppuun samalla levittäen tuoksua maailmaan. Vain tällaisessa mielessä Jumala levittää valoaan. Vain siellä Jumalan armo virtaa. Meidän tulisi varmistua siitä, että henkisten harjoitusten ohella teemme epäitsekästä palvelutyötä.

Tämä on kuin kaataisi maitoa puhtaaseen astiaan. Toisaalta, henkiset harjoitukset ilman epäitsekästä palvelutyötä on kuin kaataisi maitoa likaiseen astiaan. Lapseni, älkää ajatelko, että voimme istua toimettomina ja antaa muiden palvella meitä. Mies näki ketun makaavan tien vieressä jalka murtuneena. Hän tunsi sääliä kettua kohtaan ja ajatteli, "Kukahan tuo ruokaa tuolle vahingoittuneelle eläimelle? Miksi Jumala tekee tällaisia ajattelemattomia tekoja?" Hän jatkoi Jumalan syyttämistä ja sitten hän ajatteli, "Okei, katsotaan tuleeko joku ruokkimaan tätä eläinparkaa." Hän siirtyi vähän matkan päähän ja istui alas. Hieman myöhemmin leopardi ilmestyi paikalle suussaan pala lihaa. Se söi osan lihasta ja jätti loput ketun viereen. "Mutta tuoko leopardi jälleen huomenna ruokaa?" mies mietti. Hän tuli jälleen seuraavana päivänä odottamaan. Leopardi toi lihaa ketulle myös sinä päivänä. Tästä tuli päivittäinen tapahtuma. Mies ajatteli, " Leopardi tuo ruokaa ketulle. Tästä lähtien minä en enää tee työtä, koska joku tuo varmasti minullekin ruokaa." Hän siirtyi toiseen paikkaan ja istui alas. Kokonainen päivä meni ja toinenkin. Hän ei saanut mitään. Kolmantena päivänä hän oli jo hyvin heikko. Hän oli jo siinä pisteessä, että oli menettämässä uskonsa Jumalaan kun hän kuuli äänen sanovan, "Poikani, älä ole kuin kettu, jonka jalka on murtunut! Ole kuin leopardi, joka tuo sille ruokaa!"

Lapseni, usein ajattelemme, "Antaa noiden toisten ihmisten auttaa maailmaa" tai "Antaa toisten auttaa kärsiviä." Mutta rakkaat lapseni, toimettomana istuminen on rikos Jumalaa vastaan. Jumala on antanut meille terveyden, jotta voimme tehdä palvelutyötä muille samalla kun muistamme Häntä. Meidän tulisi kehittää mieli, joka on valmis auttamaan vaikeuksissa olevia. Meidän tulisi aina olla valmiita palvelemaan tilanteen mukaisesti. Rakkaat lapseni, tämä on helpoin tie saada näky Jumalasta. Jumala on aina sisällämme. Meidän ei tarvitse harhailla ympäriinsä Jumalaa etsien. Mutta vain silloin kun erottelukykyinen älykkyys herää meissä, voi Jumala tehdä työtään meidän kauttamme. Vain tällöin voimme kokea edes hieman Hänen läsnäoloaan. Lapseni, tähän asti olemme palvoneet näkymätöntä Jumalaa. Mutta nyt Jumala on ilmestynyt aivan silmiemme eteen. Kaikkialla on ihmisiä, jotka ovat köyhiä ja jotka kärsivät. He ovat todellinen Jumala! Rakastamalla ja palvelemalla heitä rakastamme ja palvelemme itse asiassa Jumalaa! Päällimmäisin tunne tähän saattokotiin tulevilla on kuoleman pelko. Tänne tulevat potilaat ovat niitä, joiden osalta kaikki hoitokeinot ovat epäonnistuneet ja jotka ovat menettäneet toivonsa elämän suhteen. Heidän sielunsa värisee tuskasta ja kuoleman pelosta. Lievittääksemme tätä meidän tulee selittää heille elämän perustotuus. Heidän on ymmärrettävä, ettei sähkövirta lakkaa olemasta vaikka polttimo rikkoutuu. Tällöin heidän on mahdollista lähteä tästä maailmasta hymy kasvoillaan ja rauha sydämessään. Tänään meille annetaan mahdollisuus tehdä tätä palvelutyötä. Rukoilkaamme Korkeinta, että jokainen saavuttaa rauhan.

Auttavan käden ojentaminen niille, jotka epäonnistuvat

Amman siunauspuhe AIMS (Amrita Institute of Medical Sciences) sairaalan avajaisissa Kochissa, Keralassa toukokuussa 1998

Tervehdys kaikille teille, jotka totisesti olette rakkauden ja Korkeimman Itsen ruumiillistumia. Amma ei tiedä mitään erityistä tapaa puhua tai antaa neuvoja. Silti hän yrittää sanoa jotakin. Antakaa hänelle kaikki mahdolliset virheet anteeksi. Lapseni, elämä ei ole ainoastaan menestyjiä, vaan myös epäonnistujia varten. Suuri osa valtaväestöstä ajattelee ja puhuu ainoastaan saavutuksistaan. Kuitenkin, jotta menestys olisi pysyvää, meidän tulee ajatella myös epäonnistumisiamme ja ottaa ne huomioon.

Henkilö, joka onnistuu jossain asiassa, uskoo yleensä, että kaikki on pelkästään hänen omaa ansiotaan ja yrittää saada muutkin uskomaan tämän. Toisaalta epäonnistumisien sattuessa syy on aina jossain toisessa. Ihmiset yleensä sanovat, "He eivät tehneet kuten sanoin. Jos he olisivat kuunnelleet, he olisivat varmasti menestyneet!" Näin sanotaan, koska asenne epäonnistumista kohtaan on vääränlainen.

Kun sanot, että joku on epäonnistunut, se tarkoittaa, että hän on uskaltanut ottaa riskin. Vain he, jotka yrittävät, voivat epäonnistua. Riski liittyy kaikkeen tekemiseen, kuten vuorikiipeilyyn, lapsen ensiaskeliin, merikalastukseen, tenttiin lukemiseen ja autolla ajon opetteluun. Seikkailumieli on tarpeen kaikessa. Mitä tahansa teemmekin, menestys ja epäonnistuminen seuraa meitä kuin varjo. Joskus menestymme ja joskus taas epäonnistumme. Epäonnistumista ei tule pelätä. Epäonnistumisen pelko estää meitä onnistumasta tulevaisuudessa; emme pysty saavuttamaan yhtään mitään. Siksi meidän tulee kannustaa niitä, jotka epäonnistuvat. Heitä pitäisi rohkaista yrittämään ja opettaa olemaan pelkäämättä. Urheilussa pelaajille annetaan lohdutuspalkintoja vaikka he häviäisivät. Heitä rohkaistaan. On aina hyvä kannustaa muita.

Meidän tulisi ymmärtää, ettei elämä ole vain voittajille, vaan myös häviäjille. Meidän tulisi antaa epäonnistujille mahdollisuus. Meidän tulisi antaa anteeksi heidän virheensä. Kärsivällisyys ja anteeksianto ovat kuin öljyä moottorille. Ne auttavat meitä etenemään. Epäonnistujien vähättely yhdenkin kerran aiheuttaa heille suurta haittaa. Siksi sanotaan, että kilpailuissa niin voittajat kuin häviäjätkin tulisi palkita. Häviäjiä ei pitäisi pilkata; heitä tulisi kannustaa. Kannustus on elintärkeää innostuksen säilyttämiseksi. Tänä päivänä elämässä on tilaa vain voittajille. Epäonnistujia yleensä pilkataan. Amman näkemys on, että pelkän menestyksen haluaminen elämässä on itsessään suurin epäonnistuminen.

Elämä on seikkailumielisille, ei lannistujille. Henkisyys opettaa tämän periaatteen. Ainoastaan elämällä tämän periaatteen mukaan, voimme luoda uuden sukupolven sen mukaisesti. Etenemme antamalla anteeksi heti. Tämä nostattaa sekä niitä, jotka antavat anteeksi, että niitä, jotka vastaanottavat anteeksiannon.

Lapseni, ehkä mietitte, "Eikö meistä tule kuin ovimattoja? Emmekö menetä arvostelukykyämme jos aina annamme anteeksi?" Päinvastoin. Anteeksianto antaa molemmille osapuolille mahdollisuuden siirtyä eteenpäin. Ainoastaan tämän periaatteen ymmärtävissä voi muodostua oikeanlainen epäitsekkään palvelun asenne. Todellinen epäitsekäs palvelutyö tehdään antaumuksen hengessä. Se on kuin ympyrä: sillä ei ole alkua eikä loppua, koska se on rakkautta pelkän rakkauden itsensä tähden. Tämän asenteen omaavilla ei ole odotuksia. Tässä tilassa näemme kaikki vierellämme työskentelevät Jumalan lahjoina. Näin voi tapahtua vain rakkauden ollessa läsnä, ja vain silloin voimme antaa toisille anteeksi sekä unohtaa heidän virheensä.

Tiedämme millainen suuri esi-isämme Sri Rama oli. Hänen asenteensa jopa äitipuoltaan Kaikeyita - joka oli vastuussa hänen 14-vuotisesta metsään karkotuksestaan - kohtaan oli kumartaa hänen edessään ja pyytää siunausta lähtiessään. Krishna antoi vapautuksen metsästäjälle, jonka nuoli oli apuna hänen ruumiista poistumisessaan. Jumala antoi miehelle anteeksi hänen tietämättömyytensä. Tällainen oli myös Jeesus Kristus. Hän tiesi Juudaksen pettävän hänet, mutta ei epäröinyt pestä ja suudella Juudaksen jalkoja.

Nämä ovat esi-isiemme antamia esimerkkejä. Jos käytämme näitä malleina, voimme kokea rauhaa elämässämme.

Kansakunnan edistymisen polku

Monet kysyvät, "Kuinka voin omistautua maailman hyväksi ja kansakuntamme edistyksen puolesta?" Tämä maa kehittyy vain, jos pystymme luomaan vahvoja, energisiä ja omistautuneita yksilöitä. Tosiasiassa Krishna teki juuri näin. Hän antoi Arjunalle, suurelle jousimiessoturille voimaa, elämänvoimaa ja tehokkuutta taistella epäoikeutta, epätotuutta ja petosta vastaan. Hän muutti Arjunan koko asenteen elämää kohtaan. Koska Arjuna oli valmis seuraamaan Jumalan sanaa, hänen ei tarvinnut syyttää kohtaamiaan olosuhteita tai juosta niitä karkuun. Sen sijaan hän taisteli väsymättä ja kulki eteenpäin.

Buddhakin onnistui tässä. Hän loi monia buddhia. Kristus teki samoin. Nämä suuret sielut loivat hyväntekijöitä maailmaan ollessaan täällä maapallolla ja jatkavat tätä vaikka ovatkin poistuneet maailmasta.

Suurin lahja, jonka voimme antaa kansakunnalle, on tällaisen tulevan sukupolven luominen. Kansakunnan kasvu tai rappeutuminen riippuu tulevan sukupolven voimasta.

Koko elämämme läpi meillä tulisi olla aloittelijan asenne. Nykyään kehomme ovat kasvaneet, mutta mielemme eivät. Jotta mieli kasvaisi yhtä suureksi kuin universumi, meidän tulee säilyttää sisäinen lapsen asenne. Vain lapsi voi kehittyä, viattomuutensa tähden. Meidän tulisi vaalia tätä viattomuutta ja egon poissaoloa. Ainoastaan näin pystymme vastaanottamaan Jumalan armon. Kaiken pohjana on universaali voima, joka heittelee meitä, ja joskus nostaa meidät suuriin korkeuksiin. Saamme silloin nimeä ja mainetta. Mutta jos universaali voima ei tue meitä, tulemme putoamaan ja romahtamaan. Meidän tulisi alati olla tietoisia tästä. Amma muistaa tähän liittyvän tarinan.

Joitakin kiviä oli kasassa tien varrella. Lapsi käveli ohitse, otti yhden kivistä ja heitti sen ilmaan. Noustessaan ylös kivi alkoi täyttyä ylpeydestä. "Katsokaa minua! Kaikki muut kivet makaavat tuolla alhaalla. Olen ainoa, joka lentää näin korkealla ilmassa, liikkuen auringon ja kuun mukana!" Kivi alkoi pilkata muita maassa olevia kiviä. "Mitä te vielä siellä makaatte? Tulkaa tänne ylös!" Muut kivet lohduttivat toisiaan, "Mitä me voimme tehdä? Hän oli täällä joukossamme vain hetki sitten. Katsokaa nyt hänen asemaansa! No, kaikkeen tarvitaan onnea!" Mutta korkealla lentävä kivi ei voinut jatkaa ylpeilemistään pitkään. Kun heiton voima laantui, kivi alkoi pudota. Pudotessaan maahan, se sanoi muille, "Siinä näette! Minulla oli niin paha mieli olla poissa luotanne. Siksi tulin takaisin, enkä viipynyt tuolla ylhäällä pitkään!" Löydämme selityksen kaikelle. Taipumus selittää jopa putoaminen, ikinä myöntämättä omaa virhettä – tätä näemme nykypäivän maailmassa.

Sisällämme on viisautta, mutta onnistumme vain harvoin laittamaan sen käytäntöön. Lääkärin kotikäynnillä hänelle tarjottiin Coca-Colaa ja kookosvettä juotavaksi. Hän tiesi, että kookosvesi on parasta janoon ja että Coca-Cola ei ole hyväksi terveydelle. Mutta Coca-Colasta on tullut muodikas, joten hän ei välittänyt kookosvedestä. Samalla tavalla meidän tietomme ei heijastu tekemisissämme. Meidän tulee kääntää tietomme teoiksi, koska vain silloin siitä on jotakin hyötyä. Tänä päivänä osaamme vain ottaa. Useimmilla ihmisillä ei ole antamisen halua. Mies putosi ojaan. "Pelastakaa minut! Pelastakaa minut!" hän huusi. Ohikulkija kuuli huudot ja tuli apuun. Nostaakseen miehen ojasta, hän sanoi, "Anna minulle kätesi!" Mutta mies ojassa ei antanut kättään. Lopulta pelastaja ojensi oman kätensä ja sanoi, "Ota kiinni kädestäni!" Heti mies otti kiinni hänen kädestään. Tällaisia useimmat meistä ovat. Haluamme vain ottaa ja olemme erittäin vastahakoisia kun tulee aika antaa. Jos tämä asenne säilyy, johtaa se koko maan perikatoon. Kenties emme pysty inspiroimaan muita antamaan mieluummin kuin ottamaan, mutta voimme ainakin inspiroida heitä antamaan jotakin. Näin säilytämme harmonian tässä maassa ja koko maailmassa. Lapseni, teidän tulee ymmärtää tämä ja pitää pintanne. Vain silloin tämä maa voi edistyä.

Jumalan kädet ja jalat kaikkialla

Jumala ei ole vain joku sellainen, joka istuu juhlallisella istuimella taivaassa. Jumala on älyn tuolla puolen. Jumala on *kokemus*. Emme voi nähdä Jumalaa silmillämme, mutta jos olemme sisäisesti tiedostavia, voimme nähdä Hänet. Jumalan läsnäolon voi nähdä kukkuvassa käessä, raakkuvassa variksessa, kuohuvassa meressä ja karjuvassa leijonassa. Sama ylin tietoisuus on kävelevissä jaloissa, työtä tekevissä käsissä, puhuvassa kielessä, näkevissä silmissä ja lyövässä sydämessä. Ylin tietoisuus täyttää kaiken kaikkialla. Tämä muistuttaakin Ammaa tarinasta.

Eräässä kylässä oli pyhimyksen patsas. Patsaan kädet olivat levitettyinä sivuille ja patsaan alaosaan oli kirjoitettu sanat: *Tule halaukseeni!* Vuosien saatossa patsas menetti molemmat kätensä. Tämä huolestutti kyläläisiä. Mutta *Tule halaukseeni!* oli vieläkin selkeästi luettavissa. Jotkut kyläläisistä ehdottivat, "Pystytetään uusi patsas." Toiset olivat eri mieltä ja sanoivat, "Ei, kunnostetaan vanha patsas ja annetaan sille uudet kädet." Vanha mies tuli esiin ja sanoi, "Älkää alkako tappelemaan tästä asiasta. Ei ole mitään tarvetta uusille käsivarsille tai uudelle patsaalle." Muut kysyivät, "Siinä tapauksessa, mikä merkitys on patsaaseen kirjoitetuilla sanoilla, *Tule halaukseeni!*" Vanha mies vastasi, "Se ei ole mikään ongelma. Lisätkää niiden sanojen alle muutama sana: *Minulla ei ole muita käsiä kuin sinun kätesi. Käteni toimivat kauttasi.*"

Samoin Jumalalla ei ole omia käsiä tai jalkoja. Jumala toimii kauttamme. Joten meidän tulee tuoda Jumala käsiimme ja jalkoihimme. Ja meidän tulee tuoda Jumala sydämiimme ja kielellemme. Meistä itsestämme täytyy tulla Jumala.

Elämässä tapahtuu normaalisti kaksi asiaa – me teemme tekoja ja koemme näiden tekojemme seuraamuksia. Samalla tavoin kun hyvät teot tuottavat hyviä tuloksia, negatiiviset teot tuottavat varmasti huonoja tuloksia. Älkää pelästykö näitä sanoja, lapseni. Jos otamme yhden askeleen kohti Jumalaa, Hän ottaa kymmenen askelta kohti meitä.

Kyläkouluissa oppilaat saavat kokeissa usein armopisteitä, jotka auttavat heitä läpäisemään kokeen. Ne, jotka ovat vastanneet oikein ainakin joihinkin kysymyksiin, voivat näin saada hyväksytyn arvosanan. Samoin meidän täytyy nähdä edes jonkin verran vaivaa. Jos yritämme, menestys seuraa varmasti, sillä Jumalan armo virtaa luoksemme. Jumalan armo on vastuussa menestyksestämme enemmän kuin oma panoksemme. Jumala armo on se, mikä tuo herkullisuuden omaan ponnistukseemme.

Oman panoksemme lisäksi meidän tulisi yrittää eliminoida "minä" itsestämme. Vain silloin voimme vastaanottaa Jumalan armon. Vaikka Jumala antaisi armon virrata meihin, se menee hukkaan "minän" tunteen säilyessä meissä. Ihmiset hakevat töitä ja ne, jotka läpäisevät testin, kutsutaan haastatteluun. Monet hakijoista, jotka täyttävät pituus- ja painovaatimukset, saapuvat haastatteluun akateemisten tutkimustodistusten ja erinomaisten suositusten kanssa. Mutta ne, jotka vastaavat täydellisesti kysymyksiin, eivät ole aina niitä, jotka saavat työpaikan. Syynä on, että jotkut heistä eivät kutsuneet olemuksellaan armoa, joka pehmittäisi haastattelijan sydämen. Tämä armo ansaitaan hyvillä teoilla. Monet yrittävät saada haluamansa helpolla tavalla, ilman, että yrittävät voittaa tuon armon omakseen. Sanotaan, että kymmenen miljoonaa euroa vastaa yhtä taivaallista penniä. Ja yksi sekunti taivaallista aikaa vastaa kymmentä miljoonaa vuotta maan päällä. Eräs henkilö rukoili Jumalalta, "Jumala, etkö Sinä olekin myötätunnon tyyssija? Sinun ei tarvitse antaa minulle paljon. Siunaa minut vain antamalla yksi penni Sinun maailmastasi!" Jumala vastasi, "Tietenkin, annan ilolla sinulle yhden pennin. Odota vain sekunti!"

Näin tapahtuu kun yritämme huijata Jumalaa. Mutta Jumala ei ole tyhmä! Jumala on se suuri Älykkyys, joka on koko universumin älykkyyden lähde. Meidän tulisi muistaa tämä. Helpoin tapa menestyä elämässä on tulla Jumalan armolle kelpoiseksi tekemällä hyviä tekoja.

Mitä tahansa teemmekin, meidän tulisi totella omantuntomme ääntä. Mitä tahansa teemmekin vastoin omaatuntoamme jättäen tuon äänen huomioimatta, johtaa sisäiseen kaaokseen. Se johtaa ainoastaan turmioomme.

Nöyryys ja myötätunto

Amma sanoo aina, että meditointi on yhtä arvokasta kuin kulta. Meditointi johtaa maalliseen menestykseen, rauhaan ja vapautukseen. Yksikään hetki, joka vietetään meditoiden, ei mene hukkaan – se voi olla ainoastaan arvokasta. Jos meillä meditaatiomme lisäksi on myötätuntoa, on se kuin tuoksuvaa kultaa! Hymyilevät kasvot, ystävällinen sana, myötätuntoinen katse – kaikki tämä on todellista meditaatiota. Jopa ohimennen sanotulla sanalla on suuri merkitys! Joten jokaiseen sanottuun sanaan tulisi kiinnittää huomiota. Meidän tulisi varoa sanomasta yhtään sanaa, joka saattaa aiheuttaa tuskaa, koska kaikki mitä annamme tulee takaisin meille. Jos annamme surua toisille, me saamme surua. Jos jaamme rakkautta, saamme iloa ja rakkautta osaksemme. Kerran ryhmä matkalaisia eksyi ja he löysivät itsensä oudosta paikasta. He tapasivat erään miehen ja kysyivät häneltä tietä. Töykeästi he sanoivat, "Hei, sinä! Kuinka pääsemme siihen ja siihen paikkaan?" Kuullessaan heidän ylimielisen äänensävynsä mies päätti antaa noille koppaville kavereille opetuksen ja opasti heidät kiertämään kehää.

Jos he olisivat hillinneet ylimielisyytensä ja kysyneet kohteliaasti, mies olisi yrittänyt auttaa. Hän olisi vienyt heidät jonkun luokse, joka olisi osannut perille, vaikka hän itse ei olisikaan tuntenut tietä. Näin toisilta saamamme reaktio määrittyy omasta asenteestamme heitä kohtaan sekä käyttämistämme sanoista. Kun puhumme rakkaudella ja nöyryydellä, saamme sopivan vastauksen. Tästä syystä sanotaan, että meidän tulisi valita jokainen sanamme huolella.

Mies menee eräälle alueelle etsimään töitä. "Olen köyhä mies. Olen työtön. Antakaa minulle työtä!" hän anoo. Mutta ihmiset ajavat hänet tiehensä. Köyhä mies menee toiselle paikkakunnalle. Mutta ihmiset siellä huutavat hänelle ja käskevät hänen poistua. Jos tämä kokemus toistuu kymmenen kertaa, mies ei ehkä enää halua edes elää. Hän haluaa tehdä itsemurhan. Mutta jos joku sanoo hänelle rakastavasti, "Ole kärsivällinen. Jos jotain ilmaantuu, soitan sinulle varmasti!" Tämä saattaa pelastaa miehen hengen. Meidän tulisi siksi varmistaa, että jokainen ajatuksemme ja sanamme on täynnä rakkautta ja myötätuntoa. Jumalan armo virtaa automaattisesti tällaisiin henkilöihin. "Oi Jumala, älköön yksikään ajatukseni, katseeni tai sanani tehkö hallaa kenellekään!" Tällainen sydämellinen rukous on todellista antaumusta. Tämä on oikeaa tietämystä ja todellinen velvollisuutemme Jumalaa kohtaan.

Auringon ei tarvitse sytyttää kynttilää. Jumala ei tarvitse meiltä mitään. Jumala odottaa meiltä ainoastaan myötätuntoista sydäntä. Meidän tulisi mennä kärsivien luo ja viedä heille rauhaa. Tätä Jumala haluaa. Rakastava hyväntahtoisuus kärsiviä kohtaan oikeuttaa meidät Korkeimman armoon.

Amma ei halua häiritä teitä puhumalla pidempään. Amma ei voi sanoa, että kaikki tämän ashramin instituutiot ovat syntyneet Amman kyvyistä. Pystymme tekemään kaiken devoteiden, kaltaistenne lasten, kykyjen johdosta. Tuhannet Amman lapsista uurastavat kahdeksantoista tuntia päivässä ilman palkkaa. Edes tätä sairaalaa ei rakennettu antamalla se ulkoiselle urakoitsijalle. Amman lapset tekivät töitä omien kykyjensä mukaan. Joitakin virheitä tehtiin ensin, mutta ketään ei lähetetty pois sen takia. Tämän rohkaisun ja Jumalan armon myötä pystyimme korjaamaan virheet ja suorittamaan työn hienosti loppuun. Antakaamme epäonnistujille toinen mahdollisuus ja rohkaiskaamme heitä torjumisen sijaan. Auttamalla niitä, jotka ovat epäonnistuneet, voimme nostaa heidät voittajien tasolle.

Shiva...Shiva... Shiva.

Tee jokaisesta päivästä Onam -juhla

Amman Onam-puhe Amritapurissa 1998

Tänään on Onam - juhlinnan, jännityksen, innostuksen ja ilon päivä. Tämä on päivä, jolloin jopa kaikkein epätoivoisimmat ihmiset yrittävät unohtaa kärsimyksensä. Sanotaan, että "unoh-tamalla" muistaminen on todellista muistamista. Jos lääkäri muistelee vaimoaan ja lapsiaan leikkaussalissa, leikkaus ei tule onnistumaan. Jotta leikkaus onnistuisi, hänen tulee keskittyä täydellisesti työhönsä. Samoin, jos hänen mielensä on edelleen potilaissa kun hän tulee kotiin ja hänen lapsensa juoksee hänen luokseen rakkautta saadakseen, huutaen "Isi! Isi!", hän ei voi olla hyvä isä. Ja jos hän ei kuuntele vaimoaan kun tämä kertoo huolis-taan, hän ei voi olla hyvä aviomieskään. Lääkäri unohtaa kotinsa sairaalassa, ja unohtaa sairaalan kotona ollessaan. Hän saavuttaa menestystä työssään ja onnen elämässään kyvyllään unohtaa.

Onko tarpeeksi, että iloitsemme ainoastaan pyhänä Onam-päivänä? Eikö elämän pitäisi olla täynnä iloa joka päivä? Olla onnellinen vain yhtenä päivänä vuodessa ja surullinen muina – onko onnellisuus mahdollista vain yhtenä päivänä? Olemmeko silloin todella onnellisia edes tuona yhtenä päivänä? Miettikää tätä, lapseni!

Ei ainoastaan yksi päivä, vaan vuoden kaikki 365 päivää tulisi olla täynnä iloa. Koko elämämme tulisi olla juhlaa! Henkisyys opettaa meille tavan saavuttaa tämä. Jotta tällainen antautuminen tapahtuisi, tarvitaan täydellinen turvautuminen Korkeimpaan voimaan. Tämän Mahabali todella näytti meille esimerkillään. Hän oli *asura*, mutta hän onnistui antautumaan – päästämään irti 'minästään' – korkeimmalle tietoisuudelle. Jumala ei pyydä meiltä mitään muuta kuin tätä.

Jumala on myötätunnon henkilöitymä, joka seisoo nöyränä molemmat kädet ojennettuina, valmiina vastaanottamaan egomme. Jumala pitää kaikista lahjoista eniten juuri egosta, ja se onkin mitä meidän tulisi antaa Jumalalle. Mahabali teki juuri näin. Jos emme ole valmiita tekemään tätä, Jumala tulee jollain tapaa vetämään egon ulos meistä! Jumala tietää, että vain kun tämä on tehty, voimme kokea todellista onnellisuutta. Tämä Korkeimmalle tietoisuudelle antautuminen tuottaa mielen ja älyn puhdistumisen. Tällä tavalla voimme muuttaa elämämme juhlaksi.

Sanotaan, että ainoastaan kun elämä sisältää uhrauksia, on mahdollista olla onnellinen. Elämässä on monia pieniä uhrauksia. Krikettifanit ovat valmiita sietämään sadetta ja tulikuumaa aurinkoa nähdäkseen ottelun. Kun vauva on kipeä, vanhemmat valvovat koko yön hoitaakseen lasta, vaikka olisivat uupuneita työskenneltyään koko päivän. Nämä ovat niitä pieniä uhrauksia joita teemme. Mutta saavuttaaksemme korkeimman ilon, joka kestää ikuisesti, suuri uhraus – egon uhraus – on tarpeen.

Voimme löytää onnellisuuden ainoastaan uhrauksen kautta. Pieni uhraus tuo meille lyhyen hetken kestävän kokemuksen ilosta; se ei ole pysyvää. Saatatte muistaa tarinan, joka on kerrottu monille lapsina. Se on tarina savipaakusta ja lehdestä, jotka leikkivät piilosta. Tarina on pienille lapsille, mutta siinä on tärkeä viesti. Kun savipaakku ja lehti leikkivät, tuuli alkoi puhaltaa. Savipaakku huolestui ja ajatteli, "Voi ei! Tuuli voi puhaltaa lehden mukanaan!" Savipaakku istui lehden päälle ja pelasti sen. Hieman myöhemmin alkoi sataa. Lehti istui savipaakun päälle ja pelasti sen suojelemalla sitä sateelta. Mutta sitten tuuli ja sade tulivat yhdessä, ja tiedät mitä silloin tapahtui. Lehti lensi tuulen mukana ja savipaakku liukeni sadeveteen. Tällaisia elämämme ovat. Kun olemme riippuvaisia toisista, saamme pieniä onnellisuuden hetkiä. Mutta kun meitä uhkaa suuri vaara, ei ole ketään

pelastamassa meitä. Silloin ainoa voimavaramme on turvautua
Korkeimpaan voimaan. Tämä antautuminen on ainoa suojamme.
Se on ainoa keino säilyttää onnellisuus läpi koko elämän.

Elä tässä hetkessä

Lapseni, voi olla, että kannamme monia suruja – poika ei ole
löytänyt työtä, tytär ei ole naimisissa, emme ole rakentaneet
unelmiemme taloa, emme toivu sairaudestamme, perheessä on
eripuraa, yrityksellä menee huonosti, ja niin edelleen. Palamme
kuin riisin akanat ajatellen kaikkia ongelmiamme.[5] Mieli on
jännittynyt ja tämä jännitys on kaikkien sairauksien syynä. Ainoa
tapa poistaa tämä jännitys on antautua Jumalalle. Mitä hyötyä
on läpikäydä kaikki tämä stressi ja kärsimys? Meidän tulee toimia
aina parhaamme mukaan, käyttäen Jumalan meille antamaa voimaa, ja sitten antaa asioiden tapahtua Jumalan tahdon mukaisesti. Jätä kaikki Korkeimman huoleksi. Täydellinen turvautuminen
Jumalaan on ainoa tie. Ei ole mitään hyötyä antaa itsensä palaa,
miettien mennyttä ja tulevaa. Ainoastaan tämä hetki on kanssasi.
Älä menetä tätä hetkeä surujesi tähden.

'Huominen' ei tule ikinä. Ainoastaan *tämä hetki* on meillä
koettavana. Emme edes tiedä saammeko otettua seuraavan henkäyksen. Rakkaat lapseni, meidän tulisi yrittää elää tässä hetkessä.

Tämä ei tarkoita, etteikö meidän tulisi suunnitella tulevaisuutta varten. Ennen kuin rakennamme talon, meidän tulee
tehdä pohjakaava. Kun piirrämme pohjapiirrosta, kaikki huomiomme tulee olla piirtämisessä, ja kun rakennamme talon,
huomiomme tulee olla rakentamisessa. Tätä Amma tarkoittaa.

Meidän tulee tehdä suunnitelma ennen kuin rakennamme
sillan. Sillä hetkellä emme tuhlaa aikaa keskittyen rakennustyöhön, keskitymme piirrokseen. Ja kun myöhemmin rakennamme
sillan, huomiomme on täysin siinä. Tulevaisuuteen varautuminen

---

[5] Riisin akanat palavat pitkän ajan.

on totta kai hyvä asia, mutta mitä hyötyä on ahdistua liikaa tulevasta? Tärkeää on, että käytämme tämän hetken hyödyllisesti ja onnellisina. Amma puhuu siitä, miten voimme onnistua tässä. Meidän tulee elää tämä hetki, joka meillä nyt on, tavalla, joka antaa suurimman mahdollisimman ilon maailmalle ja meille itsellemme.

Jotta kokisimme iloa tässä hetkessä, meidän tulee unohtaa mennyt ja se, mikä on vielä tulossa. Tämä on mahdollista jos antaudumme täydellisesti Korkeimman käsiin. Sitten elämästä tulee juhlaa. Onam tulee olemaan 365 päivää vuodessa! Joten lapseni, antakaamme itsemme Jumalalle ja tehkäämme elämästä itsestään juhla.

Mielen jalostaminen

Lapseni, vaikka olemme ylpeitä ihmisinä olemisesta, tämä koskee vain ulkoista muotoamme. Sisäisesti olemme vieläkin ihmisapinoita! Mielemme ovat vieläkin apinoiden mieliä! Kun ihmissikiö on kohdussa, siitä muodostuu ensin kala ja sitten kuin apina – ja sitten, synnyttyämme ihmisinä, olemme vastahakoisia luopumaan apinan luonteestamme.

Puussa oleva apina hyppii oksalta toiselle. Mutta ihmisapina on paljon korkeammalla tasolla, sillä yhdellä hypyllä hän saavuttaa kuun. Seuraavalla hypyllä hän laskeutuu Amerikkaan ja sitä seuraavalla Venäjälle. Hän hyppii monta vuotta menneisyyteen ja seuraavassa hetkessä tulevaisuuteen. Näin ihmismielen apina käyttäytyy! Tällaisen mielen muuttaminen ei ole mikään pieni tehtävä. Aikaisemman *samskaramme* voima on niin suuri.

Kolme miestä kävelivät tietä pitkin. Heidän nimensä olivat Ramu, Damu ja Komu. Heidän kävellessään joku huusi takaapäin, "Hei, Ramu!" Ramu kääntyi katsomaan taakseen. Jonkin matkan jälkeen joku muu huusi, "Hei, Damu!" Tällä kertaa Damu katsoi taakseen. Hetken kuluttua he kuulivat, "Hei, Komu!" ja Komu katsoi taakseen. Kun he jatkoivat matkaansa, joku huusi yhtäkkiä, "Hei te apinat!" Sanotaan, että kaikki kolme katsoivat taakseen! Tämä on varhainen synnynnäinen taipumus. Ihmisellä on apinan mieli, joka juoksee koko ajan eri suuntiin – ja sitä on todella vaikea muuttaa. Jotta tällaista mieltä voi hallita, se tulee taivuttaa ympyrälle – eli ajatukset, jotka harhailevat sinne ja tänne tulee laittaa järjestykseen ja niitä tulee hallita – ja ominaisuudet, joita tarvitsemme tämän saavuttamiseksi ovat nöyryys ja antautuminen. Jos meillä on nämä ominaisuudet, ajatuksemme eivät harhaile minne sattuvat. Jos käärme laittaa häntänsä suuhunsa, se ei pysty liikkumaan eteenpäin. Samoin, jos pystymme taivuttamaan mielemme tahtomme mukaan, ei-toivotut ajatukset katoavat ja mielemme tulee olemaan hallinnassamme.

Mahabalilla oli nöyryyttä kumartaa korkeimman voiman edessä. Hän pystyi antautumaan Jumalalle. Seurauksena hänen mielestään tuli yhtä laaja kuin universumi, ja rakkaus ja myötätunto täyttivät hänen olemuksensa. Niin hän kehittyi demonisesta tilasta jumaluuden tilaan.

Mekin voimme kehittää tämänhetkisen apinan mielemme Jumalan tasolle. Meidän tarvitsee vain antautua Jumalalle. Meidän tulee olla halukkaita kumartamaan Jumalan edessä. Meidän tulee kehittää nöyryyttä. Amma sanoo usein, että ruumiimme ovat kasvaneet, mutta mielemme eivät. Se on tämänhetkinen tilanne. Jotta mielemme laajenisi universumin kokoiseksi, meidän tulee ensin olla kuin lapsi, sillä vain lapsi voi kasvaa.

Kun yhdistämme putken vesitankkiin, kaikki tankissa oleva vesi virtaa ulos – ja vesi, joka oli tankissa, on hyödyksi maailmalle. Samoin meidän tulee yhdistyä Korkeimpaan tietoisuuteen. Silloin Jumalan ääretön voima virtaa lävitsemme. Korkeimpaan tietoisuuteen yhdistyminen tarkoittaa 'minän' hylkäämistä ja kaiken luovuttamista Jumalan käsiin. Asenteella, ettemme ole mitään, meistä tulee todellakin kaikkea. Tätä tarkoittaa sanonta "If you are a zero, you become a hero."

Devoteella tulee olla seuraavat ominaisuudet: hänen tulee olla nöyrä toisia kohtaan, tuntea kunnioitusta kaikkia eläviä olentoja kohtaan, olla myötätuntoinen, ja omata aina aloittelijan asenne. Tällaisen kulttuurin muinaiset *Rishit* lahjoittivat meille. Jos omaksumme nämä ominaisuudet ja elämme niiden mukaisesti, voimme saavuttaa elämän perimmäisen päämäärän.

Sanasto

Advaita – Ykseys. Filosofia, joka opettaa, että Luoja ja luomakunta ovat yksi ja sama, erottamattomat.

Archana –Palvontamuoto, jossa toistetaan tietyn jumaluuden nimiä, yleensä 108, 300 tai 1000 nimeä kerrallaan.

Arjuna – Kolmas viidestä Pandava-veljeksestä. Taitava jousiampuja ja yksi *Mahabharatan* sankareista. Hän oli Krishnan ystävä ja oppilas. Juuri Arjunalle Krishna puhuu *Bhagavad Gitassa*.

Ashram – 'Paikka, jossa ponnistellaan.' Paikka, jossa henkiset etsijät elävät tai vierailevat voidakseen elää henkistä elämää ja tehdäkseen henkisiä harjoituksia. Ashram on yleensä etsijöitä opastavan henkisen mestarin, pyhimyksen tai askeetikon koti.

Asura – Demoni; henkilö, jolla on demonisia ominaisuuksia.

Atman – Todellinen Itse, henki tai tietoisuus, joka on ikuinen; oikea luontomme. Yksi Sanatana Dharman perustavista opinkappaleista on, että olemme ikuinen, puhdas, tahraton Itse (henki).

Avatar – 'Hän, joka laskeutuu.' Korkeimman tietoisuuden ruumiillistuma. Jumalan inkarnaation tavoite on suojella hyvyyttä, tuhota pahuus, palauttaa oikeudenmielisyys maailmaan ja johdattaa ihmiset henkiseen päämääräänsä, itseoivallukseen. On hyvin harvinaista, että inkarnaatio on perimältään täydellinen (*Purnavatar*).

Bhagavad Gita – 'Laulu jumaluudesta.' Bhagavad = Jumalasta; gita = laulu; viittaa etenkin neuvoihin. Opetusten kokonaisuus, jonka Krishna antoi Arjunalle Kurushetran taistelukentällä Mahabharatan sodan alussa. Se on käytännöllinen opas jokapäiväiseen elämään ja sisältää Veda-viisauden perustan. Tunnetaan yleisesti Gitana.

Bhagavatam – Yksi kahdeksastatoista Puranoina tunnetuista kirjoituksista, joka käsittelee erityisesti Vishnun inkarnaatioita sekä kuvailee hyvin tarkasti Sri Krishnan elämää. Bhagavatam painottaa antaumuksen tietä. Tunnetaan myös nimellä Srimad Bhagavatam.

Bhakti – Antaumus.

Bhava – Jumalalllinen mieliala, asenne tai tila,

Bhima – Toiseksi vanhin viidestä Pandava-veljeksestä, jonka tarina kerrotaan Mahabharatassa.

Brahmachari – selibaattia harjoittava henkinen oppilas, joka tekee henkisiä harjoituksia yleensä gurun ohjauksessa.

Brahman – Absoluuttinen todellisuus; Eheys; Korkein Olemus; 'Se', joka ympäröi kaikkea ja on kaikessa, joka on Yksi ja jakamaton.

Darshan – Jumalallisen tai pyhän henkilön kohtaaminen, tai näky Hänestä.

Dhanvantari – Esiintyy Vedoissa ja Puranoissa taivaallisten olentojen (*devat*) lääkärinä ja on lääketieteen jumaluus.

Dharma – Pohjautuu sanasta *dhri*; tukea, kannattaa, pitää yllä. Käännetään usein yksinkertaisesti 'oikeamielisyytenä'. Dharmalla on monia toisiinsa syvällisesti liittyviä merkityksiä; se, mikä pitää yllä universumia, Totuuden lait, universaalit lait, luonnonlait, jumalallisen harmonian kanssa yhtäpitävä, oikeamielisyys, uskonto, velvollisuus, vastuu, oikea menettelytapa, oikeus, hyvyys ja totuus. *Dharma* tarkoittaa uskonnon syvällisiä periaatteita. Se merkitsee olennon tai esineen todellista luonnetta, oikeanlaista toimintaa ja tehtävää. Esimerkiksi tulen *dharma* on palaa. Ihmisen *dharma* on elää sopusoinnussa universaalisten henkisten periaatteiden kanssa ja kehittää korkeampaa tietoisuutta.

Gopi – *Gopit* olivat lehmityttöjä ja maitopiikoja, jotka asuivat Vrindavanissa. He olivat Krishnan lähimpiä seuraajia ja heidät tunnettiin ylivertaisesta antaumuksesta Herraa kohtaan. He ilmentävät kaikkein voimakkainta rakkautta Jumalaa kohtaan.

Grihasthashrami – Henkilö, joka on omistautunut henkiselle elämälle eläen samanaikaisesti perheellistä elämää.

Ishta Devata – 'Rakastettu Jumaluus.' Oman luonteen mukaisesti palvonnan kohteeksi valittu jumaluus, joka on suurimman toiveen kohde ja perimmäinen tavoite.

Ithihasa – 'Niin oli.' Eepos, erityisesti Ramayana ja Mahabharata. Tätä termiä käytetään joskus Puranoista, erityisesti Skanda Puranasta ja Srimad Bhagavatamista.

Kali Yuga – 'Pimeyden aikakausi.' Luomakunnassa on käynnissä neljän aikakauden tai ajanjakson kiertokulku (kts. sanastosta *Yuga*). Elämme parhaillaan *Kali Yugaa*. Koko *Kali Yugan* läpi ihmiskunta rappeutuu henkisesti ja epäoikeudenmukaisuus vallitsee. Sitä kutsutaan pimeäksi ajaksi pääasiassa siksi, että ihmiset ovat kaikkein kauimpana Jumalasta.

Krishna – 'Hän, joka vetää meidät puoleensa; 'Tumma/pimeä/musta.'
('Tumma/pimeä/musta' tässä viittaa hänen rajattomuuteensa ja sii-
hen, että hän on tuntematon ja käsittämätön mielen ja älyn erittäin
rajatulle kantamalle) Hän syntyi kuninkaalliseen perheeseen, mutta
kasvoi kasvattivanhempiensa luona ja eli nuorena Vrindavanissa
lehmipoikana. Siellä hänen uskolliset seuralaisensa *gopit* (maitoty-
töt ja karjakot) ja *gopat* (karjapaimenpojat) rakastivat ja palvoivat
häntä. Krishnasta tuli myöhemmin Dwarakan hallitsija. Hän oli
serkkujensa Pandavien, ystävä ja neuvonantaja, etenkin Arjunan,
jolle Hän paljasti opetuksensa Bhagavad Gitassa.
Kuchela – Kuchela oli Krishnan lapsuudenystävä. Aikuisena Kuchela
eli köyhyydessä. Hänen vaimonsa ja lapsensa näkivät nälkää. Eräänä
päivänä Kuchelan vaimo sanoi tälle, ”Eikö Krishna ollutkin luok-
katoverisi? Mene ja pyydä häneltä apua.” Kuchela suostui. Mutta
kuinka hän voisi mennä tyhjin käsin tapaamaan vanhaa ystäväänsä?
Hänen talossaan ei ollut mitään muuta kuin kourallinen vanhaa,
litistettyä riisiä. Kuchela lähti kohti Mathuraa riisi ainoana lah-
janaan. Matkalla hän mietti miten Krishna ottaisi hänet vastaan.
Krishna oli kuuluisa ja asui palatsissa, kun taas hän, Kuchela, eli
äärimmäisessä köyhyydessä. Mutta heti Kuchelan nähdessään Kri-
shna juoksi hänen luokseen ja syleili häntä. Hän kutsui Kuchelan
sisään palatsiinsa ja kohteli häntä suurella rakkaudella. Kuchela
empi antaa kourallista riisiä. Mutta Krishna nappasi sen, söi sitä
ja tarjosi sitä muille kehuen sen makua. Kuchela vietti onnellisena
neljä päivää palatsissa. Hän unohti kokonaan pyytää Krishnaa
vapauttamaan hänet köyhyydestä. Mutta saapuessaan kotiin hänelle
paljastui, että Krishna oli lähettänyt kultaa, kalliita vaatteita ja rahaa
hänen kotiinsa, ja Kuchelalle rakennettiin suurenmoista kartanoa.
Mahabali – Mahabalia juhlitaan Onamin juhlapäivänä. Mahabali
oli mahtava *asuroiden* kuningas, joka voitti *devat* taistelussa ja otti
taivaallisen valtakunnan hallintaansa. Aditi, kaikkien *devojen* äiti
oli huolissaan jälkeläistensä kohtalosta ja rukoili Vishnua pelasta-
maan heidät. Vishnu otti muodon hänen poikanaan Vamanana,
jumalallisena kääpiöpoikana. Vamana vieraili Mahabalin luona
brahmacharina. Mahabali toivotti hänet tervetulleeksi ja lupasi min-
kä lahjan tahansa hän halusi. Vamana pyysi vain sen verran maata,
että pystyisi kulkemaan sen kolmella askeleella. Mahabalin mielestä

tämä oli mitätön pyyntö, mutta antoi Vamanalle maapalan, vaikka hänen gurunsa varoitti nuoren *brahmacharin* olevan itse Herra valepuvussa. Kun Vamana alkoi mitata maataan askelillaan, hän kasvoi suunnattoman kokoiseksi ja kattoi kaikki maailmat vain kahdella askeleella. Koska kolmannelle askeleelle ei ollut tilaa, Mahabali antautui vapaaehtoisesti Herralle ja tarjosi päätään paikkana, johon Herra voisi laskea jalkansa. Tarinan suositussa versiossa Herra painoi Mahabalin pään jalallaan alas tuonelaan. Mutta kuten Amma huomauttaa, tämä ei ole oikea tulkinta tarinasta, eikä se tapahdu näin Srimad Bhagavatamissa. Herran tarkoitus oli tuhota Mahabalin ego, vaikka tämä muuten olikin hänen tunnollinen seuraajansa. Bhagavatamissa Mahabalille annetaan erityinen paikka Sutalan maailmassa, jonne hän vetäytyy yhdessä arvostetun isoisänsä Prahladan kanssa, joka oli yksi Jumalan suurimmista palvojista. Herra itse lupaa olla Mahabalin ovenvartijana tuossa suurenmoisessa maailmassa. Tarinan ydin on, että Jumala siunaa seuraajansa poistamalla hänen egonsa ja nostamalla hänet korkeimpaan tietoisuuteen. Sanotaan, että Mahabali pyysi Herralta lupaa vierailla rakkaiden alamaistensa luona kerran vuodessa ja Onam on se päivä jolloin hän käy heidän luonaan. Tarun mukaan Mahabali oli ylivertainen hallitsija, jonka alamaisuudessa kaikki olivat tasavertaisia ja yhtä menestyksekkäitä ja Onamina Keralassa muistetaan hänen kultainen sääntönsä. Tämä Mahabalin nimen yhdistäminen erityiseen juhlapäivään tapahtuu vain Keralassa. Bhagavatam ei mainitse kertaakaan Mahabalin pyyntöä vierailla alamaistensa luona vuosittain.

Mahatma – 'Suuri sielu.' Kun Amma käyttää sanaa *Mahatma*, hän viittaa itseoivaltaneeseen sieluun.

Onam – Onam on Keralan tärkein juhlapäivä. Sitä juhlitaan paikallisen kalenterin ensimmäisenä kuukautena ja se muistuttaa Uuden vuoden ja sadonkorjuujuhlan viettoa. Jokainen riippumatta kastista tai uskosta tai vauraudesta iloitsee ja juhlii kyseisenä päivänä, pukeutuen uusiin vaatteisiin ja nauttien erityisistä ruoista. Onam on myyttisen kuningas Mahabalin hengen vuosittaisen kuningaskuntaansa paluun päivä.

Pada puja – Jumalan, gurun tai pyhimyksen jalkojen palvonta. Aivan kuten jalat kannattavat koko kehoa, guru kannattelee Korkeinta Totuutta. Näin ollen gurun jalat edustavat Korkeinta Totuutta.

Payasam – Makea riisivanukas.

Prarabdha – 'Velvollisuudet, taakat.' Tämän ja entisten elämien tekojen seuraukset, jotka toteutuvat tässä elämässä.

Puja – 'Palvonta.' Pyhä rituaali; seremoniallinen palvontameno.

Radha – Yksi Krishnan *gopeista*. Hän oli kaikkia muita *gopeja* läheisempi Krishnalle ja ilmentää korkeinta ja puhtainta rakkautta Jumalaa kohtaan.

Rahu – Yksi *navagrahoista* (yhdeksän planeettaa). Rahu on kuun yläsolmu. Hindumytologiassa Rahu on käärme, joka nielaisee auringon ja kuun, aiheuttaen pimennykset.

Rama – 'Ilon antaja.' Ramayana-eepoksen jumalallinen sankari. Hän oli Vishnun inkarnaatio ja häntä pidetään *dharman* ja hyveellisyyden esikuvana.

Ramayana – 'Raman elämä.' Yksi Intian kahdesta suuresta historiallisesta eepoksesta (toisen ollessa Mahabharata). Se kertoo Raman elämästä ja sen on kirjoittanut Valmiki. Rama oli Vishnun inkarnaatio. Suuri osa eepoksesta kertoo siitä, kuinka demonikuningas Ravana kaappasi Raman vaimon Sitan Sri Lankalle, ja kuinka Rama ja hänen seuraajansa, mukaan lukien hänen merkittävä seuraajansa Hanuman, pelastivat Sitan.

Rishi – *Rsi* = tietää. Itseoivaltanut näkijä. Tällä viitataan yleensä muinaisen Intian seitsemään *Rishiin*, eli itseoivaltaneisiin sieluihin, jotka kykenivät 'näkemään' korkeimman totuuden.

Sabarimala – Pyhiinvaelluskeskus Keralassa, jossa on Ayappalle pyhitetty kuuluisa temppeli.

Samadhi – Syvä ja täydellinen keskittymisen tila, jossa kaikki ajatukset vaikenevat ja mieli saapuu täydellisen hiljaisuuden tilaan, jossa vain puhdas tietoisuus, *Atman* (Itse), jää jäljelle. Sitä kuvataan tilana, jossa kokija, kokemus ja se mikä koetaan ovat kaikki yhtä.

Samsara – Syntymän, kuoleman ja jälleensyntymän jatkuva kiertokulku.

Samskara – *Samskaralla* on kaksi merkitystä. Se on tämän tai edellisten elämien kokemuksista mieleen piirtyneiden vaikutelmien kokonaisuus, joka vaikuttaa koko ihmiseen, hänen luonteeseensa, tekoihinsa, mielentilaan jne. Sillä voidaan tarkoittaa myös oikeanlaisen ymmärryksen (tieto) syttymistä kunkin ihmisen sisällä, mikä johtaa hänen persoonansa jalostumiseen.

Sanatana Dharma – Ikuinen uskonto; ikuinen periaate. Hindulaisuuden perinteinen nimi.

Sankalpa – Luova, olennainen päätös, joka toteutuu. Tavallisen henkilön *sankalpa* ei aina kanna päätöstä vastaavaa hedelmää, mutta valaistuneen olennon tekemä *sankalpa* ilmenee väistämättä aiottuna lopputuloksena.

Sanjaasi – Munkki tai nunna, joka on vannonut muodollisen maailmasta luopumisen valan. Sanjaasi pitää yleensä okranvärisiä vaatteita, mikä viittaa kaiken kehotietoisuuden pois palamiseen.

Satsang – *Sat* = totuuts, oleminen; *sanga* = yhdessäolo. Pyhimysten, viisaiden ja hyveellisten seurassa oleminen. Myös tietäjän tai oppineen pitämä henkinen luento.

Seva – Epäitsekäs palvelutyö.

Sita – Raman puoliso. Häntä pidetään täydellisenä hyveellisyyden mallina naisille.

Sri Lalita Sahasranama – Pyhä teksti, jota toistetaan ja joka koostuu jumalallisen Äidin tuhannesta nimestä. Jokainen nimi on mantra.

Tapas – 'Kuumuus.' Itsekuri, askeesi, katumusharjoitus, ja uhraus; henkiset harjoitukset, jotka polttavat mielen epäpuhtaudet.

Tapasvi – *Tapasin* eli itsekurin tai henkisen askeesin harjoittaja.

Vanaprastha – Erakkomainen elämänvaihe. Muinaisen intialaisen perinteen mukaan elämässä on neljä vaihetta. Ensin nurukainen lähetetään *gurukulaan*, jossa hän viettää elämää *brahmacharina*. Sitten hän menee naimisiin ja elää henkiselle elämälle sitoutuneena perheellisenä (*grihasthashrami*). *Vanaprastha* on kolmas elämänvaihe. Kun pariskunnan lapset ovat tarpeeksi vanhoja pitämään huolta itsestään, vanhemmat vetäytyvät erakoiksi tai ashramiin, jossa he elävät puhtaasti henkistä elämää tehden henkisiä harjoituksia. Neljännen elämänvaiheen aikana he luopuvat maailmasta kokonaan ja elävät *sanjaaseina*.

Vedanga – Tiedon haarautumat, jotka tukevat Vedoja. Vedanta – 'Vedojen päätelmä/johtopäätös.' *Upanishadien* filosofia, *Vedat* päättävä osa, jossa perimmäisen totuuden paljastetaan olevan "Yksi ilman toista."

Vedantin – Henkilö, joka seuraa Vedantan polkua.

Vedat – 'Tieto, viisaus.' Hindulaisuuden pyhät, muinaiset kirjoitukset. Sanskritinkielinen pyhien kirjoitusten kokoelma, joka on jaettu neljään osaan: *Rig, Yajur, Sama* ja *Atharva*. Vedat, jotka kuuluvat maailman vanhimpiin kirjoituksiin, koostuvat 100 000 säkeestä sekä lisänä olevasta proosasta. *Rishit*, jotka olivat itseoivaltaneita näkijöitä, toivat ne maailmaan. Vedoja pidetään Korkeimman totuuden suorana ilmestyksenä.

Viveka – Arvostelukyky; kyky käsittää ero todellisen ja epätodellisen välillä, ikuisen ja katoavaisen välillä, *dharman* ja *adharman* (epäoikeudenmukaisuus) välillä, jne.

Yudhisthira – Vanhin Pandava-veljeksistä. Hän oli Hastinapuran ja Indraprasthan kuningas. Hänet tunnettiin tahrattomasta hurskaudestaan.

Yuga – Aikajakso tai aikakausi. On olemassa neljä *yugaa*: *Satya* tai *Krita Yuga* (kultainen aikakausi), *Treta Yuga, Dwapara Yuga* ja *Kali Yuga* (pimeä aikakausi). Elämme paraikaa *Kali Yugaa. Yugien* sanotaan seuraavan toisiaan lähes ikuisesti.

www.ingramcontent.com/pod-product-compliance
Lightning Source LLC
LaVergne TN
LVHW051730080426
835511LV00018B/2981